食在日本

從高檔料理到街邊小吃，深入日本的廚藝殿堂

作者—麥克・布斯 Michael Booth　譯者—林師祺　繪者—Souart

· 獻給艾斯格與艾米爾 ·

Sushi and Beyond

JAPAN
日本

札幌
Sapporo
Minamikayabi-chō
南茅部町
京都 Kyoto
大阪 Osaka
燒津
Yaizu
Tokyo 東京
廣島 Hiroshima
下關市 Shimonoseki
神戶
Kobe
Noda 野田
Yokohama 橫濱
Fukuoka
福岡
Izu
Peninsula 伊豆半島
Matsusaka
松阪市
Koya
San
高野山
Osatsu
相差町
Higashikagawa
東香川市
Okinawa 沖繩

目錄

01 阿利 7
02 飛越布倫特里的燃燒彗星 18
03 誓言 20
04 不准攜帶花椰菜 22
05 讓我吃成相撲選手 35
06 在日本是世界有名 46
07 天婦羅大師課 52
08 雙塾記：第一部 57
09 魚販中的魚販 68
10 味精：道歉函 77

23 清酒危機 165
24 不只是壽司 174
25 全世界最快的速食 184
26 神奇的味噌 193
27 失落靈魂的森林 204
28 牛肉幻覺 212
29 海女 223
30 世上最棒的醬油 228
31 雙塾記：第二部 235
32 福岡 243

11 大海中最忙碌的魚 86
12 為正宗山葵請命 91
13 廚具街 97
14 初學者的壽司 101
15 來點「特別的」 109
16 螃蟹 114
17 海藻 124
18 京都的故事 130
19 京都料理社團 141
20 園藝 149
21 世上最美的一餐 151
22 先裝清澈、流動的山泉水…… 161

33 很久很久以前的下關 251
34 沖繩 257
35 誰想長生不死？ 262
36 世上最長壽的村落 275
37 健康的鹽 279
38 我的宇宙盡頭的餐廳 285
後記 296
謝辭 300

01 阿利

「哈哈！你胖到好多年沒看到你的小雞雞吧！而且你的褲子太小，胖到彎個腰，太陽都下山了！」

這是標準霸凌，而且我必須強調，這絕對不是準確結論，畢竟一開始只是討論法國與日本料理的優點。

最近我在倍受讚譽的法式料理餐廳沙卡納（Sa.Qua.Na）享用晚餐，地點是諾曼地海岸的翁弗勒爾。主廚亞歷山大．布達（Alexandre Bourdas）是迅速竄紅的法國廚藝之星，我不經意地提起他的清爽風格、新鮮的食材，輕率地拿他的作品與日式料理相比。我知道布達在日本工作過三年，說他的廚藝受到日本飲食的影響並不突兀。

但我應該料到，這段話會讓好友近藤勝利（Katsotoshi Kondo）火冒三丈。

「你懂什麼日本料理，蛤？」他抓狂大叫，「你覺得你懂日本料理？只有在日本才地道！你在歐洲才吃不到。這個人的餐點完全不像日本食物，吃得出傳統嗎？吃得出季節變化嗎？吃得出食物裡的含義嗎？***Tu connais rien de la cuisine Japonaise. Pas du tout!***（你完全不懂日本料理，一點都不懂！）」我從過往的經驗知道，別人突然切換成另一種語言不是好兆頭，況且他嘴巴嘟得老高。我得在他完全炸開之前好好回敬一番。

「我知道的夠多，所以了解日本料理有多無趣，」我說，「日本料理只注重美觀，你們根本不懂什麼是風味，吃得出暖心、溫度、款待之情嗎？就只是沒脂肪、沒味道，你們還有什麼？生魚片、麵條、炸蔬菜——不全都從泰國料理、中華料理、葡萄牙料理偷來的，有什麼了不起？反正就是把食材泡醬油，吃起來還不都一樣？你只需要一把鋒利的刀、一位好漁夫，就能做出好吃的日本料理，有什麼了不起？喔，別告訴我還有鱈魚白子和鯨魚肉，嗯哼，這些菜絕不能錯過。」

我兩年前在巴黎的藍帶廚藝學院受訓認識阿利，當時他將近三十歲、身材瘦高、是個一臉正經八百的日韓混血兒，看起來難以捉摸，但在北野武似的冷漠外表下，有種不形於色的幽默感。

我和其他人的廚師白制服總穿上好幾天，最後猶如活生生的傑克森．波拉克（Jackson Pollock）滴畫作品，阿利卻永遠一身純白無瑕。他的菜色完美無缺：擺盤一絲不苟，菜色一定放在中間，露出大片白色餐盤，刀具也是隨時保持鋒利。但是他和教導我們的法國主廚多次起衝突，他們每次都扣他的分數，因爲他烹調魚的時間不肯超過幾秒鐘，而且蔬菜一定清脆爽口，不願意聽從老師將蔬菜燉得軟爛。這些老師導致阿利始終不喜歡法國人、法式料理，但他依舊留在巴黎。我懷疑，有部分原因是他下定決心要獨自教育法國人了解更高超的日本料理。

「法國人對日本料理的認識，就像她對性愛的瞭解。」某次他指著路過的修女這麼說。畢業之後，阿利到第六區眞正道地的日式餐廳工作——站在街上看不到室內，進去之後有種靜謐氛圍，這只有日本遊客會發現。我們保持聯絡，偶爾碰面就是聊餐飲、聚餐，最後都是一陣幼稚的辱罵。

這次的收場不太一樣。「閉嘴，好嗎？」阿利彎腰低頭到桌下的包包裡撈東西，「有樣東西給你，笨蛋，回去看。」

他遞上一本精裝書，封面模糊地畫著一條跳躍的魚。我一時語塞，答應回去會看並謝過阿利。氣氛有點尷尬，他從未給我任何東西。我以前花了好一番功夫，他才明白輪流請喝酒的概念。而且這本書顯然所費不貲，但是阿利常指著我的鼻子罵，又說我是「無腦老外」。搭公車回家，將書放在腿上時，我才恍然大悟，他一定覺得我和法國藍帶廚藝學校的老師格外瞧不起他。

那本書是辻靜雄[1]著的《日本料理：極簡餐飲藝術》（Japanese Cooking: A Simple Art）新版，第一版是一九七九年。寫序的是《美食》主編露絲．雷舒爾（Ruth Reichl）和美國傳奇美食作家M．F．K．費雪（Mary Frances Kennedy Fisher），更證明這不是一本普通的料理書籍。後來我才發現，這本書至今都是卓越的日本料理參考書，世界各地的日式料理迷都奉爲圭臬。

「這不只是食譜，」雷舒爾評論。「而是充滿哲理的著作。」

書裡當然有食譜，兩百多份食譜涵蓋烤、蒸、煨、沙拉、油炸、麵條、醃漬——有許多菜色都是我前所未聞；從米飯的精神意義，到日式料理的餐具，辻靜雄都一一說明。「無論身分貴賤，日本人絕對不會隨便用陳舊盤子盛菜，不會只靠食物味道取勝。」他寫。辻靜雄強調日式料理注重季節更迭：廚師或客人都以虔敬的心情享受爲時不長的當令食材。我也發現，日本人會使用幾乎沒有味道的食材，只是取其質地、口感，例如豆腐、牛蒡、**蒟蒻**（以鬼芋根剝皮、燉煮、磨碎、凝固之後製成，富含膠質的深棕色或灰黑色的餅狀物。）其他無論是「蒸煮過的鰹魚片，焙乾到硬如木材，最後刨成薄片」，或是聽起來就令我毛骨悚然、卻是早餐菜色的發酵黃豆**納豆**等等，在在都讓我困惑不解。日本料理似乎有各式各樣的發酵食物，從味噌、醬油到納豆，更別忘了（誰忘得了？）海參花，我更覺得日本人過份講究「腐爛」的食物，例如乳酪或優格。

我知道日本人很注重如何加熱食材，但辻靜雄雲淡風輕地寫到「骨頭邊的雞肉帶點粉紅色」（原來**生**的雞刺身在日本很普遍），也常提到日本人非常注重食材的鮮度，並反對過度加熱的簡單料理方法。

有時我又覺得他口氣有點紆尊降貴，儘管表面包著一層謙遜的薄膜：「我們有許多餐點看來又少又單薄，」他在序中這麼寫。「但諸君得學會觀察食材細膩、天然的香氣和味道。」日後的世界美食潮流有時認爲，辻靜雄認定西方人口味神經兮兮的看法略嫌過時：「日本人最愛的刺身——生魚片。往往令人覺得異常奇特，幾近野蠻，恐怕需要饕客莫大的好奇心和勇氣才吃得下！」

更教人困惑的莫過於《日本料理》一書中鮮少甜點的篇幅，幾乎完全沒著墨。如果這本書反映一般的日式料理，難怪日本人常常一臉嚴肅、憂鬱。我彷彿聽到有一支民族從來不展顏歡笑。我心想，也許只是辻靜雄本人不愛吃甜，便繼續往下讀。

在費雪稱爲「精緻饗宴排場」的五百多頁中，辻靜雄這本書最讓我驚訝之處是內容洞燭先機。文中不斷重複食材在地、新鮮、當令；特徵是少奶酪、少肉類，多蔬果；料理過程盡量保持食材原狀，尊重食材；這都符合現代西方思維。儘管這本書寫於幾十年前，至今依舊

1 辻靜雄：一九三三～一九九三年，日本廚師搖籃「辻調理師」專門學校創辦人，原是報社記者，後來對烹飪產生興趣。

不過時，對所有人而言都點出重要、也許是至關緊要的課題。

辻靜雄的食譜果眞如書名一樣簡單，我頓時發現，儘管我們在家會烹調印度、泰式、中華、法式、義式，甚至墨西哥或匈牙利料理（我甚至做過德式餐點），卻幾乎沒做過日式料理，就算做了，了不起也只是類似壽司的食物。即使去日本料理餐廳，一定不脫握壽司、捲壽司，而且就那五、六種配料，否則就是點做法生硬的天婦羅。但辻靜雄說，日本料理不只格外健康、美味，做起來也不費吹灰之力，不需要小火慢燉高湯或烹調方法複雜的醬料，也不需要費時耗力的前置作業。根據辻靜雄的說法，天婦羅的麵糊甚至不必攪拌均勻——本來就應該不勻。

當然，我無法坦率地告訴阿利，辻靜雄的書對我有深遠的影響。我聽過許多名廚含糊其辭地糊弄料理要從簡，「讓食材自己發聲」，或聲稱他們只用當季、在地食材等等，每一個的說法都一模一樣。我幫報章雜誌採訪撰文，常目光呆滯地聽他們滔滔不絕，但是那些裝模作樣又複雜的餐點總是削弱了這番老生常談。然而這個作家、這個國家的料理，竟然具體呈現上述所有觀點。

《日本料理：極簡餐飲藝術》令我著迷還有另一個原因。三年來在巴黎當個認眞吃貨的報應來了，我的膽固醇超高——我每去一家米其林餐廳，似乎就把一個米其林輪胎套上身。

只要爬幾階樓梯，我便喘不過氣，而且已經開始擔心早上無法自己穿上襪子。阿利很愛戳我的肚腩，然後假裝找不到手指。想當然爾，他苗條又結實。他說他的奶奶最近滿九十七歲，還自己打理庭院。他問我，我知道日本人是最長壽的民族嗎？我知道原因嗎？就是飲食。

「你現在開始吃日本料理，也許還能活到六十歲，」阿利嘲笑我。「我可以活到一百歲，因爲我常吃豆腐、魚、醬油、味噌和米飯。」他舉了幾道日本菜爲例，說明它們如何促進健康：顯然香菇可以治療癌症，而白蘿蔔可以預防青春痘。蓮藕降膽固醇，他說，然後拍拍我光禿禿的額頭，說我應該開始吃海帶芽，因爲這種食材治禿頭。（「你看過日本人禿頭嗎？嗯？」）根據阿利的說法，大豆是神奇農產品，可以降膽固醇、預防癌症，還有延年益壽之功。

我開始多方涉獵日式料理書籍。或者應該說，我心有餘而力不足。因爲這本書雖然是一九七九年出版，但是說到用英文寫成的權威日本料理書，辻靜雄這本著作是第一本，也是最後一本。提到壽司的書當然很多（但我後來發現，沒有多少人了解壽司師傅手藝的博大精深）；有些人寫到日式料理對健康有益；有幾本敘述西化的日本料理，也就是**洋食**（例如《Wagamama食譜》），卻沒有幾本討論時下的日式料理，討論日本人目前都吃什麼，以及美食潮流。

可惜辻靜雄在幾十年前就發現，傳統日式料理逐漸式微：「我很遺憾，但我們自己的菜色都不正統了，已經被冷凍食品汙染。」他寫道，後文又補充西方食物已經破壞了日本人的味蕾。他悲嘆，尤其是年輕人迷上冷凍鮪魚，更「毀了日式料理的傳統」。

自從他寫下那些文字之後，實情究竟如何呢？我納悶著。日本還有辻靜雄描述的正宗日式料理嗎？或是日本人已經和我們其他人一樣，拜倒在上校和小丑的麾下？

讀完這本書之後不久，其實就是阿利給我的當天，我做了一個魯莽、衝動的決定，後來顯然因此改變了我的人生。我決定親自去日本調查現代日式料理，盡力研究他們的料理方法、食材，查清楚辻靜雄的恐怖預言是否成眞。我們是否還能向日本人學習，或是《日本料理：極簡餐飲藝術》只是悼念某種失傳的烹調傳統？阿利說日本人特別長壽，他們的飲食對健康有益，如果屬實，我能將這些優點介紹給西方人嗎？日式料理與西方生活相容嗎？日本人眞的如阿利所說，用膠水黏住襪子，而不是用吊襪帶？

我要飛到日本，慢慢有系統地從最北邊的北海道往南吃到東京、京都、大阪、福岡和沖繩，我要一邊吃、一邊明查暗訪、一邊學習、一邊研究。我想品嚐當地食材，了解日式料理的哲學、技巧，當然還包括對健康的好處。我也需要盡快減重，開始吃得更健康，但是西方的減肥餐——低脂優格、慧優體餐點，根本毫無吸引力。辻靜雄的書卻囊括琳瑯滿目的健康、簡單又美麗的食物，我可以想像自己吃得開心盡興，但我得先學會做法。

當晚，我便試探性地和妻子麗森提起這個想法。

「天啊，這個主意太棒了，」她說。「我很想去日本。你能想像我們帶孩子去有多棒嗎？他們一輩子都不會忘記，你想想！」

「慢著，不是欸。我沒有……妳知道，我覺得……我要去研究、調查……」我說。

來不及了，我從她遙望的眼神看出她的魂魄已經飄到另一個地方，悠遊在華麗的和服中，想像自己盤腿而坐，面前就是一絲不苟的枯山水宅院，或扛著金漆盒子，忘情地逛著免稅店的化妝品。根據過去的經驗，我知道無須掙扎，只能直接放棄。

其實無所謂，因爲我和現代爸爸一樣，對自己陪小孩——應該說是沒陪小孩的時間感到愧疚。我沒有正職，所以也沒有眞正的假期。我大概已經五年沒度假，但是想到去住租來的別墅，癱在泳池邊兩週，或是更慘，去迪士尼樂園，我光想都覺得渾身發癢、心情沮喪。但這次我可以結合家庭與工作，和孩子分享我對美食的熱情，甚至可以在他們心中種下好奇的種子，成爲一家往後的共同話題。其實就許多方面看來，這個決定很自私，我們家長只是假裝情操高貴，爲孩子犧牲。我很想去日本住一陣子，卻又受不了幾天見不到家人。

八月初那晚，我不只訂一張，而是訂四張機票去日本，而且回程日期未定。我開始規劃路線，依序造訪阿利所謂的日本美食文化重鎭。

我們要展開爲期三個月的老饕家庭自由行。先飛到東京，花三星期的時間適應（事後回顧，這個想法頗荒謬）。阿利告訴我，東京是日本的餐飲首都，也是全國飲食文化最多元的城市。我們會在那裡找到日本最棒的壽司、天婦羅餐廳，還會體驗到各式各樣的驚喜（他說最後這句話時露出得意的笑容）。

接著再飛往北海道，那裡幅員遼闊、空曠，與人口眾多的東京截然不同，生活步調較悠閒、而且有令人驚豔的海鮮。我們預計在札幌住十天。

然後再飛回東京所在的本州，只是這次要往南前往京都，那裡是日本從前的皇都，至今依舊是精神、文化重鎮。阿利說，京都是**懷石料理**重鎮——這種料理由許多道精緻的餐點組成，是日本的高檔料理，只是更精緻、複雜，而且阿利說，等級更高。他要我務必品嚐豆腐，因爲其他地方都沒有日本的上等、新鮮。

在京都停留三週，白天可以到處去走走（阿利說我們一定要去聖地高野山，而且神戶與歐美有其相似之處），搭一小段火車就能抵達大阪。不必勞煩阿利，我就知道這裡的食物與京都有極大的差異。我那年稍早採訪《世界報》著名的美食評論家馮索瓦．西蒙（François Simon）時，他就說得興高采烈，甚至說大阪是全球最令人激賞的美食之都。

接著我們會搭上翹首盼望的子彈列車到九州的福岡。阿利對這個地方的著墨不多，只說我們一定喜歡，要我別忘了吃當地的拉麵。然而我們聊起最後的目的地沖繩時，他的興奮之情溢於言表，他說，那裡不算日本，雖然是日本領土，卻截然不同，飲食文化和生活習俗都與其他地方南轅北轍。如果我想知道活到一百歲的祕密，就得在沖繩找答案，顯然當地超過一百歲的人瑞之多，超過世界各地。我們會在這裡住兩週。

最後再從沖繩回東京待幾天才回家。

我不知道帶著幼童踏上這趟旅程是否不切實際，但我希望他們多看看、多了解日本與日本人。

艾斯格六歲，艾米爾四歲，他們從未離開歐洲。艾斯格像我小時候一樣挑剔，多半只吃削成恐龍形狀的馬鈴薯類。艾米爾則有極其脆弱的食道，所以我們已經習慣衣服或家具上乾掉的嘔吐物味道，甚至不以爲意。他們究竟能吃什麼？

除了電影《愛情，不用翻譯》以及風格完全不同的黑澤明電影所呈現的日本，我其實不了解這個國家，我會的日文也只有阿利教我的幾句問候語，但我懷疑恐怕是髒話（知道嗎？我果眞沒料錯）。

眞正的日本是什麼模樣？我可以通行無阻嗎？日本人過的是什麼樣的生活？在這個充滿液晶螢幕、水泥大廈、幾何形狀的庭園、覆雪山脈、哥德裝扮的蘿莉塔女孩和藝妓的國度，容得下一個來自西方的小家庭，歡迎我們嗎？

02 —飛越布倫特里的燃燒彗星—

窗外就是七四七機翼。我漫不經心地從螢幕望向窗外，看到遠方引擎流出液體，而且一碰到空氣立刻汽化。胃部頓時一陣翻攪。

是汽油。

我環顧四周。旁邊的艾斯格目瞪口呆地盯著螢幕，我現在才發現他已經從卡通換成電影《霸道橫行》。艾米爾也同樣出神，只是他迷上托盤桌，現在正在開開關關第八百二十七次。麗森正在看書。只有我看到汽油，也許一切只是我的想像。我又看了一次，的確還在外洩。我是否該提醒空服人員？

廣播傳來機長的聲音。「各位先生女士，我們的引擎出了一點小問題。我們必須投棄燃料，準備返回希斯羅機場。這是正常程序，請勿驚慌。準備降落時，我會再通知大家。」

我們原本要飛十二小時到成田國際機場，現在頂多飛了兩小時。最好的狀況是我們返回倫敦，在擁擠不堪的航廈等個沒完沒了；最糟的狀況則是我們就此喪生，化成一顆飛越布倫特里（Braintree）的燃燒彗星。

讀者一定推論我們沒死，但我們的遭遇慘過沒命。我們在希斯羅第四航廈的煉獄等了五小時，像難民一樣，到處找食物充飢，最後只能勉強忍受「Pret A Manger」的壽司——溼答答、沒味道又難以下嚥。至少那份壽司的記憶可以當成往後幾個月飲食的對照組，但當時我們只覺得這趟旅行一開始就出師不利。

「這不是好兆頭，」我吞下堅果口味的冷飯時，悶悶不樂地說。「現在就不順利，還有什麼希望可言？」

「麥可，我們甚至還沒離開英國，」麗森平靜地說。「我相信一切都會沒事的。」

03 ―誓言―

收好折疊桌，準備降落日本之前，我先澄清幾件事。偶爾有人說我會拿別人開低俗玩笑，有時還嘲笑其他民族（義大利人最慘，主要是因爲義大利男性愚蠢至極）；而且常常不經大腦，偏見連連。所以我最好先訂定基本準則，其實只是我個人要遵守的原則，希望這本書避開那些地雷；每當讀到描述日本和日本人的文字，我們都常看到各種不假思索的刻板印象、老掉牙的笑話和貶低人的歸納陳述。因此我列了一連串誓言，特此矢志，竭力遵守：

我發誓，絕對不嘲笑日本人發音「r」、「l」不分。

我發誓，絕對不嘲笑他們的身高。

不拿日本馬桶的複雜科技插科打諢。

無論我覺得日本文化有多怪，絕對不會說造訪日本是「地球上的另一個行星」。

我絕對不會引用翻得奇差無比的菜單（你的主菜邊要放「主條」[2]？），也不會嘲笑日本車名的英文創意，例如馬自達的Friendee Bongo，或T恤上的標語或店名「好比我在東京看到的『Nudy Boy』（裸男孩）」。

是不是很困難？

絕不鬼鬼祟祟偷拍穿得像哥德式蘿莉塔的女孩。

看到自己永遠不懂的日本文化藝術時，絕對不容許崇敬之情油然而生（例如，我不太明白歌舞伎／禪園／書法，但我強烈感受到這種藝術的深奧，所以我要降低音量，悄悄退下。）

描述日本都市夜景時，我絕對不會提起《銀翼殺手》（Blade Runner）。

我絕不拿戰爭、神風特攻隊、相撲選手開玩笑，不會說「我真崇拜日本人，他們知道世界上有叉子，卻還繼續使用筷子」，也不會取笑他們的髮型如出一轍。

且看我能不能做到，好嗎？

2 furenchi furais 是和式英語，指得是薯條。

04 不准攜帶花椰菜

夜晚的東京教我們目瞪口呆。我們下計程車，踏進八月底燠熱的夜晚，迎面而來的是新宿車站源源不絕湧出的人潮。我們一家四口看著行人燕子般地來來往往，有片刻只能瞠目結舌，呆若木雞。

我們幾小時前抵達東京，雖然身體已經疲憊不堪，但還沒適應時差的腦子以爲中午剛過，依舊精神旺盛。我們還沒過海關，就看到海關櫃檯有張圖，那是花椰菜上劃了一條紅線，「不准攜帶花椰菜」。東京有人走私花椰菜？其他十字花科也是違禁品嗎？

任何人從希斯羅機場出發，一旦看到行李，都會像看到失蹤多年的親屬般緊緊擁抱它們。我們離開機場，準備前往飯店。雖然艾米爾後來改變看法，但他對日本並未一見鍾情。「好臭。」我們在室外等機場巴士時，他說。「哪裡臭？」我問。「什麼都好臭。」他撇嘴。

巴士載著我們，沿著有十個車道的東關東自動車道，緩慢地穿過稠密車潮，往西開六十四公里，途中經過偌大的愛情賓館、購物商場和小鋼珠店。我們看到比巴黎鐵塔還高的東京鐵塔，但相較於周圍高樓，它看起來卻那麼低矮。巴士往下繞了好幾圈，過了好幾個交流道，我們才第二度降落在東京市中心。

其實東京沒有眞正的市中心。我們在車上就發現，這個城市是廣大無邊的都市迷宮，有大片高聳的水泥叢林，而高速公路漫無止境地向四面八方延伸。要找東京的市中心，或將這裡當成普通城市，任何人都會陷入瘋狂邊緣。阿利說過，最好把東京當成二十多個小城鎮，當成一個巨輪包著許多小輪子，藉由高架的環狀山手線連接彼此。

我們開開關關，看完青山民宿公寓每個櫃子、抽屜，終於發現自己飢腸轆轆，決定開始東京初體驗。但是東京不是能讓人試水溫的地方，出門片刻，你就會覺得招架不住。東京會用迅雷不及掩耳的速度，讓你神魂顚倒；如果你像我們一樣，選擇在日本最大的夜生活重鎭新宿下車，更會一見傾心。

這個城市住了一千兩百萬人，面積只占全日本百分之二，卻有十分之一的人口都住在這裡。每天有兩百萬人經過新宿車站，據說這是全球最繁忙的車站。那一晚，他們都來迎接我們了，我們就像站在大遷徙的牛羚中，只不過這些人穿得更時髦、更精緻。

頭幾分鐘，艾米爾緊緊黏在我的腿邊，直到他發現這些人井然有序——通勤族、購物人潮和尋歡作樂的人似乎有某種聲納可以避開彼此，魚貫地走向他們的目的地。這時，我們旁邊有一大片液晶螢幕打出湯米．李．瓊斯（Tommy Lee Jones）那張格格不入的面孔，他正在喝一瓶罐裝咖啡，畫面解析度高得令人毛骨悚然。

一群吃吃笑的女孩注意到艾米爾，他又開始往後退。艾米爾和他的母親一樣，天生有魅力。他就像個縮小版的搖滾明星，不費吹灰之力就能成爲眾人焦點。艾斯格比較喜歡交際，那頭金髮和褐色眼珠也開始引人側目。路人很快開始對他們輕聲細語，帶著糖果和貼紙的斯文年輕女子開始拍他們的照片，不巧這正好是兩兄弟在這世上最喜歡的兩樣東西。那是我們初次嘗到「貴族出巡症候群」，我們的孩子就我們看來，如同多數西方小朋友，但對日本某些女性人口似乎有奇特的神奇魔力——幸好沒壞處。如果艾斯格和艾米爾會簽名，往後幾個月，他們大概能發出幾百張。

新宿車站幾乎可以自給自足，無論是地下或地上，都有許多百貨公司、餐廳或公司行號。可以在那裡耗上一整天，不搭車也無所謂。我們很快就在迷宮似的人行道中迷路，最後奇妙地走進偌大的百貨公司食品樓層，也就是所謂的**地下美食街**。

日本多數百貨公司地下室都有這種結合超商與外賣商店的樓層，裡面鋪售各式各樣你所能想像，或無可想像的歐美、亞洲食材或食品。我們逛了一下，我倘佯在美食天堂中，其他人雖然待不住，卻也欽佩不已。那裡有媲美餐廳品質的現做壽司、各種天婦羅、炸豬排、豆腐、飯糰、抹著深色甜醬光澤的烤鰻魚——猶如日本現代飲食的縮影。看到了傳聞中所費不貲的水果：那些夕張哈密瓜來自北海道，布滿美麗紋路，切開來是橙色果肉；這些如同法貝熱彩蛋（Fabergé egg）的水果繫著紅色蝴蝶結，用木盒個別包裝，售價高達兩萬一千日圓（超過一百英鎊，但史上最高價的紀錄是一百二十五萬日圓）。我們還看到一顆一萬五千日圓的芒果，包裝精美、莖部四周塞著方形小海綿的蘋果。美食街有一桶桶的小魚乾、炸鰻魚骨（好東西不能浪費，是吧？）；廚師在玻璃隔間的小廚房中忙著做港式點心、煮麵或做麻糬（用糯米製成，內餡通常是紅豆）。有一攤的法國乳酪樣式之多，幾乎不輸巴黎當地的市集，而且價錢也差不多。我還看到精緻的水果蛋糕、瑞士捲，以及與法國名店「拉杜蕾」（Ladurée）不相上下——恐怕還更維妙維肖的馬卡龍。艾斯格拉拉我的袖子，提醒我，我們眞的該找東西果腹了。

新宿車站是緩衝區，左右兩邊大不相同。西邊是公司和飯店，建築物多半是往上竄的摩天大樓，每棟之間沒有太多空間。但是我們走到東邊的歌舞伎町，那裡有各種餐廳、迴轉壽司連鎖店、商店、酒吧和夜店。

歌舞伎町和附近的黃金街是日本最墮落的地區，有些酒店有小姐坐檯，店名可能是「紙醉金迷」、「誘惑」；有些則是鎖定女性顧客的牛郎酒店，都開在高樓大廈裡。街上每棟大樓的每一層都有霓虹燈招牌，標明裡面是餐廳、酒吧或卡拉ＯＫ。那景象令人震驚，據說《銀翼殺手》的美術設計靈感就來自這裡——這可不是我胡謅。

這個地帶也許不適合晚間帶幼童過來，儘管這裡可是日本黑幫重鎮（可能就是因為這個原因），招攬客人的小哥還頂著一頭挑染的公雞頭，歌舞伎町卻頗乾淨、安全，也相當知所進退。即使艾斯格和艾米爾再大一點，也不清楚周遭這些不見天日的場所正在進行什麼活動——肯定很驚險。西方用「藍色」代表色情，日本則是「粉紅色」，「舒壓按摩」是打手槍，「健康中心」則提供口交服務（至少阿利這麼說）。據說東京的土耳其澡堂後來都得改稱「泡泡浴場」，因為有人誤將土耳其大使帶去，才有這個變更（這是阿利的說法）。

東京光這一小塊區域就有三十萬家餐館，多數都只精通一種料理，甚至只賣一道菜色。如果某家日本餐廳兼具各種風格的料理，通常都是車站裡的餐館。大家都知道那些低價餐的品質往往馬馬虎虎，專門應付趕著塡飽肚子的過路客。我認為，這就是東京美食文化空前多元的關鍵因素。巴黎的亞洲餐廳往往提供泰式、中式、越南、日本料理，但是每一種充其量都只有三流的水準。但是在東京，大廚熟悉他們所選擇的料理風格的差異、變化，經年累月下來就成了天婦羅、壽司、鐵板燒、蕎麥麵等的專家。餐廳雖然需要客戶，但即使是東京，租金也不至於太離譜，只消幾個常客就能維持房租開銷。這些老顧客清楚餐廳水準，也知道相較於同類餐點，自己推崇的店家手藝好壞。

現在唯一的問題就是選擇了，這一點最困難。即使在我精神最好時，我都不太擅長選餐廳。何況對東京菜鳥而言，光看外表根本無從判斷餐廳提供哪種風味的佳餚，除非菜單上有照片，但這在其他國家，也許這些都是警訊。總之這是我們到日本的第一晚，我想吃點特別的菜色。

從新宿往北的鐵路旁有條狹窄巷弄，裡面有許多人性化的**居酒屋**（日本風格的酒館），座位大概只能容納六到十人。這裡是「小便橫丁」，一九四〇年代末期東京所殘留的簡陋、破舊巷弄，就像《外科醫生》（MASH）裡的鷹眼下班之後流連忘返的地方。這個充滿懷舊氣氛的東京古老黑市，排除萬難，奇蹟般的留存到現代，還在夜生活最糜爛的市中心躲過開發商的魔掌。

空氣中瀰漫著炭烤、大鍋煮麵條的煙霧，所有東西都蒙上一層薄薄的半透明棕色油脂。倘若在其他國家，這種名稱、這麼破爛簡陋的模樣，肯定令人退避三舍。但是阿利再三保證，這一帶不但治安良好，而且一人老闆兼主廚和顧客都很好客，而且這一區的拉麵、雞肉串燒和日式炒麵好吃得令人欲罷不能，還非常平價。

我們悄悄走向一家居酒屋，L型吧檯鋪了塑膠布，店內佝僂老婦的腰都彎成問號，灰色的頭髮燙得很整齊，還穿著一件紅色圍裙。站在日光燈管下的她正忙著用金屬抹刀刮鐵板，一邊炒一坨拉麵（妙的是炒麵雖然是yakisoba，炒的卻是拉麵，不是蕎麥麵）。儘管我們不是尋常黃面孔，但她瞧都沒瞧一眼，我指了指麵，比出兩根手指，然後微笑，她點點頭就開始忙。

這家居酒屋的設計就是爲了讓顧客有效率地快速用餐，龜甲萬調味料和一筒筒的筷子就放在吧台上，牆壁上掛著標明日文菜單的木板，天花板垂吊著白色、紅色燈籠，我們坐的是紅色塑膠凳。我們一家分食兩份甜醬油（後來我們在日本各地都吃到這種香甜照燒口味的深色醬料）拌炒的炒麵，麵上有鮮紅的醃薑片、少許海苔。那麵讓人一吃就上癮。

其他客人——穿著深色西裝的上班族，下班才拉開領帶——用臂膀粗的大罐啤酒敬我們，再把酒倒進小杯子請我和麗森，他們客氣地用英文單字請問我們是哪一國人、到日本多久了、對日本料理有何看法。老闆娘看到艾斯格和艾米爾不太會用筷子，翻了一陣子之後找出兩支小叉子。最後，我們一家吃得心滿意足。

在一家居酒屋吃一道菜，再去另一家吃串燒似乎是常態，我們也有樣學樣，進了另一家小店，坐到炭烤爐前。這次的老闆是蓄著山羊鬍的年輕男子，他忙著撥炭、轉竹籤。我們點餐的方法就是指著別人的食物、或是直接指生食材，那些材料就放在隔開櫃檯和廚房的玻璃櫃裡。

我對烤肉通常不太放心。肉不是過老、過生，就是烤焦，往往三者兼具，又不如普通烤箱的成品。但日本人比任何民族都更懂得控制炭火，理由只有一個，而且非常簡單，就是他們把食材切得比較小。

燒鳥的字面意思是「烤雞」，但蘆筍、鵪鶉蛋、番茄和各式蔬菜也都用同樣方法料裡。關鍵做法就是把肉切成一口吃的大小，然後一次串三塊，中間還夾雜著短短的negi（極嫩的韭蔥）。串燒就在燃燒的炭上加熱幾分鐘，抹了醬汁再放回去烤一下才端給客人。這種食物不算太健康，但就像冰毒一樣令人不可自拔，而且除了幫小朋友注射麻藥之外——只不過成本太高，況且麗森說還牽涉到醫藥倫理問題，很難有其他好方法讓他們把蔬菜吃下去。

燒鳥菜單主要包括雞肝、有嚼勁的雞胗（雞沒有牙齒，所以利用這個器官磨碎砂礫，才能消化）、雞皮和雞心。玻璃櫃有一串食材是我不認得的部位，但我還是點了一串，免得我錯過人間美味。這道菜沒有特別的味道，只吃得出醬汁味，不過口感很特別，就像酥脆的塑膠——原來是雞軟骨，尤其是雞胸頂部的部位。我不覺得特別可口，但艾米爾一口接一口吃完，然後又迅速吃掉雞肝，再次證明甜醬汁的威力。

每個燒鳥廚師都有獨特的醬汁配方，而且會拚命守護這些食譜。辻靜雄在書中寫到認眞的燒鳥廚師不會等醬料用完才另外調配，而是一看到變少就添加。因爲醬料不加水，可以放上好幾年。就像許多日本燒烤醬，材料大同小異，有醬油、清酒、味醂和糖，還可以加入小火燉煮的雞骨，再加芡粉如竹芋粉或葛粉（呈固體塊狀，清淡無味，不像玉米粉）。一比一的醬油和味醂，清酒略少，再加糖，就能做成好醬料的基底。

燒烤的煙霧在我們頭頂繚繞，看著孩子開心吃竹籤上的雞內臟，感覺好不眞實，畢竟當天早上，我們還在世界另一端吃玉米粉和吐司；眼前這個景象卻讓我覺得格外幸福。我們眞的降落了。

隔天家長該還債了，因為艾米爾和艾斯格來日本途中非常守規矩。對他們而言，日本只等於一件事，而且與食物毫無關聯。他們早就迷上寶可夢，就是那個聞名全球動畫裡的奇幻角色，儘管十八歲以上的人都看得一頭霧水。我們答應帶他們去品川某家寶可夢商店，卻忘了那天是週六。抵達時，店裡擠滿吵著要寶可夢T恤、便當盒、鑰匙環的七歲小童。艾斯格和艾米爾驚訝地睜大眼睛，很快也開始哀求：「我要這個……我要那個……」購物籃裡塞得滿滿的，彷彿準備進入戰備時期。

據我所知，寶可夢公仔的需求只取決於小朋友就是想要，而不是看上它們的實用或藝術價值。製造這些公仔的大企業完全能掌握這些上癮的消費者，而且心狠手辣的程度可比擬「任天堂」。

下一站是Kiddy land，雖然是東京最大的玩具店，卻意外的小。我們在那邊逛寶可夢展示區時，有位母親走過來。

「他幾歲？」她指著艾斯格。

「六歲。」我說。她一臉驚訝，我問她兒子幾歲，他看來只有四歲。

「八歲。」她盯著艾斯格。「他這樣正常嗎？」

「呃，要看妳對正常的定義。」

「把──拔。」

對面有個賣果醋飲料的便利商店吸引了我的注意，聽說這是日本最新潮流。我買了一罐櫻桃醋口味，一口喝下。起初沒有任何異狀，就像加了糖的甜櫻桃，猶如傳統的蛔蟲藥水。可是媽啊，那後勁太恐怖，完全就是醋。不過這還不是最可怕的飲料，聽說東京還流行另一種零卡路里的果凍，材料是豬胎盤。

走一小段就抵達凱蒂貓重鎮的原宿，我們偷拍身穿蕾絲、厚底鞋、蓬蓬裙，做哥德蘿莉塔風格打扮的少女（我好像很快就打破自己的誓言）；有些人扮成護士，甚至穿上沾血的圍裙；有人扮成卡通人物、法國女傭和我們所謂的「洛杉磯龐克族」（就像基佛．蘇德蘭「Kiefer Sutherland」舊作裡的臨演。）

我們攔計程車回公寓。在巴黎叫車就像捕黃蜂，必須非常有耐性，而且可能會被螫。但日本計程車司機異常優秀，只要在人行道邊伸手（應該說是艾斯格舉起光劍），方方正正的黃色豐田就會停下，後門自動打開，兒子們看得目瞪口呆。

「什麼……哇！你們有沒有看到？」艾米爾說。

「都是我的功勞！我用了原力！」艾斯格說。

我們上了後座，拿地圖給帶著白手套的司機看。他微笑點頭開車，十分鐘後，我們照表付費，後門又自動打開，我們匆匆下車。「不要忘記帶走隨身物品！」他在我們背後提醒。

聽起來很簡單，是不是？計程車司機送你到目的地，你付費就是了。但我們已經習慣聽司機漫天開價、瘋狂飆車、隨時都可能發生口角爭執，最後還要聽他們抱怨小費不夠多。

我們一進門，這天的經驗激勵我列出以下清單。

相較於巴黎，我在東京依序碰上的好事：

街上沒有狗屎

沒有人覺得我們應該付小費

沒有垃圾——

慢著，連垃圾桶都沒有

我是這裡最高的人

沒有人因爲你不會講他們的語言，就偷你的東西、騙你或對你沒禮貌

這麼多餐廳怎麼經營得下去？

比所有人都高還眞不賴

叫得到計程車——

即使下雨天也不例外

司機一定會把你載到目的地，不囉嗦也不繞路

店裡的人似乎眞的很想做到你這筆生意

也許我在日本可以成爲傑出籃球選手

回到公寓之後，櫃檯的人說颱風要來了。「什麼意思？」我們問。「刮大風，下大魚[3]。」她說。我們有點緊張。

隔天狂風大作，附近標榜著「美味食物讓我們好宜人」[4]的超市已經擺出「防颱用品包」，裡面有毯子、兩天份的食物和水。我們略感不安，但認爲日本人只是小題大作。到了下午，風雨猛力抽打窗戶，許多東西都被吹到空中。問題來了，我們沒有晚餐的存糧，我得出去張羅。

雨幕橫著打過來，街上空蕩蕩，沒有車，也沒有行人。我舉步維艱地挺進風雨中，心想，這天氣也太荒謬了。店門口有部單車被吹倒，歪斜地往前緩緩滑動。我頂著強風前進，彷彿不入流的默劇演員。一部計程車駛過。還有個店家老闆貼著窗戶，看到街上有人走過，一臉驚恐。這時我已經渾身溼透，最後終於抵達超市。

超市裡放著柔和的背景音樂，彷彿一切如常。我困惑地看著這些沒有英文標示的陌生食品，對陳列的蔬果狀態如此完美無瑕感到不可思議。日本人顯然對農產品格外挑剔，表面不能有一點瑕疵。蘋果都鮮紅嬌嫩，茄子則平滑又有光澤，就連馬鈴薯都長得一模一樣，每個

---

3 櫃檯人員應該是說「rain」，發音上像是「lain」，此處作者有取笑日本人英文發音之嫌。

4 Delicious Foods Make Us Pleasant，英文語法不通的標語。

蔬果似乎都剛摘採。店裡唯一的另一個顧客對著牛蒡上的怪條碼揮舞手機，螢幕就出現農夫的照片，大概是栽種者。我後來發現，這個系統還列出農產品收成的時間，而且詳細到列出幾點。顧客才能以此確定是日本國內栽種，而且是有機作物，主要是因爲之前發生了幾樁與中國有關的食安問題。

我在籃子裡放了麵、壽司和其他幾樣食物，哼著背景音樂版的《彷若青春》（Smells Like Teen Spirit），付錢離開。

外面還是活像人間煉獄。我深呼吸，低頭快步走進風裡。但是走了五十公尺之後就頂不住，只能驚慌走進第一間看到的商店，那是一間百元商店。店裡所有商品都賣一百日圓，從雨傘、內褲到小丑戲服都有。我買了一把凱蒂貓雨傘，但一出門，雨傘就像蒲公英般飛走。

我終於辛苦地回到公寓，在新聞裡看到整間房子被吹走，簡直是《綠野仙蹤》現實版，還看到船隻被沖到東京南邊海岸。此外我們還看了日文版的《豆豆先生》。

櫃檯說，暴風雨隔天早上就會減弱。太好了，因爲我們隔天有特別的午餐之約。

05

—讓我吃成相撲選手—

「相撲選手是人嗎？」艾米爾雙手摀著耳朵悄悄問我，前面有兩個像是穿著尿布的龐然大物互相推擠，發出恐怖的聲響。

這個問題其來有自。艾米爾在地球上的短短四年中，沒見過類似相撲選手的人，在日本尤其沒見過，而且他的哥哥還明白指出：「爸，日本這裡的人都沒有你胖。」

這門日本國技的選手體型最不像典型日本人，但是相撲已經流傳千百年，最早是神道儀式，後來在八世紀時成爲貴族運動。儘管相撲逐漸式微，還是有幾百萬名電視觀眾，雖然選手不是一般人心目中的性感偶像，卻受到女粉絲瘋狂追捧，受歡迎的程度不下於足球金童貝克漢。

日本人的身材幾乎都很纖細，日常飲食攝取的脂肪也極少，所以我很好奇力士如何將自己吃得像巨大的海象。如果我也想變成相撲選手，又該怎麼吃？我一直以爲他們都吃肥肉、冰淇淋、薯片、巧克力，而且吃飽就睡。想到某個地方有某個人過著我夢想的日子，我暗自欣慰。

阿利警告過我，說一般人很難進得了相撲部屋。事實上，他的原話是：「不可能，你進不去。」他說相撲選手是出了名的自大、遲鈍，熱愛昂貴香水和養髮液；聽到我說他們是「眞正的末代武士」，還對我嗤之以鼻。但我們出發去日本之前，阿利提供一個重要情報：我需要在日本找個喬事的人，這個人知道如何接洽我想見的人，也知道如何和這些捍衛日本傳統的人打交道。

那個人就是土井惠美子，綽號小美，她是美國報社集團東京分公司的研究員，我透過共同認識的熟人找上她。在一億兩千七百萬人當中，我不相信我還能找到比小美更合適的人選，因爲她不僅是見多識廣的美食愛好者，而且和多數日本女性不同，是個熱衷美食的老饕。

我們（到日本的第三天）初次見到小美是在池上車站外。我很緊張，感覺就像相親，雖然我還帶著老婆和兩個小孩，所以更詭異，但小美的熱情很快就讓我們如釋重負。小美苗條、優雅，單身，比我大兩歲，喜歡晃晃盪盪的配飾和珍珠。我本來很緊張她對我帶著家人同行有何看法，因爲這不符合專業新聞從業人員的做法，但她一看到艾米爾和艾斯格，就親切地抱起他們。

小美的青春時期住過加拿大，她對西方人獨特行爲的了解，在往後幾個月更是派上用場。她也非常有效率，而且打從我們第一次通電郵，就能「捕捉」到我想找的目標，儘管我自己都不太了解自己。但我偶爾也會察覺，她對我做事情沒有章法略有微詞，也不認同我的禮貌常常不周到（例如我多次忘了帶名片，她就會噘嘴）。後來證明，小美果然極有耐性，而且知識淵博。

幫我找到相撲部屋的人就是小美，那個地方非常神聖，是力士的宿舍，也是訓練營。尾上部屋位於池上市郊的安靜住宅區，周圍都是矮房子，門口有小院子，路上沒有人行道。部屋本身很小，住了八個力士、師父（小有名氣的前力士）夫妻和兩個小兒子。建築物簡陋，是一層樓的鐵皮屋，牆壁則是刨花板。表面看起來就像自家倉庫，周圍都是小小的水泥建築，每棟房屋之間似乎只放得下菸盒包裝紙。屋子恰巧只能容納一個棕色的圓形黏土擂台，或稱為土俵，以及我們坐的木台。除了角落的槓鈴之外，我沒看到其他訓練設備。

我們搭擁擠的山手線過去，其他乘客的臀部幾乎就湊在我們面前。艾斯格坐在我腿上，艾米爾坐在麗森身上，我們努力別占用太多珍貴空間。途中，我努力向孩子們解釋相撲這門運動。

「呃，選手就是兩個非常**非常胖**的人，就像蛋糕店的羅宏先生，只是更胖。」

艾米爾瞪大眼睛。「更胖？」

「對，更胖，非常胖。基本上呢，他們會對旁邊撒鹽，然後拍自己的大腿。鈴鐺響起，他們就得推倒對方，先推倒的人就贏。然後他們互相鞠躬、道謝。喔，對了，他們不穿衣服，只穿了一件很像尿布的東西。」

最後那句話導致他們不可置信地狂笑，完全不相信我。一副爸爸顯然又開始胡說八道（就像上次，他還說唱歌才能讓車子跑得動。）

可以讓他們親眼看到實況，頗令我心滿意足。我們就坐在鋪了榻榻米的木台上，上方是超大的液晶螢幕；這個空間也是力士的客廳、餐廳和臥房。艾斯格和艾米爾躲在我們背後，手指塞住耳朵看力士練習。其中一兩人注意到我們，互看一眼之後又專心鍛鍊，師父濱之嶋啓志就穿著馬球衫和短褲在圓圈外踱步。

「說來奇怪，但他們看起來充滿力與美，」麗森壓低音量對我說，我回敬一個怪表情。「他們的內褲一定常常被人往上拉。」我悄悄說，但是她根本沒聽進去。她看得入神，仔細觀賞他們彎腰、伸展、推撞和見習。有個練習是對撞（butsukari-geiko），一個力士站立不動，另一個想辦法把他推到土俵另一端，彷彿當他是大型衣櫃。這個動作非常辛苦，負責推的那方最後一定會氣喘吁吁地跌坐地上，還痛苦呻吟。

相撲沒有重量級別，無論高矮胖瘦，都得一起比劃。但不是越重就是必勝的保證，因爲有個體型較嬌小的力士，將兩百三十公斤的「相撲怪物」摔到土俵外的牆上，還發出可怕的撞擊聲。

接著上場的是二十三歲的愛沙尼亞選手凱斗．烏佛森，他的外號是巴瑠都（他的家鄉「波羅的海」日語發音）。他是相撲界後起之秀，雖然只有一百七十五公斤，但在尾上部屋顯然略勝一籌。他臉不紅氣不喘，一連打敗五個師兄弟。有一次還把對手直接拋到街上，先前車庫樣式的門外已經聚集一小批人旁觀。艾斯格幾乎不敢相信自己的眼睛，「哇，你們有沒有看到？」

訓練結束之後，力士用角落水槽的長勺子舀水洗手，才搖搖擺擺地過來自我介紹，顯然是迷上艾斯格和艾米爾。艾米爾躲在我的背後，艾斯格則向滿身大汗的紅通通巨人伸出手。巴瑠都把他抬到肩膀上，等艾米爾也走出來，他又用胖胖的手把他抬到另一邊肩頭。「相撲怪物」也過來，自豪地用英文自我介紹：「全世界最重的相撲選手。」

巴瑠都告訴我，他已經來日本四年。「你青少年時期就來，起初一定很不習慣。」我說。「剛來的時候的確很辛苦，」他說，「我根本吃不了這裡的食物，所有外國相撲選手都有同樣的問題。」此外，資深學長揍年輕力士也是常有的事情。那週日本報章雜誌才接連報導十七歲少年時太山的故事，這個名古屋某部屋的學徒在霸凌事件中被打死。外界透過這則報導，才驚訝地發現小力士凌晨四點就得起床打掃、準備早餐，幾乎一整天都無法出門，午夜過後才睡，日復一日都有做不完的雜役。

時太山在一整天的訓練之後，又接受半小時的「對撞」訓練，最後死於心臟衰竭。驗屍結果顯示，他全身有瘀青，鼻子和肋骨都斷裂，身上還有菸疤的燙傷。他在死前一個月三度試圖脫逃，每次都被自己的父親送回去。

巴瑠都的經歷不會更輕鬆，何況他還是外國人。自從有相撲以來，最大的改變與爭議源頭就是大批外國相撲選手湧入——多半都來自有類似摔角傳統的國家，如蒙古、保加利亞和希臘。第一個出頭的選手就是二百八十四公斤的薩摩亞人小錦八十吉，他從一九八二年開始比賽，得到相撲界第二高位階「大關」。據說他一餐可以喝一百杯啤酒、吃七十個壽司，後來因爲痛風、胃潰瘍和膝蓋問題而引退。此後有個夏威夷力士曙太郎超過小錦的成就，拿到最高等級，成爲「橫綱」。然而傳統相撲界難以接受外國人也能成爲頂尖力士，與本國人同等甚至更優秀。所以外國橫綱會發現規則又有更動，就是爲了阻止他們稱霸。在日本看相撲，觀眾也會發現攝影機不會停在外國冠軍身上。那週最著名的相撲選手就是蒙古裔的朝青龍明德，媒體在YouTube上看到他在家鄉烏蘭巴托踢足球，卻沒在日本克盡橫綱的眾多義務（他宣稱得回家鄉治療腿傷），更是損害外國力士的形象。然而這些人還是前仆後繼到日本，如巴瑠都，因爲頂尖選手的年收入超過五十萬美元。

午餐時間到了，這就是我最期待的時刻。力士每天輪流幫部屋的同伴做飯，今天輪到「相撲怪物」，他去廚房準備時還是全身光溜溜，只穿**兜襠布**（我所謂的「尿布」）。「走，你們要不要看我們打鬥的地方？」巴瑠都邀請艾斯格和艾米爾到土俵上。艾米爾一溜煙躲到麗森背後，但是艾斯格猶豫不決地跟上，還脫掉鞋子。巴瑠都蹲下之後，他很驚訝，因爲對方還邀請艾斯格也照辦。小朋友緊張地回頭看我們，我微笑點頭，示意沒問題。他衝向愛托尼亞巨人，後者除了倒在沙地上，還兩腳朝天。艾斯格因爲自己的蠻力而目瞪口呆，巴瑠都則是邊搖頭邊撢身上的沙土，彷彿訝異自己竟然輸給六歲小童。他坐在土俵邊緣時還劈腿，我們才想起力士也需要超高的柔軟度。儘管以後對日本之行印象再模糊，此時門外的景象大概會讓艾米爾終生難忘：有個相撲選手騎著腳踏車繞圈圈，那模樣就像馬戲團的大象騎單車。

我跟著「相撲怪物」（他的眞名是山本山龍太）布滿橘皮和斑點的大腿進了小廚房，狹小的空間幾乎被兩個大型冰箱塞滿。因爲即將得知力士飲食的祕密，我心跳加快。相撲怪物很高興我對他的午餐有興趣，解釋他要做傳統的相撲火鍋。「這又分很多種，」他說。「可能多達十種。我們都輪流做，每個人都有拿手菜。這種是醬油雞肉鍋。」他切白蘿蔔、胡蘿蔔，丟進加了醬油調味的沸水中，切法就像削鉛筆（這種刀法稱爲削切），接著又加了半杓的鹽。他有食譜嗎？「沒有，這是男子漢風格的料理，我們不太管那些小事，重點是夠吃，這就是相撲火鍋的由來。以前相撲部屋規模更大，可能多達一百人，需要想出一鍋就能煮好的菜色，而且還要能餵飽這麼多人。」

相撲怪物全神貫注煮相撲火鍋時，我趁機偷看冰箱。我本以爲會看到蛋糕、巧克力，結果只有甜玉米、豆腐、雞肉和蔬菜，都是貨眞價實的健康食材。我有點沮喪。

相撲怪物告訴我，他當力士之前研讀經濟學，我問他這行是否能賺大錢。「九百個選手中，只有大概七十個力士賺得比較多，我還在擔心收入不夠。」他切了雞肉丟進鍋裡，煮幾分鐘後又加了大白菜、接著才放豆腐。「要在手上切豆腐，就像這樣。」他用寬闊的手掌當砧板，然後迅速放入香菇和金針菇。「只有這個方法才行，否則都會碎掉。先煮比較硬的材料，越軟的越晚放。」

回到訓練室時，麗森已經得到師父濱之嶋啓志與其妻的邀請，我們一家人可以一起吃相撲火鍋。我們席地坐在矮桌邊時，部屋力士稱爲「親方」的濱之嶋先生邀我坐在他身旁。

「他們就像我的兒子。」他示意在部屋走動的力士。一個正在土俵上澆水，其他人在旁邊等候。我後來才發現，他們要等我們吃完才能開動。「很花錢的兒子啊！我們就像一家人，我太太幫他們洗衣服，他們就睡在這裡，我的親兒子就像他們的弟弟。我告訴我兒子，我們有得吃，都是因爲他們努力工作。」

我說我很失望，冰箱裡竟然沒有巧克力。他大笑，「對我們來說，吃碳水化合物、肉和魚，才能讓我們體重增加，但是還得加上訓練。我們必須增加肌肉，而不是脂肪。但是相撲選手的飲食也慢慢改變，現在有更多進口食物，例如香腸，以前多半都是漁貨。」

力士十幾歲就開始投入這門競賽，大概三十出頭就退役，不過現在仍有一位四十七歲的力士在場上對決。親方三年前退休時才三十六歲，現在看來已經瘦了許多，他說他減重近三十六公斤，只有變形的花椰菜耳朵洩漏他前半生的搏鬥生涯。他怎麼甩掉那麼多重量？「退休之後就吃得比較少，尤其少吃碳水化合物。我的食慾也漸漸變小，因爲我不需要再用到那麼多力氣。可是我當力士之後就得了糖尿病。」

糖尿病是相撲選手常見的疾病，此外還有高膽固醇、高血壓和心臟病。在一九九〇年代，相撲協會規定進行身體檢查，控管力士的健康，情況的確也獲得改善。但是他們日後的疾病通常是因爲早年用藥物增強體能，因爲相撲沒有驗藥流程，而且選手使用類固醇等類似藥物相當普遍。力士就像職業單車手，爲了成功，願意以各種方式承受壓力。以前相撲選手的平均壽命與日本國民無異，但其他人越來越長壽，力士還是只能活到五十多歲到六十出頭。不過近年的研究指出，相撲選手的體脂沒高到**離譜**，體能還算優異，尿酸和血糖指數正常——這些數值在我們這些胖子身上都很高。

午餐的菜色還算健康，份量卻頗驚人。除了富含蛋白質的相撲火鍋之外，還有煎蛋餅、白飯、各式香腸，最不可思議的就是煎餐肉（傳統而言，力士不吃四腳動物，因爲他們如果手腳著地就是輸掉比賽；顯然加工豬肉不算在內。）我們幾乎沒動什麼食物便離開，力士才能好好飽餐一頓，再去睡個美容覺。

當天的尾上部屋特別強化訓練，因爲隔天就是九月秋場所[5]，也是當月第一週的比賽。我們早起搭火車跨越河川，前往東京東側的兩國，到主辦相撲的國技館，當地身爲傳統相撲重鎮已有三百多年。體育館外有好幾排旗桿掛著色彩繽紛的旗幟，力士抵達時，觀眾蜂擁而上。我們排隊買票時，看到四個力士從車身明顯往下沉的計程車上下來，穿著鮮豔花朵圖樣的和服，整齊梳好的頭髮塗了超多髮油。他們就像夏威夷的歡迎小組，只不過四人活像銀背大猩猩。

我向來對電視上的相撲比賽不太有興趣，小螢幕裡的選手看來格外可笑。但是盤腿坐在體育館的紅墊子上，我才明白這門運動的樂趣。開場最精彩，選手魚貫上台，抓著懸掛在跨下的棍棒物，拍打腿上、腰帶上的隱形蚊子，然後抬腳。接著是這門運動最令人困惑的儀式，亦即賽前跺地，這是心理戰，力士會俯身蹲下，彷彿準備對決。一手的關節可能還會碰到地面。就在觀眾以爲他也要放下另一手，準備開始，另一個力士似乎有不同看法，假裝漠不關心，起立轉身走回場邊。接著又開始擦臉、撒鹽、打大腿的繁瑣動作。這種假動作可能進行四到五次，熟悉相撲的觀眾看到特別大膽的挑釁動作，還會熱烈鼓掌。

雖然一場可能只有幾秒，鮮少有其他體育比這門更刺激。兩個魁梧的胖子互相拍打，然後像兩坨肥肉般壓在對方身上？拿出眞本事吧！（但我不斷想像，場邊加上堅固的繩索可能不失爲好主意。）必殺技巧從小女孩似的瘋狂拍打，到擒抱對方不放，或是雙方都站立不動，看看誰先氣力放盡。有位後來取得第一名的力士，在某場比賽直接抓起對手摔到場外，簡直像丟個大水桶般輕鬆。

後來我們一家四口到街角吃午餐，「割烹吉葉」原是相撲部屋，比我們前一天看到的大很多，這家餐廳由前力士經營，我猜我們抵達時，其中幾個經營者正在表演脫口秀。有顧客將一千元紙鈔塞到他們的兜襠布，彷彿當對方是脫衣舞孃。我們點的滾燙相撲火鍋很快就上桌，比前一天那鍋更精緻，有香菇、明蝦、紅鯛、干貝、豬肉、雞肉、鮪魚餃、粉絲、炸豆腐和煎蛋餅。這餐極度美味，雖然以**鍋物**或**吸物**（湯）而言超級燙。其他人都吃得差不多時，我依舊一口接一口，感覺腸胃像羊肚似地撐開。我決心吃完整鍋，但服務生又在湯裡加了一坨粉絲，再用筷子迅速攪一攪。

雖然心不甘情不願，我也只能叫停，夠了，我已經夠像力士，這次吃到這裡就好。

5 日本相撲比賽每年六次，即初、春、夏、名、秋、九。

06 在日本是世界有名

日本有五人最出名，我和其中一位握手，他的名字就是木村拓哉。才怪，我才沒有。

這個攝影棚設計得像迪士尼風格的城堡，有假石牆，到處是一片粉彩色系，周圍插滿鮮花，還有彩繪玻璃窗。同一個攝影棚內有另外四個日本名人，從北海道到沖繩的每個小朋友、家長、爺爺奶奶大概都認得他們。他們是中居正廣、稻垣吾郎、草彅剛、香取愼吾。想起什麼了嗎？

這是相撲決賽的隔天。我們已經到東京幾天，但小美再次猜到我會對什麼事情感興趣，雖然我自己都不清楚。我曾模糊地提到，自己想了解日本人爲何熱愛美食節目，因爲有許多節目介紹美食、料理、餐廳、甚至生產食材的人，數量遠遠超過英國和美國。根據估算，日本超過四成的節目都與食物有關，無論是介紹某種失傳職人的紀錄片，或是女子力十足的烹飪料理比賽《料理鐵人》（可惜已經停製，但仍舊不斷重播）。我們才來日本幾天，我已經親自驗證，只要打開電視，轉兩、三台一定會看到美食節目。

我想跟節目製作人聊聊，也許找個比較小的有線電視頻道，或參觀他們拍攝一兩集節目。但小美更有雄心壯志，所以我現在才會站在攝影棚裡，現場參觀日本最有名的電視節目，身邊全是工作人員。

我沒聽過「SMAP」——全名是「運動、音樂、全員集合」（Sport, Music, Assemble People）——更不認得這個組合的成員：當時在我眼前的五個三十多歲的藝人曾是偶像歌手，如今主持談話性節目、烹飪節目或主演電影，總之就是日本最炙手可熱的明星。十幾年來，這五個年輕人征服各媒體、日本流行樂（鎖定少女——可能切除了腦葉的那些女孩——的芭樂流行樂）、電視，近年還跨足電影。這個團體賺進大筆財富，吸引成千上萬瘋狂粉絲，名氣甚至超過好萊塢明星，以致他們來日本宣傳，也一定要上美食單元「Bistro SMAP」（這些人包括麥特．戴蒙、瑪丹娜、卡麥蓉．狄亞茲和尼可拉斯．凱吉。）該單元不只是日本第一名的美食節目，而是隸屬於這個團體的綜藝秀「SMAP×SMAP」，這個節目在全日本收視率第一高，每週都有三千多萬人收看，這個紀錄斷斷續續維持十多年。只要人在東京，不出幾分鐘，就會在地鐵上看到他們，不是幫名字平淡無奇的運動飲料「寶礦力水得」拍廣告；就是在森大樓旁邊的四層樓高看板上，看到他們代言日航；要不就是隨處都能看到他們拍的連續劇或電影海報。

我向來認爲，只在國內大紅大紫的藝人比國際化的同業，更能代表這個國家的品味和抱負，看克勞德・馮斯瓦（Claude François）和諾曼・威斯登（Norman Wisdom）就能略知一二。從SMAP身上，我們又看出日本哪些特點？顯然他們喜歡長相俊俏、彬彬有禮、陽光開朗的年輕男子，這幾乎符合所有刻板形象的男子團體；這些偶像唱情歌時要楚楚可憐，表演饒舌歌曲就要風流倜儻。然而SMAP不只對著鏡子跳「新好男孩」舞步。在「Bistro SMAP」單元中，他們甚至顛覆傳統的日本家庭觀念，挑戰誰才該穿圍裙。多虧這個節目和周邊產品的七本食譜——我得補充說明，這是史上最賣座的名人食譜——這五個明星說服日本男性，他們也可以下廚；男人炒麵、花時間切生魚片、鋪在蘿蔔泥上，都不該覺得丟臉。如今有許多日本男性願意洗手作羹湯，偶像團體SMAP是一大功臣。他們可說是當代日本料理文化最具影響力的人。

這個節目究竟有何魔力，可以讓四分之一的日本人口每週一晚上十點準時收看？我想探個究竟。

不會下廚的中居正廣從二樓的類小酒館登場，他身穿黑色背心、白襯衫和黑褲子。其他成員穿西式主廚制服、戴著廚師帽，兩兩一組，出現在一樓的廚房。我下意識往中央攝影機後方退一步，結果絆到電線，舞台總監看我一眼。比較「耍寶」的香取愼吾一臉疑惑地看著我，因爲我是攝影棚裡唯一的西方面孔，但舞台總監開始倒數時，他立刻眨眼、揮手。我也報以微笑，儘管我十五分鐘前還不知道他是誰。因爲我一看到名人就鞠躬哈腰，這次能見到日本娛樂圈重量級人物，我自然是開心得無可言喻。

中居正廣介紹這週的特別來賓，是某對演藝夫妻檔，他們從二樓登場落座。中居正廣的開場白引來工作人員一陣爆笑（我旁邊有個男子，似乎只要聽到別人發言、做動作，他的任務就是捧腹大笑。）原來主持人和這對夫妻是好朋友，也去過他們家。「我還記得當年我們正要走紅，」他說。「跑到你家去看色情片！」大家一陣狂笑，那位太太含蓄地呵呵笑。中居正廣每週的標準流程，就是詢問特別來賓想吃什麼。「我們沒有菜單，想點什麼盡量點！」來賓點了「有大量蔬菜的中國菜」。樓下的廚房準備了所有食材，就等另外四個成員大展身手。

接下來是更辛辣的問題——「你愛老婆嗎？」——中間穿插其他人料理的特寫鏡頭。幕後的專業主廚偶爾會提點四人，但是我可以提供獨家新聞，SMAP眞的親手做菜，而且信心滿滿，廚藝也不差。

「過去十二年來，他們做了超過六千五百道菜。」節目錄完之後，製作人在餐廳告訴我，還說SMAP自己創造菜單。「美國或英國特別來賓有何看法呢？」我問（畢竟這個節目還是傳統的日本綜藝秀）。「他們愛死了。尼可拉斯．凱吉說他們的料理比沃夫岡．帕克（Wolfgang Puck）還讚。卡麥蓉．狄亞茲來上過兩次，還在這裡唱歌、跳舞！瑪丹娜很愛香取愼吾的**涮涮鍋**。剛開始時，他們根本不會料理，卻想挑戰自己。他們能歌善舞，現在還想學下廚。起初他們從洗米、切白菜學起，也不打算譁眾取寵，只想接受挑戰。結果現在他們熱衷創造菜單，很愛自創新菜色，徹底拿出玩音樂的創意。當初我們還不知道，其實他們掀起男人下廚的新風潮。日本有句諺語說男人要「遠庖廚」，SMAP推翻了這一點。

他們成功的祕訣又是什麼？「第一，他們就像披頭四！每個人各有特色，都能引發所有人的共鳴（例如鄰家男孩、班上活寶、親切的大哥、叛逆小子或帥哥）。就這個節目而言，第二點，也是最重要的一點，就是他們對特別來賓的熱情招待。他們眞心希望賓主盡歡，觀眾也感覺得到。這就是我們節目的眞正祕訣，SMAP透過美食表現自我，這也成爲世界各地越來越時興的溝通方式。」

回到攝影棚裡，主持人領特別來賓下樓進廚房，另外四人正忙著料理，大家又一團和氣地閒聊幾句。來賓回到樓上，食物端上樓等著他們評比。紅組是奶油龍蝦炒麵和豬骨清湯，黃組是炒飯佐豆腐、牛舌、鯊魚皮、洋蔥醬、菠菜和萵苣。來賓每吃一樣就大喊**好吃**，但這週由黃組勝出。

香取愼吾突然變裝出現，穿著格子短裙、帶著假髮唱歌，原來特別來賓的妻子曾是偶像歌手。大家笑得東倒西歪，老實說，他的確很耍寶，儘管我一句話也聽不懂。他有種巴斯特・基頓（Buster Keaton）的氣質，非常擅長逗別人笑。中居正廣也很有魅力，精力充沛，讓我聯想到年輕時期的比利．克里斯托（Billy Crystal），至於另外三位，在我看來不是鬱悶、臭臉，就是面無表情。

如同其他美食節目，攝影機一關機，工作人員就上前解決剩菜，藝人則快步離開，只有鄰家男孩草彅剛例外。他默默地坐在角落吃炒飯，其他人迅速收拾現場。我過去自我介紹，他友善地微笑，「節目很棒。」我說，他再度微笑。我不確定他是否懂英文，我自覺好像打斷他用餐，便不再打擾他。

那晚，我從富士電視台外面幾百個粉絲當中擠出去，回到公寓。當天麗森帶艾斯格、艾米爾去代代木公園玩，又逛了幾間寺廟。我提起這些超級明星時，他們反應冷淡，但我總覺得，日本有這些偶像還挺不錯的。霸子樂團（Busted）會做涮涮鍋嗎？我很懷疑。

07 天婦羅大師課

東京商業區節奏極快、熱鬧繁榮，有各式各樣的大企業，大樓裡充斥著喧嘩人聲，隨時都有人賺進或賠掉上千萬。至少週間日都是這番光景。但一到週末就成了死城，有風滾草吹過都不意外。空中還眞有巨大的烏鴉盤旋，那模樣活像禿鷹。所以這時迷了路，根本找不到人來幫你指路，更找不到你好友阿利信誓旦旦宣稱是東京一等一的天婦羅餐廳。這時你的妻小已經熱到快融化，你們已經走了一小時，你口口聲聲說，「就快到了……」或「拐個彎就是……」這半小時，你的腰都快斷了，因爲有個四歲孩童快睡著，雖然他和一台冷氣機一樣重，你還是得讓他坐在肩頭。

眾所皆知，東京門牌號碼不照任何邏輯排列，而是按照建築完工日期分配。所以小野洋子大道一號可能在半山腰，旁邊可能是三〇〇五號，對面就是八十號。至於郵件如何寄送，還眞是這個東方國家的一大謎團。如果你要找一家在地小餐廳，那個地方沒有門牌號碼、招牌，當然也沒有漢字可以比對你抓在手心那張皺巴巴的紙，更沒有任何特徵可以證明那裡是餐廳，你還不如作罷吧。

我們決定放棄。現在回想起來，眞不知道當初怎麼會覺得有可能找到。突然之間，我們面前出現了一位矮小乾癟、嚴重駝背的老爺爺，他留著灰白的小平頭，握著多節的拐杖。我迅速把捏皺的紙條湊到他面前，他顫抖地接過去，花了一點時間從各個角度檢查，最後終於轉身要我們跟上。左轉、右轉，再跨過一條街，他停下腳步，面前的門口擺放了許多盆栽，掛著珠簾，老先生張開手心示意。我屏氣凝神，不敢相信眼前就是我們的天婦羅神殿。我掀開簾子，對經過的服務生揮舞那張紙頭。他頷首，遞來一份菜單。麗森和孩子們已經跟進來，我回頭去謝謝老人，但他已經人間蒸發。難道我看到鬼魂、幽靈？抑或因爲我們太絕望，竟然產生海市蜃樓？他是我們拚命召喚出來的？

才怪。一低頭，就看到他微笑。我向他道謝，鞠躬哈腰，甚至想彎得比他更矮，也邀請他一起用餐。老先生用力搖頭擺手，彷彿我要他進鴉片樓。我們就此分道揚鑣。

我們剛好在午餐時段結束前抵達，店裡只有一位顧客，那名身穿套裝的女子坐在吧檯前，廚師就從狹窄的開放式廚房直接端給她。我們被帶進旁邊的榻榻米小房間，伴隨而來的是我的老骨頭嘎嘎響，那聲音在往後兩個月越來越大聲，我也逐漸習以爲常。

我們點了銀魚、烏賊、鱔魚、蝦，蝦頭還分別端上，以致艾斯格和艾米爾驚恐萬分。這頓餐的每道菜色都精緻絕倫：凹凸不平的麵糊油亮酥脆，卻不肥膩；魚肉多汁，切開來還熱氣騰騰。收尾的味噌湯美味至極，湯裡飄著超小的鮮蜆。另外還有一種甜甜脆脆的炸什錦，是將相當於艾米爾指甲大小的扇貝浸到棕褐色的麵糊裡油炸，鋪在飯上，顯示那就是最後一道天婦羅。就連兩個小朋友都同意，這趟長途跋涉絕對值得。天婦羅立刻成爲他們最愛的餐點，義大利麵和番茄醬都得閃邊。

阿利保證，只要提到他的名字，大廚一定願意與我聊聊。

乍聽之下似乎很大方，但我早就學乖，知道要提防阿利幫倒忙。他在巴黎曾幫我寫日文名片，因爲我知道，在日本與人打交道非得事先準備好。幸好我準備去列印的前一天，某個日本朋友剛好看到名片原稿，阿利寫的不是「英國記者麥克．布斯」，而是「請幫幫忙，我有學習障礙。」

然而我還是孤注一擲，請服務生對主廚提起阿利，廚師很快就來到我們的房門口。當時有其他顧客上門，我想不想親自去廚房看看？

我當然想知道天婦羅的祕訣，蝦殼可以如此酥脆清爽，淺褐色的油炸麵衣就像多結節的粗枝，包裹著嫩度恰到好處的蔬菜或鮮魚。爲什麼天婦羅和英國的炸魚薯條麵糊截然不同？英國的麵糊平滑油膩，魚肉多半過熟。

「關鍵在於是否了解魚，」廚師在擁擠的小廚房解釋，閃爍的油烘得我們臉孔發熱。「是否了解蔬菜、季節、油、麵糊。我當了十年的學徒，訓練一年才能攪拌麵糊。」

顯然我不可能在一頓飯的時間出師。辻靜雄在《日本料理：極簡餐飲藝術》中寫道：

「雖然油炸的料理方法是幾世紀前從歐洲和中國傳來，日本人把它發揮得淋漓盡致。」接著便仔細說明如何摺天婦羅底下那張紙，篇幅頗長。但這位大廚還是露了幾手：第一，麵糊。他只用麵粉、水和蛋，水則是冰水。他用自己特調的天婦羅麵粉，還加了一點小蘇打粉和米粉，蛋則選用日本常見的風味濃厚的品種。依序將麵粉、冰水和蛋放到碗裡，食材就會先沾上蛋液，最後才碰到麵粉，而且麵糊調好之後就要立刻使用（不像傳統的啤酒麵糊得放進冰箱冷卻）。第二個祕訣則是不過度攪拌麵糊或麵衣，他只用筷子草草攪兩下。

「可是碗旁邊還有好多粉狀顆粒，」我說，沒攪勻的麵糊看得我頭皮發麻，不自覺想再大力拌一下。他神祕地微笑，「不均勻才好。用一雙筷子攪拌，另一雙油炸。接下來就是測試油溫。」多數食譜書都說，炸天婦羅要用攝氏一百八十度的油，但專業廚師會根據食材調整油溫。他解釋原因，雖然油溫是攝氏一百八十度，但多數麵糊裡的食材都飽含水份，所以溫度不會超過一百度——水至多只會到一百度，所以所有食材油炸前都要盡可能的瀝乾。廚師的本事，是非常專業的技藝，頂尖天婦羅廚師專做這種料理——就是知道麵衣裡的食材何時炸得剛剛好。當然，這取決於食物種類和麵糊，但也與裹麵糊的方法有關。以鰻魚爲例，裏上麵粉之後，廚師再輕刮魚皮那側的麵糊，所以麵糊較薄，油溫更能穿透魚皮。

我擺出惱怒的表情，他讓步說，在家用一百八十度的油就行了。換句話說，只要麵糊一滴下去便浮起就是了（如果你是做給日本人吃，尤其是關東地區，他們喜歡麵衣是金棕色，而關西人則喜歡較淺色。）

他用長筷夾起一隻蝦，放進陶瓷碗裝的麵糊裡，還將碗歪一邊，方便沾醬，再放進油鍋裡。幾秒鐘之後，他撥動一下蝦子，才夾出來。「就這樣？」我問。他點頭。「這到底是什麼油？只有蔬菜？」「關東人用芝麻油，關西人不是。重點在於不能一次放太多蔬菜下鍋，否則油溫會下降，麵衣就不酥脆了。」

我經過慘痛教訓學到，沒耐性就是我最常犯的毛病，此外我常炸得太開心，手一滑就炸了太多，畢竟人類能承受的炸物有一定的極限。日本人吃天婦羅一定有蘿蔔泥加醬汁（用昆布柴魚高湯加味醂和清淡醬油——不過天婦羅正統派只沾細鹽），據說這有助於去油解膩。據傳聞，有「日本之父」美譽的德川家康是因爲吃了太多天婦羅喪命，因此日本人至今都謹愼提防暴飲暴食。

我向大廚描述炸巧克力棒的概念，他懷疑地瞇上眼睛。我用筆記本畫圖說明，他更困惑了，還叫來另一個廚師。他們交頭接耳，又轉頭看我，彷彿期待我進一步說明。「蘇格蘭食物啊，就是產羊肚包的地方，還有史恩．康納萊（Sean Connery）？」

「除了槍和聖經之外，他們還帶來天婦羅。」日本通唐納德．里奇（Donald Richie）是這麼描述十六世紀中前往日本的歐洲傳教士。

顯然這些傳教士中沒有蘇格蘭人，實爲大幸。

08 雙塾記：第一部

日本餐飲界的金字塔頂端虛位以待，目前似乎沒人夠格填補這個空缺。自從辻靜雄在一九九三年過世之後，日本的料理烹飪界就沒有領導人；倘若想知道福岡人吃蕎麥麵應該沾哪種醬汁、烤鰻魚時應該擺出什麼表情等等，再也沒有人可以提供權威性的答案。儘管後人前仆後繼，始終無人可以取代辻靜雄。

目前日本大概有兩間廚藝學校平分天下，各自代表以東京為中心的關東，以及從京都、大阪往外的關西。

我們在日本待得越久，越發現日本每種料理的烹調方式都有關東、關西風格。每邊都認爲自己的方式才文明，另一邊簡直是野蠻人。從如何剔鰻魚骨、麵條應該趁熱吃或放涼吃、到壽司飯應該有多甜等等，兩邊都意見分歧。

日本有兩間頂尖的大型廚藝學校捍衛各自的烹飪傳統：大阪有辻靜雄在一九六〇年創立的辻調理師專門學校，如今由兒子辻芳樹經營；關東派在東京有創立於一九三九年的服部營養專門學校，現在也由創辦人之子服部幸應博士主持。

若有哪兩人自詡可以傳承日本當代料理精髓，就是辻芳樹和服部幸應。我後來發現，兩人彼此厭惡。他們都出身富裕家庭，教育水準極高，從容自信，本人也非常溫文儒雅。兩人都想爭取日本料理界的最高頭銜，因爲這個國家極度尊重食物，這個地位顯然有文化、精神方面的重要意義。

二十一世紀初日本料理的未來，就在這兩間烹飪學校。我就先從服部營養專門學校說起吧。

服部幸應的名氣遠超過對手，因爲他在日本最著名（也是我最喜歡）的烹飪節目《料理鐵人》擔任評審員。如果你一集也沒看過，我除了點火自焚、快速開關電燈之外，無法描述這個創新烹飪比賽節目引發的狂熱。專業廚師會上節目挑戰美食學院簡稱爲鐵廚的金牌料理人，這些大師精通法國、日本、中華、義大利料理。暱稱爲「博士」的服部（他是醫學博士榮譽學位）幫忙發想該節目、設計菜單，擔任每週的解說員，並且在華麗場景的陽台上評論比賽過程，他就像一人兼任史泰勒與伍道夫[6]布偶組合。日本版的《料理鐵人》在一九九九年完結（美國版的則是在二〇〇一年才停製，還捧出松久信幸等名廚），但服部依舊是名人，經常上日本美食節目，包括名稱令人莞爾的《辣妹圍裙》等，也拍了許多料理產品的廣告（他的臉孔在東京車廂的出現率不亞於SMAP，當然也上過後者的節目。）

《日本時報》曾稱服部幸應是「日本最忙碌的男人」，因爲他除了演藝事業與經營學校

（學生超過一千八百人）之外，定期發表美食專欄，還寫了幾十本料理書籍。此外，他還是提倡「食育」風潮的先鋒，這個飲食營養教育由日本政府設計、推廣，目的就是改變西化的飲食風潮。

因此由他來介紹日本當代飲食習慣最適合不過，小美幫我聯絡安排，我搭地鐵出發，造訪幾站之遙的服部營養專門學校。艾斯格、艾米爾和麗森就留在公寓休息，沒完沒了地觀賞寶可夢DVD。

學校是一棟偌大的辦公大樓，位於東京市中心代代木公園附近的精華地段。大樓外的大型海報是服部和法國名廚喬爾·侯布雄握手的畫面，侯布雄是目前擁有最多米其林星的大廚，我也曾在他的巴黎餐廳工作（不過這恐怕不是他出名的原因）。

服部幸應本人到櫃檯接我，他穿著毛澤東式的深黑色套裝，質料似乎是光滑絕倫的絲綢。白髮梳成無懈可擊的油頭，鼻梁上架著無框眼鏡。光是他腳上那雙鞋似乎就超過我整年的服裝預算，那身黝黑的皮膚彷彿也所費不貲。

他領我穿過大門，門上畫著西班牙名餐廳「鬥牛犬」的商標，來到廚房兼會議室的「閣

6 史泰勒與伍道夫布偶：Stadler and Waldorf，這兩個布偶首次在一九七五年的「大青蛙劇場」登場，兩個老人坐在陽台上發表大膽見解、嘲弄演員的表演。

樓」，窗外就是明治大道的樹海。我們坐下才幾秒，桌上就出現兩杯綠茶和一小盤餅乾。

我想了解日本飲食習慣出了什麼問題。西方國家的狀況似乎沒那麼糟，我在日本的英文媒體上讀到，日本人越來越胖，因爲攝取越來越多的加工食品、乳製品、糖份、脂肪，而蔬果類變得少，傳統食物也漸漸式微。日本人視爲最神聖的稻米消耗量大減，一百年前每人每年消耗一百五十公斤，如今只剩六十公斤。此外漁貨消耗量減少了一半以上，肉類則增加一倍多。

服部歸咎於美國人。

「戰後的日本非常尊敬美國，見識到他們的體力，看到他們吃下麵包、馬鈴薯、厚如鞋跟的牛排就如法炮製，」他告訴我。「他們覺得有必要增強體魄，便模仿美國人，開始攝取更多奶油、牛奶、麵粉。一夕之間，學校的午餐從白飯改成麵包，日本的均衡飲食如黃豆、昆布、水煮蔬菜、米飯、魚類都被摒棄，結果體脂提高、越來越多人罹患糖尿病和心臟疾病。我們的傳統飲食非常理想，從黃豆、魚和豆腐中攝取蛋白質，現在的年輕人卻吃垃圾食物、買品質不佳的現成熟食。」

服部解釋，日本人與西方人的體型差異又加劇了這個問題。日本人的腸道平均長度多了六、七十公分，影響更大。因爲本土農產量不高，加上常有飢荒，日本人的基因必須發揮健康食物最大的營養價值，如今新式西方飲食的脂肪、添加劑、糖份也在日本人體內停留更久。「日本長年挨餓，歷史上也多次出現歉收危機，」服部說。「我們的基因深處就會恐懼下週、甚至下個月都沒得吃，所以食物會在我們體內停留更久。」因此日本人若移居夏威夷，改吃當地食物，最後都比當地人更胖。了不起！

服部對下一代的印象不佳，「年輕人不打算在廚房花工夫，」他說。「料理品質逐漸下降。如果你努力工作到幾乎沒命，學習的收穫當然高。但看看今天的日本，學校和家庭都不注重規矩，人們很容易就放棄，得到太多稱讚，受不了任何批評，我學校裡的學生就說不得。」（《日本時報》報導，服部幸應贊成打手或屁股，體罰不乖的孩子。他告訴記者，「太晚開始，他們就定型了！」）

顯然服部幸應對規矩、教育的看法承襲日本戰後的觀念，畢竟他年事已高。不過他上綜藝節目如《料理鐵人》、以及現在的《辣妹圍裙》，更令我不解。

但他以《料理鐵人》爲榮，「在《料理鐵人》推出前，年輕人對廚師工作興趣不大。而這個節目捧出名人主廚，年輕人看了才會有動力。以前在小學生的志願排行榜，廚師是三十五名。節目推出之後，晉升到第一名，就連現在都還有第五名的地位。」

恰逢他剛從英國回來，我問他對英國餐飲，以及當地日本料理的看法。「國外的日本料理越來越精進，」他圓滑地回答。我知道他和日本農業部合作，頒發證書給海外日本料理餐廳，但我懷疑他太客氣，不好意思說眞話。「我很喜歡英國的『肥鴨』餐廳，」他接著說。

「爲什麼日本不時興分子料理？」我很納悶。「尤其東京似乎樂於接受新事物和表演。」

「哈！」服部輕蔑大笑。「我們的分子料理已經有四十多年的歷史。你知道他們用番茄汁還是什麼鬼做的假魚子醬？日本市場四十年前就開始賣了（他說得對，日本用類似的凝膠劑做豆腐），費蘭（鬥牛犬餐廳主廚）很喜歡，來這裡的時候買了好多回去。我六年前介紹柚子給他，他簡直爲之瘋狂，他也愛味噌、新鮮山葵和柴魚片。」原來分子料理中用到的許多增稠劑都來自日本，例如葛和洋菜。

這時服部不耐煩地瞄手表，顯然訪談時間快結束了。但我還有最後一個重要問題想請教，日本最棒的餐廳是哪一家？

「啊，最棒的餐廳？普通人進不去，不對外公開，」他露出燦爛的笑容。「無法預約，甚至不在電話簿上，必須認識會員，我就是會員。主廚每年寄給我預約卡，我可以每個月選一天過去，他再回覆確定函。我帶費蘭去過，他吃到流眼淚，侯布雄也哭了。你應該看看在那邊用餐的顧客的表情，他們品嚐食物時都不由自主地微笑。主廚徹底利用每種食材，非常了不起，是日式高湯大師。我已經光顧了十五年。」

「哇，」我說。「這下我人生最大的志向就是去那裡吃一餐！」

服部直視我的眼睛，然後低頭看手，忖思了一會兒才抬頭。

「你跟我去。」他說。

「什麼？你是說去參觀餐廳嗎？」

他拿出一本黑色小手扎。

「不是，是去吃飯。十月三十日，晚上六點半，你到銀座的索尼大樓外面等我，那家餐廳名叫『壬生』。」

「太謝謝了，感激不盡，我等不及要去。」我簡直無法相信自己的耳朵，日本美食權威（至少就我而言，我也因此向服部靠攏）邀請我，前往他覺得日本最棒的餐廳，這是命運的晚餐。

此外，我又收到另一個邀請，難怪服部頻頻看錶。當天下午，學校要舉行第一屆的年度大廚東京區競賽，這個比賽由日本廚藝協會舉辦，目的就是選出當前日本最優秀的職業廚師，服部就是比賽的評審長。我想一起去參觀嗎？

兩小時後，我回到學校，發現幾十個男性參賽者（日本的女性廚師比歐美國家更少）已經在兩個超大廚房忙進忙出。有幾位日本記者負責報導，我是唯一的西方人，而且似乎只有我可以在廚師之間穿梭——也許別人沒勇氣阻止我。總之，我好好利用了自己蠢外國人的身分。我很愛看廚師下廚，他們熟練的手藝、速度和認眞的模樣，都讓人看得目不轉睛。

每個參賽者得在三小時內做完四人份的四道菜，三個評審各一份，另一份用來展示。廚師年紀介於三十到五十歲之間，每個人至少有五年的從業經驗。但只有一人在隔年二〇〇八年初會代表東京去京都比賽，冠軍可以拿到一百萬日圓的獎金，還能代表日本，參加十月在法蘭克福舉行的奧林匹克廚藝大賽。

緊張氣氛彷彿一觸即發，屋裡也都是柴魚高湯的香氣。我漸漸明白，柴魚高湯是日本料理的主要元素，如同小牛高湯和番茄醬汁是傳統法式、義式料理的基底。但柴魚高湯和小牛高湯南轅北轍，因爲前者料理起來只需要幾分鐘，後者光是燉小牛骨就得超過六小時。

做出第一名柴魚高湯的基本食譜中，你要慢慢煮沸明信片大小的昆布，並且在水開之前就撈出昆布（否則味道反而難聞），加入一把柴魚片（用煙薰過再發酵的鰹魚做成，並以特別的切割器去刨），泡個一分多鐘再瀝掉即可。其他食材可能還包括其他種類的魚乾、不同的昆布、香菇，但是這種基本高湯就是許多日本菜的基礎，從味噌湯到天婦羅沾醬等等都會用到。

有個參賽者加了好幾把柴魚片，泡了幾分鐘，我覺得這種作法萬萬不可；另一位則用雞骨和蔥熬出更有法國風情的高湯，雖然無敵香，卻不像日本料理。

其他人或切菜、或攪拌、或裝點、或油炸，總之個個全神貫注，廚房裡的評審則觀察參賽者的整合能力、料理過程和衛生習慣。「要成爲一個好廚師，打從一開始就要規劃好，」某個評審壓低聲音告訴我。「必須清楚自己的目標。我們請其他評審試吃，因爲我們不希望廚師料理過程影響評審。畢竟在看了精湛的過程後，可能會徹底迷上，但消費者上館子時可看不到。」

有個廚師油炸一根完整的小麥，小麥像爆米花炸開，他再拿來擺盤裝飾。這位廚師顯然走前衛派，烤魚排之前也不去鱗，加熱後的鱗片捲成奇特的形狀，猶如石英結晶。

某些食材在我看來很陌生，有人用艾草，有人用蒟蒻——那種果凍狀的物質透明、無味，用鬼芋塊根製成，據說有利消化。有個廚師的流理台上放了山黃梔種子、百合根、清酒粕（釀清酒時所產生的殘渣）和黑木耳。

我問十三號參賽者兒玉優作（音譯），有沒有賽前練習。「不算有，」他回答。「這就是我工作的餐廳的菜色。」他參賽是聽從老闆吩咐。「我本來以爲這只是在有限空間的另一個廚房裡烹飪，事實上更困難。眞希望我想過如何利用空間，另一大問題是時間。我的料理常要放置一晚，在這裡只能煮沸之後過冷水，重複兩次，才能提取風味。」

某個廚師的竹蒸籠著火，引發警報器，助理一陣手忙腳亂。隨著髒碗瓢盆越疊越高，氣氛越來越緊張。主廚動作加快，廚房愈發嘈雜，有些人已經開始驚慌失措。

參賽者的完賽時間互相錯開。所有人都結束之後，作品就端到樓下的密閉房間，服部幸應和另外兩個名廚評審坐在各自的桌子前，等著品嚐。第四盤一模一樣的菜色則放在房間另一端的擱凳上，參賽者晚點就能觀摩。

嚨。

樓下一片死寂，偶爾聽到筷子在瓷器上的鏗鏘聲響、筆劃過記分板、或是評審喝水清喉

服部坐在中間，抬頭瞪大眼睛看著我，我坐在角落，盡量別出聲。他吃了幾道菜，我看得出苗頭不對，因爲他每吃一道前就搖搖頭，重重嘆一口氣。某道菜之後，他的眼神極其憤怒。到底怎麼回事？

評比過程在一個多小時之後結束，服部起身離開，我跟著他和另一個評審進電梯。電梯門一關，他的態度完全改變。

「看到了嗎？老天爺，他們在想什麼，亂七八糟！」他說。我很驚訝。

「我覺得很棒啊。」我說。

「才怪，不好。沒有人會做高湯了，難吃的要命！」他說。「水準低得嚇人，跟我的學生沒兩樣。太鹹，味道太重。」

一小時後，我們回到紅色房間，也就是學校的旗艦廚房。參賽者已經換了便服，有人開始閒聊，有人緊張地擺弄領帶或原子筆。他們不曉得自己即將面臨一場腥風血雨。

服部和兩個評審、助理一起進來。參觀過程的評審先講評，讚美參賽者在有限時間內表現優異，儘管大家顯然都很緊張。接著換服部，他一臉鐵青。

「我覺得你們當中有許多人連基本功都沒學好，例如怎麼用鹽、做柴魚高湯、控制火

侯。這些程序都很重要，但是許多人加了太多鹽，而且沒幾個人會做基本高湯，某些人的水準簡直只有家常菜的等級。老實說，我甚至問自己，『這些人真的是專業廚師嗎？』我要你們回去復習日本料理的基本功，精通如何做柴魚高湯、如何用鹽，如何控制火侯。你們要徹底掌握日本料理的品味，以後全世界都會以我們的品味馬首是瞻！」

沒有一個主廚料到他措辭如此激烈，我眞同情他們。那天是國定假日，盂蘭盆節，日本人通常在這天與家人一起去掃墓，可能也是這週唯一的假日。他們辛辛苦苦忙了三個小時，卻聽到自己的努力根本白費工夫。參賽者一臉震驚，就連拿到塑膠獎牌的冠軍也只聽到不甚熱烈的掌聲。

後來我問了兩個參賽者對服部那番話的感想：「他傷了我的心。」他捶胸口。「對，可是他說得沒錯。」另一個補上這句。

09 —魚販中的魚販—

事後回想，如果帶著兩個毛毛躁躁的小鬼頭去日本旅行，他們又堅持不吃許多食物，尤其是生魚，那麼去寄生蟲館更不可能安撫他們的恐懼。老實說，我們隔天親眼見到八點八公尺長的條蟲，差點連我也要吃不下壽司了。

我這個人很矛盾，我對衛生和自然環境緊張兮兮，個性卻幼稚又粗俗，但我也喜歡研究病歷。我猜，寄生蟲館應該可以滿足我這種兩極化的個性和令人丟臉的本能，果不其然。我認為艾斯格和艾米爾應該也會對這些蟲子、糞便有興趣。

聽說魚身上有五十多種寄生蟲，博物館展示的恐怖照片中有腫脹、隆起的身體部位，某些蟲子可能致命。有些幼蟲會使傷口化膿，引發宿主不斷嘔吐。有些則會直接要人命。有一張照片至今都讓我無法忘懷，那個男子的睪丸腫到如同運動包。寄生蟲怎麼辦到的？為什麼？那些人甚至看不到這些照片。

也許就是為了避免引發恐慌，這間博物館才隱身在東京市郊普通住宅區某大樓的二、三樓。龜谷了（Satoru Kamegai）醫生看到上門求診的病患當中，竟然有那麼多人受寄生蟲所苦，便於一九五三年創立這個博物館，希望以此灌輸食品安全觀念給同胞。他收集了四萬五千個寄生蟲樣本，要我說啊，他恐怕病態地迷戀上微生物、汙水和馬桶。

奇特的是我們造訪博物館當天，多數遊客都是情侶，可能這算是珍奇約會勝地——每一對都專心研究不同的模型，虔誠地拜讀蟲子、貓咪、跳蚤、昆蟲的寄生週期。有些恐怖標本泡在福馬林裡，館中也有寄生蟲的立體剖面模型：就像有許多肢節、臉孔長滿刺毛的醜陋外星生物。

如果你有興趣研究，這家博物館的正確名稱是「目黑寄生蟲館」，館內其他展品包括栩栩如生的狗糞便，以及寄生蟲如何從河流進入魚類，再轉到人體中的清晰圖表。此外，還有一隻超威的條蟲——某男子吃了鱒魚之後遭到感染，就醫之後排出，最後掛在玻璃櫃裡，猶如聖物。艾米爾說：「如果我身體裡有這種蟲，我可以拿來當繩子。」他可能幻想自己是馬蓋先吧。

生吃野鮭魚尤其危險，因爲這種魚優游於淡水和海水之間，會染上兩邊最可怕的寄生蟲。野鮭魚身上有條蟲和安尼線蟲卵，一旦被吃下肚子，會導致嚴重胃痙攣，引發嘔吐（養殖魚不太可能有寄生蟲，因爲被施打許多抗生素），寄生蟲還能在人類宿主身體活上幾十年。用攝氏一百四十度烹調或冷凍就能殺死寄生蟲，但死蟲也不會比較開胃吧？此外，即使想減少吃生魚的風險，你家冰箱應該也沒有冷到可以殺死幼蟲的零下二十度，所以家用冰箱也沒用。如果你覺得鮭魚不太對勁，更要對鯖魚敬而遠之，因爲鯖魚壞得更快。難怪在十八世紀剛有生魚片料理時，人們通常用醋醃過鯖魚才吃。

「這些蟲子在你體內怎麼活下去？」艾斯格指著巨大的條蟲問我。我最害怕的來了，科學類博物館向來讓我精神緊繃，因爲一定有許多我答不出來的問題，諸如「天空爲什麼是藍色」等等，因爲我對重要的事情一無所知。我望向麗森，「牠們自己會帶便當。」她說。

我們在紀念品商店買了寄生蟲鑰匙環和著名條蟲T恤，我覺得我們應該多接觸大自然，尤其是海洋。如果旅伴當中有兩人拒絕吃魚——因爲他們擔心自己反被蟲子吃掉，這趟日本之旅可走不下去。而我，想到一個辦法了。

離開世上最大的魚市，我才想到，最不可思議就是那裡毫無魚腥味。然而每天有兩百萬公斤的漁貨進出，石子地都是魚血、內臟和海水。

即使你說全世界海洋的海鮮都在那天被打撈上來，送到東京中央批發市場，也就是人稱築地市集之處，我也相信。然而多數漁貨都活跳跳，新鮮至極，以致我只聞得到海水味。

我們格外幸運，喬事的小美找了朋友帶我們逛魚市，就是年輕壽司主廚阿治。阿治在東京東部通勤地帶開壽司餐廳，每天早上都要來築地買鮮魚和蔬菜。他慷慨答應擔任嚮導。

築地是世上最大的海鮮市場，每天餵飽一千兩百萬人。外圍的場外市場較不出名，除了漁貨之外，什麼都賣，有各式各樣的正宗日本食材，例如整塊的鰹魚或五花八門的昆布。前往魚市的途中，我們還看到特別的開放式商店，其中一家賣熊貓樣本、鱷魚、花豹，以及定睛一看才勉強認出是陰莖的物品，只是太乾癟，無法確定動物種類——甚至連珊瑚都有，看來會激怒環保人士的每樣物品都齊全了。

我們經過市場外的波除神社，每天來築地工作或觀光的六萬多人會帶清酒來祭拜，保佑漁夫出海風平浪靜。多數東京高級餐廳都會定時來築地報到，其他還有中國、韓國碼頭工人、眞實世界食品集團（創立統一教的文鮮明的企業，也是全球最大的鮪魚批發商）等公司的經銷商、錙銖必較的家庭主婦、商店老闆，當然還包括市場裡一六七七個攤商，其中四個傳承的祖業可追溯到四百年前，甚至早於一九二三年的關東大地震，當時築地市場接近現在的東京車站。

海鮮市場就是築地的精髓。一旦進去就得爲自己的人身安全負責，畢竟你隨時可能被幾百輛的三輪搬運車輾過。司機必須站著操作、駕駛，想辦法穿過市場狹窄通道，才能把裝著新鮮漁貨和海水的保麗龍箱子送到攤位，而且行進速度超快。之前阿利曾警告我：「不要帶你兒子過去。沒有人帶小朋友去築地，他們會把孩子切片，當成劍魚賣掉！」帶路人阿治則提醒我們，行人隨時要讓路給貨車，他也緊張地打量兩個男孩。我緊緊握著艾斯格和艾米爾的手和手肘，還使出最安全的「小指勾小指」招數。我們一家緊緊跟著阿治，他走進縱橫交錯的攤販間，尋找熟悉的商家。

我們彷彿走進全世界最大的水族館，面前就是浩瀚無垠的各種海生動物，只是它們被裝在水槽、保麗龍箱子裡，或攤在大片冰塊堆上。無論是鮮紅的鯨魚肉到小如睫毛、還在軟木屑上抽動的褐色迷你蝦，都以公斤計價。築地市場位於室內，必須靠電燈照明，攤商彼此緊緊相連，兩人要並肩走過都很困難，更遑論搬運車和拉推車的工人了，溼漉漉的鵝卵石面也非常危險。

鮪魚當然是築地的焦點，許多人都寫過清晨的鮪魚拍賣實況——荒謬天價（雖然一磅就要一英鎊的鯨魚肉更貴）、批發商無所不用其極的保鮮方法（打一氧化碳保持魚肉鮮紅）、或魚販精湛的切肉技巧。一條相當人類大小、重達三百公斤的鮪魚，需要四個男人用類似武士刀的一公尺刀刃才能切割。阿治說明，七種鮪魚當中就數北方黑鮪（bluefin）最受歡迎，其中最美味的部位就是前腹肉，那是最接近頭部的腹部，油脂最豐富。但是遲至近代的一九六〇年，日本人認爲鮪魚只能給貓吃。戰後日本人偏好油脂，才改變想法，當然，也歸功於壽司在歐美國家普及化，因爲西方人喜歡吃風味濃郁、油脂高的魚肉。

夏季最美味的野生黑鮪魚來自日本北部的北海道海域，因爲這裡的鮪魚幾乎只吃烏賊。冬季的上等鮪魚則來自美國東海岸，但多數都是捕獲幼魚再養殖，飼養場從地中海擴及北美和墨西哥——但往往違反法令限額，也危害野生鮪魚生態，有專家認爲野生鮪魚已經瀕臨絕種。日本在養殖鮪魚方面有大幅進步，因爲鮪魚游得又遠又快，以前都認爲無法從魚卵開始飼育，但日本做到了，只是過程頗受爭議，而且成本高昂。

史上最高價的北方黑鮪是一條二千零二十萬日圓[7]，雖然可以做成一萬份的握壽司，這個價格還是太離譜。這樁買賣是二〇〇一年一月成交，阿治說，那個批發商後來宣告破產。近年來最高標大概就是六百萬日圓。

我們夠早到，還趕得上拍賣會尾聲。地點就在主要市場後半部，面積相當於一個足球場（可惜後來遊客不能參觀[8]）。身穿藍色橡膠鞋套和連身工裝的男人用長鉤和手電筒，仔細檢查冷凍鮪魚（這批來自墨西哥）尾端特別被切開的鮮紅部位，這些放在棧板上的魚，就像結了霜的黑亮碩大中子彈。拍賣官發出宏亮聲音，在我聽來就像障礙賽馬播報員聽到穆斯林教徒的叫拜聲。阿治說經驗老到的買家會看鮪魚的油脂、顏色，判斷是否有寄生蟲，但他也坦承完全聽不懂拍賣官叫喊的內容。

我們尾隨阿治，停下來看看猶如史前怪物的藤壺；我們看到牡蠣和我手掌一樣大（來自日本海的敦賀灣），看到東京南方愛知縣的淡菜和我前臂一樣長；看到形狀、尺寸不一的螃

7 二〇一三年，刷新最高紀錄為一億五千五百四十萬日圓。二〇一九年，再次刷新為三億三千三百六十萬日圓。

8 後來又重新開放，但改成限定人數，遊客必須排隊登記。

蟹沮喪地口吐白沫。市場還有做成熱門湯底的鱉，亂糟糟地疊在水桶裡，鱉腳則另外放在旁邊的水缸。鮑魚大得嚇人，海參就像奇特的情趣玩具，馬蹄蟹猶如活生生的古化石，扇貝透過張開的殼偷窺人群。艾米爾看到大如碟子的魚眼睛，突然停下腳步。「海底怪物！」他瞠目結舌地伸手去指。「那是鮪魚。」阿治說。

我多數時間不是指來指去，就是驚訝地看著阿治。那是什麼？就像外表粗糙的紫色火龍果，名字是海菠蘿。那些呢？「章魚嘴。」那個人在做什麼？「那是鰻魚，他正在切片。」魚販用粗短的木柄刀子釘過鰻魚眼睛，將魚固定在木砧板上，在鰻魚還有最後一口氣時，就迅速片魚、剔骨。天啊，那些又是什麼鬼？「象拔蚌。」阿治微笑。這是我見過最詭異的海洋生物，就像蚌殼當中突出一根蠕動的陰莖。

艾斯格和艾米爾蹲在黑色大水桶邊，看著裡面扭動的鰻苗。艾斯格挑釁艾米爾把手指放進泥沼中，艾米爾試過幾次終於成功。「好癢喔！」他尖叫。魚販大笑，給他們兩張印了魚商標的貼紙，小朋友樂壞了。市場的生鮮海產不只有鰻苗，放眼所及都是冒泡泡的水槽，裡面則是悲傷地盯著我們瞧的海洋生物——烏賊同方向地躺著，章魚的吸盤貼著玻璃水槽，比目魚一條疊著一條。艾斯格驚恐地指著兇狠又醜陋的石頭魚，這種魚外表斑駁，魚嘴下垂，雖然不如河豚般以劇毒聞名，鰭棘裡也有毒素。

某種不知名的貝類對著艾米爾手臂噴出一道海水，他驚聲尖叫後退，引發一連串連鎖效應，如果我不是男主角的家長，會覺得場面滑稽。艾米爾突然後退，導致一部三輪搬運車緊急剎車，車上一箱漁貨落到旁邊攤子上，一大片紅灰色的蝦子掉到石子地。麗森趕快彎腰幫忙撿，但是蝦子開始在她手中扭動，她嚇得鬆開手。

「過來看。」阿治平靜地說，似乎帶四個傻瓜一起採買是例行公事。他帶我們去認識一位批發商友人，對方穿著齊腰的高筒防水膠靴，鋪子放滿裝了活魚的水槽，因爲本人缺乏海洋知識，只能說那些魚看起來「頗像海鯛」。阿治指了一條魚，批發商便一把抓起來放到布滿血跡的木砧板上。他用菜刀俐落地往魚頭後方一切，但是魚頭並未完全與身體分離。他又迅速地抓起那條魚，用看起來拉直的鐵絲衣架穿過魚背，一路穿透脊髓。「這樣就能讓魚不再亂動，」阿治說，回頭看到四張彷彿是孟克作品的臉孔。「魚沒死，只是癱瘓了。」艾斯格和艾米爾不知道該做何感想。魚頭幾乎被砍斷，背上又插了一根鐵絲，怎麼還能活著？我自然沒有答案。

再走一小段路，我對木盤上整齊排放的海膽（這些黃色摺邊狀的部位其實是生殖腺——海膽是雌雄同體）嗤之以鼻。「吃起來就像廁所清潔劑。」我對阿治說，想起上次在巴黎吃海膽的經驗，不禁皺起鼻子。「你吃過這個再說。」他指著桌上多刺的黑球。事實證明，他是對的。

我們當晚在阿治的餐廳吃了極其豪華的一餐，除了還在我們舌頭上竄動的活蝦之外，海膽也是一大亮點。他彷彿敲水煮蛋，用刀背敲開海膽多刺的黑殼，挖出毛茸茸的「舌頭」。海膽外殼在木砧板上繼續抽動，猶如天線。這些生殖腺無比美味，口感濃稠綿軟——我沒想到自己也會用到這種說法，而且一點兒也沒有我在巴黎嚐到的氨水氣味，說得更完整一點，就是散逸出海水的鮮甜。

幾年後，築地市場預計從現址搬到東京灣對岸的新大樓[9]，設備將更新穎、精良。我只能勸你再去貸款，賣掉車子或你鄰居的腎臟，總之一定要在死前參觀舊築地市場。就我看來，那裡展示出人類最偉大的功績，也象徵我們的勇氣、聰穎與貪婪，絕對是老饕最愛的視覺饗宴。

9 場內市場於二〇一八年搬遷至豐洲市場。

10 味精：道歉函

第我盡力提供純淨、健康的食物給孩子。家裡盡量採買有機農產品、每天都做菜、檢查成份表中的食物添加劑、棕櫚油、麥芽糊精、人工香料和反式脂肪，也認得飽和脂肪和多元不飽和脂肪。我最提防的成份就是穀氨酸鈉，也就是味精。文明史上最恐怖的食物裡都有味精：現成三明治、即食醬汁、超市賣的披薩、低脂肪這個、低糖那個，還有「品客」——製造商在二〇〇八年上訴，成功將產品分類爲脆片，規避了稅金，畢竟這種零嘴幾乎是合成產品，與馬鈴薯不太有關聯[10]。

換句話說，只要看到「味精」字樣，我就認定對孩子有害，絕對不買，所以我們家不會有自溶酵母提取物、水解大豆蛋白，因爲這都是喬裝後的味精。

我們知道味精的壞處已經有幾十年。一九六八年，署名爲郭浩民醫生的人寫信給《新英

10 寶僑公司（P&G）提出的上訴所作的判決結果——品客洋芋片其實不是「洋芋片」，因為馬鈴薯成份只有百分之四十二。所以不用繳納對洋芋片徵收的百分之十七點五的增值稅，得以和普通食物一樣免稅。

格蘭醫學雜誌》，說他觀察到中華料理導致自己的脖子發麻等不適症狀。他創了「中國餐館症候群」名稱，懷疑罪魁禍首就是味精。不久之後，又有其他人投書說還包括心悸、頭痛，此後所有病症都指向味精，從阿茲海默症、小兒氣喘到注意力缺失症都榜上有名。我最近在網路上看到，某些科學家研究證明，劑量超過一定的量，會導致老鼠腦部組織壞死。

味精最大的生產商是日本公司「味之素」，該公司每年生產一百九十萬噸的味精，出口到世界各地。味之素，顧名思義就是「味道的精華」，由研發味精的池田菊苗教授於一九〇八年創立。他發現昆布中有種特別美味的胺基酸，也就是穀氨酸，只要能製造這種物質，就有理想的調味料。隔年，教授為這種加了鹽提高穩定度的白色結晶粉末申請專利。往後幾十年，隨著冷凍食品和罐頭改變家常料理做法，味精的角色更重要，因為食品在加工過程中會減少風味和口感，所以在無糖食物中更普遍。

不止如此。在巴黎時，阿利還偷偷告訴我，幾年前「味之素」把味精開口開得更大，就是為了讓消費者多用一點，他邊說邊回頭確定旁邊沒有閒雜人等。如果這不算醜聞，那我還眞的大開眼界。

身為認眞嚴謹的記者，我到日本不見見這家公司，是絕對不行的，我有責任滲透到味之素，揭露他們的謊言。然而我要如何溜進位於日本橋的總部呢？我要用什麼狡猾藉口，混進這個門禁森嚴又恍如邪教的罪惡組織？

我打去味之素的公關部，請求訪問。他們很樂意，問我何時過去？我說：「應該沒困難吧？你們現在是邀我過去嗎？」對方稱是，「明天早上十一點見囉。」我答應下來。

我提早五分鐘抵達，恰巧可以殺個措手不及，結果站在味之素宏偉的大理石大廳入口。我趁聯絡人沒下來，趁機偷看該公司產品，有湯、鰹魚粉、純味精（後來回想，那也不算偷看，畢竟展品就大大方方公開陳列。）

聯絡人是一位友善的年輕女公關，她歡迎我造訪，領我到五樓的會議室。公關部長山本惠裕、科學事務發言人二宮久美子已經面帶笑容，好整以暇（可惡），**一臉無辜狀**。我坐在他們對面，拿出準備好的問題、筆和本子，準備開始訪問，而且努力別去想即將到手的普立茲獎。

訪談逐字稿。二〇〇七年九月二十一日。

我（清喉嚨，撫平紙張）：「我想請問味精的事情。這種東西有害吧，是不是？」

山本（禮貌地大笑）：「不會，就和糖或鹽一樣。原本來自昆布，只是基本的調味料。」

我（暫停，低頭看筆記本）：「那麼，爲什麼很多人說吃了會頭痛、發麻？」

山本：「幾年前就推翻了。你沒讀過美國美食作家傑佛瑞·史坦嘉頓的文章嗎？就是那篇〈如果味精有問題，不是每個中國人都該頭痛？〉。而世界衛生組織、美國食品藥物管理局和聯合國都認定，味精不會危害健康。」

我：「史坦嘉頓啊……呃……我筆記中沒寫到這點，等一下。（繼續翻紙，椅子嘎嘎響、一陣緊張的咳嗽。）好，鮮味呢？貴公司說你們的產品可以增加食物的鮮味，可是沒有人證實眞的有所謂『鮮味』的存在，對不對？」

山本：「其實自從邁阿密的研究小組在二〇〇〇年發現鮮味受體，學界就已經證實它的存在，也確定那是基本味覺。鮮味有實際作用，這點已經無庸置疑。」

我（久久不語，重重嘆氣）：「味之素不就想用味精征服世界？有證據指出，貴公司特地把開口開得更大，增加使用量。你們對這一點又有什麼說法？」

山本（更多禮貌性的笑聲了）：「我們三十年前的確把開口增大，沒錯，那是因爲消費者直接拿味精倒進味噌湯，水蒸氣容易堵塞洞口。味精最早是由本公司生產也是事實，但我們只想說明鮮味的存在，無意摧毀其他人的飲食文化，或勸導大家都使用味精。我們希望全面推廣日式料理，大家可以更了解日本人如何烹飪。本公司希望消費者了解柴魚高湯，但是即使在日本，人們都很難用昆布和鰹魚乾從頭開始做高湯。餐廳辦得到，但在我看來，味精是家常料理的好幫手。」

我：「既然如此，美國爲何嚴正抨擊味精？」

山本：「大概因爲是日本人的發明吧。也許他們不想吃看起來是化合物，又來自國外的調味料。」

我：「或許吧，但西方大廚都不相信所謂的鮮味，不是嗎？畢竟我們幾世紀以來都不知道，也活得挺好。這在歐洲或美國都不是熱門話題，是不是？」

山本：「你聽過米其林三星餐廳肥鴨嗎？還有那家餐廳的主廚赫斯頓．布魯門索？幾年前，他寫信給我們詢問鮮味，二〇〇四年還來參加過我們在京都舉辦的『鮮味研究』。他對我說，『我心屬**鮮味**。』現在他的料理會用到鰹魚粉和昆布，經營世界第一名餐廳鬥牛犬的費蘭．阿德利亞也是。你知道嗎？洗衣坊的湯瑪斯．凱勒（Thomas Keller）也要來參加我們下次的研討會。」

看來我的研究缺乏證據。我離開五樓會議室，彷彿受到教訓，立誓要好好研究味精和鮮味。以下就是我查到的資料：關於味精的事實。

首先，我要提醒味之素：不必找律師了。我不是什麼強敵，也不是名人，不必拿我殺雞儆猴。總之，我特此更正，味精沒讓老鼠腦死，也沒有毒性，至少不比鹽巴有害。美國食品藥物管理局、聯合國和歐盟都已經批准通過。一九六〇年代的研究聲稱味精有荼毒健康的副作用，老鼠接受的注射量也異常高，相當於吃半公斤味精的成人。儘管味之素承認，某些人可能對味精有反應，但就類似有人對茄子、甚至沙發過敏。味精只是人工麩胺酸，成份就只有發酵的碳水化合物和糖，不多也不少。

接著討論鮮味。鮮味和味精密不可分，但絕對不是同一個物質。鮮味通常指的是鹹、甜、酸、苦之外的第五感（雖然某些神經學家宣稱還有五十多種味覺，但就不在本書討論之列。畢竟日本爲了說服全世界有第五感的存在，就已經花了這麼漫長的時間。）池田菊苗發現昆布當中有這種物質，他寫道：「細心的老饕就會在蘆筍、番茄、乳酪、豬肉的複雜味道中找到共通點，這種味道頗特別，無法歸類成甜、鹹、酸、苦。」這種味道不僅止於日本食材，乳酪——尤其是帕馬森乾酪——番茄、風乾火腿、小牛高湯、法式清湯、伍斯特醬都有強烈的鮮味。配方奶有濃純的鮮味（遠多於牛乳），烤肉或煎肉的脆皮也富含鮮味。列出有鮮味的餐點，遠比描述鮮味容易多了，因爲我們絞盡腦汁，至多也只能說「帶有鹹味」、「有肉味」，如同日本人用英文描述往往就用「美味」、「可口」取代。

其他四種味覺都有清楚的目的。顯而易見，鹹味是判斷食物裡有沒有鹽，甜味是判斷有沒有糖（如果是，這種食物就能提高活力），苦味和酸味則是用來警告食物中有毒素或未成熟。人體爲何需要鮮味受體呢？因爲鮮味這種味道顯示麩胺酸的存在，繼而標示出蛋白質。人類生存需要蛋白質，所以我們的舌頭有這種味蕾以茲辨別，也相當合理。麩胺酸是人類覺得食物美味的關鍵因素，但不同於鹽或糖，沒有明顯的食物可以提供這種成份。麩胺酸和鮮味的特色就是強化其他味道，增加風味和口感，所以才那麼難以辨識。鮮味也是成熟度的指標，所以我們才知道蔬果是否到達營養巔峰，以番茄為例，鮮味最高時就是最熟的時期。味精就是複製麩胺酸不斷出現的風味，也就是這種味道，食物才有所謂的鮮味。

其實學者已經在四十多種合成物中找到鮮味，但在麩胺酸和某些核糖核苷酸最顯著，最主要的就是肌苷酸和鳥苷酸。對，我也不懂，總之說到日式料理，日本人特別擅長將鮮味發揮得淋漓盡致，最好的例子就是味噌湯。池田菊苗發現，所有食物中，昆布最富含麩胺酸，而味噌湯要用柴魚高湯做湯底，高湯另一種主要成份鰹魚乾（除了水之外）就是含肌苷酸最高的天然食物。此外，香菇恰巧含有豐富的鳥苷酸，也常是用來做味噌湯的材料。這道湯的鮮味可是排山倒海而來，而且這三種材料結合成就的鮮味，遠遠大於三份的總和。昆布的麩胺酸碰到鰹魚乾的肌苷酸和香菇的鳥苷酸，鮮味是變成八倍。顯然，味噌湯會讓左前額葉基底區為之瘋狂。

說到這種「加乘」鮮味效果，義大利人也不遜色。他們很早以前就發現——雖然是透過直覺，畢竟他們是義大利人嘛——帕馬森乾酪（麩胺酸含量第二高，一二〇〇毫／克一〇〇克，鰹魚乾是二二四〇毫克／一〇〇克）佐番茄，風味更特別。千百年來，法國人也不斷提高鮮味攝取量，方法就是把小牛高湯燉煮成濃稠、帶鹹味的胺基酸精華。英國人的鮮味來源就比較乏味，像是馬麥醬（Marmite），也就是酵母萃取物。

此外，發酵或熟成的食材似乎和鮮味的提升有關連，這種過程多半會將蛋白質分解爲胺基酸。好比鰹魚乾、清酒、味噌和黃豆往往會經過發酵，這些食物都有豐富的鮮味。這份名單還可以加上烏魚子等風乾或醃燻魚卵、冰島和格陵蘭的發霉鯊魚肉、類似古羅馬鯷魚露（garum）的東南亞魚露，當然，不能漏掉陳年乳酪。我猜，洛克福乾酪（Roquefort）和史地頓藍紋乳酪（Stilton）都有豐富的麩胺酸。

我聽到你大聲說「那又如何？」如果眞有第五種味道呢？我們吃了這麼多年，現在終於有名稱了。了不起喔。的確了不起，因爲我們如果知道何謂「美味」，就能學著料理出更多美味餐點。赫斯頓·布魯門索在肥鴨做出一道「海之聲」，顧客用iPod欣賞波濤聲，嘴裡吃的是海藻，珍珠咬開有海沙的味道，此外還有昆布粉、味噌、鮑魚泡沫、加了牡蠣汁和鰹魚粉的海帶湯。聽起來很棒，對不對？這些餐點結合了許多鮮味美食，加乘效果一定破表。

學習如何將料理做得更有鮮味，也有顯著的益處。鮮味可以讓食物更有深度，更可口，廚師就能少用鹽巴、油脂和糖，這些都是荼毒西方國家健康的成份。鮮味可以添加味道，又能減少熱量攝取、降低健康風險。

而且人體有鮮味自動閘門。一旦攝取足夠的量，食慾就會顯著降低，自然不想吃太多富含鮮味的食物，因爲已經吃膩。鮮味研究中心——不可否認，的確由味之素贊助成立，他們想提醒民眾何謂鮮味，才能推銷味精，讓消費者接受得更快、更輕鬆。最新資料顯示，我們的胃部和口中都有鮮味受體，對消化蛋白質有重要功效。舌側的鮮味受體一旦知道麩胺酸即將進入體內，胃部就會提早準備消化食物，尤其是肉類。胰臟也有類似的機制。我們喜歡富含鮮味的餐點，用餐時就更開心，也更容易消化。

加點味精可以讓料理更鮮美。當然，如果在鍋裡撒一大坨，可能會產生令人不適的副作用，食物也不美味。但是少量使用，料理的確更美味，也更有「口感」。如果能用食材煮出鮮味當然最好，畢竟味精嚐起來就像培根口味的洋芋片，那味道不算太精緻。用乾燥昆布、現磨柴魚做的高湯，當然比鰹魚粉做的更好喝、更有層次、更令人大快朵頤，這就像現做雞湯永遠勝過雞精塊。

11 ——大海中最忙碌的魚——

我完全無法辯解，你才剛讀過一整章的麩胺酸，現在又要講漁貨加工。我衷心道歉，但我越來越想了解鮮味，對鰹魚粉尤其好奇。

我想了解兩項關鍵因素，就是製造鰹魚粉的兩種富含鮮味的材料：昆布和鰹魚乾，昆布就等我們下週前往北海道再議（這時是九月底）。我問小美，我還在東京時是否有機會去看鰹魚乾的製作過程。

鰹魚乾經過醃燻、發酵，就像堅硬的棕黑色木材，模樣則像是石化的香蕉。一般都是刨過之後，裝在密封塑膠袋中鋪售，不是撒在餐點上，隨著熱氣裊裊輕舞，就是泡在柴魚高湯中，增添湯頭或醬料的鮮度。就算光吃袋子裡的柴魚片，也會讓人吃個不停，那帶點檸檬酸的煙燻味和溫醇的魚香都教人上癮。撇開魚香不談，我所能想到最相似的食物，就是帶點鹹味和肉味的超薄上等伊比利火腿。

「沒問題，」小美說。「我哥哥在有名的鰹魚乾漁場上班，我來聯絡他。」

小美幫我約到隔天，我們搭子彈列車新幹線，前往東京南邊的燒津市，這個漁港介於東京和名古屋之間（我對麗森永遠心懷感激，她再次答應帶孩子出遊，這次去的是森大樓和水族館）。「這個地方很棒，」小美說。「燒津市就是因爲加工鰹魚才繁榮。這裡的鰹魚乾紅遍全日本，大家都知道。聽說有家公司用傳統方式製作，還會在陽光下曬乾。」

燒津市是日本鰹魚重鎮前三名，顯然也比我後來看到的日本鄉鎮更繁榮。然而我們一下計程車，就知道居民必須付出的代價。空氣中都是燻魚的味道，我覺得很香，但可以想見，如果衣服、髮梢成天都是這個味道，恐怕也會逐漸無感。除了燻魚味之外，伴隨而來的還有機器、柴油馬達、堆高車和輸送帶交加的噪音。我們背後傳來震耳欲聾的橡膠撞擊聲，有部卡車正在傾倒溼亮亮的銀黑色魚雷和大量的血紅色海水到水槽裡，這是我頭一次看到完整的鰹魚。

燒津漁業中心就像鎮中鎮，鐵皮屋中有二十四家工廠，每家都以某種方法處理這種肉質密實、油脂豐富的紅肉魚，產品從超級新鮮的生魚片到鰹魚罐頭都有。有公司用鰹魚內臟加鹽醃漬、發酵，做成美味佳餚；另一家用曬乾的鰹魚骨粉末幫學校營養午餐補充鈣質。就連用來燉煮鰹魚的湯汁精華都會反覆使用，並且用來當速食拉麵的調味料；當然，又有好幾家就是製作鰹魚乾。這種魚實在不可思議。

「我們這裡會物盡其用，」燒津市發言人帶我們走進會議室時說明。「即使內臟和魚心都加工做成肥料。鰹魚數量越來越少，捕鰹魚的船也不斷減少。儘管政府（也由他們控制價格）說魚量穩定，但我們並不認同。海裡的鰹魚越來越少，燃料漲價，捕魚成本也提高，市場需求卻持續增加，每條魚都必須發揮最大功效。」

燒津市每年加工處理一萬二千公噸的鰹魚，等於一天六萬條魚，但是在二〇〇四年，數量高達一萬七千公噸。我之所以知道這些訊息，是因爲我到日本之後大概看了十支企業宣導短片，每支的開頭都是同樣的合成弦樂、裝模作樣的配音。除了告訴我，「他們善加利用大海的恩賜」之外，也說明鰹魚的洄游模式：秋季從北方回來的鰹魚（尤其是回到北海道東南方海岸）稱爲modori（回家的鰹魚），脂肪較多、營養成份更高，多半生吃或稍微烤一下（一般認爲鰹魚的等級不如鮪魚）；春季的鰹魚隨著黑潮回來，多半來自菲律賓，油脂較低，更適合做成鰹魚乾。然而洄游模式漸漸改變，因爲鰹魚游到更遠的北方產卵，而黑潮的流向也有所不同。

我問他們是否試過養殖鰹魚，「養鰹魚的經濟效益不如養鮪魚，因爲鰹魚太小，而且比鮪魚更活躍。」發言人解釋。鰹魚顯然連睡眠時都在游動，日本人形容某人特別勤奮，就會說對方是「像鰹魚般的工作狂」。

我在築地場外市場商店看過鰹魚乾，我很好奇剛來的時候，在我背後被倒進水槽的鰹魚，如何被做成鐵琴鍵盤般的魚乾。

我們到外面去看個究竟。發言人解釋，魚已經解凍，頭部和內臟都被移除。煮過之後，當地的婦女兵團負責徒手爲六萬條魚去骨，因爲煮過的魚很軟嫩，唯有手工去骨，魚身形狀才不致走樣，也才符合注重美感的日本人的要求。我們到某個加工區，點著日光燈的工廠頗陰暗，味道難聞、熱氣蒸騰，地面都是一層褐色魚脂。大概五十名婦女頭戴髮帽、捲起袖子、戴著橡膠手套，站在運輸帶旁邊處理煮好的鰹魚。我看著其中一個快速拿起魚，在手中翻了幾次，幾秒鐘就完美地挑出魚骨、分成四片。魚骨落入洞裡磨成粉，婦人輕輕把魚肉放在旁邊的網盤上。這份工作又髒又臭，非常辛苦。

接著則是煙燻、發酵。顯然木柴的差異會影響最後的風味，有些公司用枹櫟，有些用櫻桃木，但是煙燻次數也會影響最後的風味：徹底烘乾到水份含量降到百分之二十，大概要燻十到二十次之間。我們看到巨大的煙燻爐，周邊也結了一層厚厚的油脂，色澤又深又黏，然而最上等的鰹魚還要在太陽底下曬兩天。用這種方法發酵、曬乾鰹魚的方法可以追溯到中古世紀，小美說，只要氣候許可，燒津市還有一家公司用古法曬魚乾。

魚肉接著被放進溼熱的黴菌室，這個猶如巨大火爐之處撒滿灰綠麴黴。有些黴菌室已經有幾十年的歷史，鰹魚也會因此染上獨特的風味，眞正的鰹魚行家就能認出這些味道。鰹魚乾之所以有深奧的風味和鮮味，有大半的原因都要歸功於某種發酵過程，味噌、醬油和清酒都是。黴菌會製造美味的酵素，將魚肉的蛋白質轉化爲胺基酸，尤其是某種稱爲肌苷酸（IMP）的成份。發酵過程長達六週，期間鰹魚會數度被搬到陽光下曝曬，清除所有黴菌，再放回去長出新一層的黴菌，讓風味更深入魚肉。最後鰹魚會硬如木材，那時候就可以刨片了。

這時就要出動鰹魚刨片器（katsuobushi kezuriki），這種工具類似木匠的刨子，但上下顛倒，底下有個抽屜可以接刨片。頂尖的廚師在做高湯前才刨，否則味道和香氣都會差一截。許多人用真空包裝代替，至於家常料理則用粉末，多數選擇的品牌都是味之素。

我們最後一站到一家小商店，燒津市發言人示範如何選鰹魚乾，就是拿兩個互相敲打，魚肉越密實、品質和味道越好，應該發出金屬般的聲音。（辻靜雄在《日本料理：極簡餐飲藝術》中寫著，買鰹魚乾時，魚身泛綠，就是水份含量太高；如果泛黃，魚肉就太酸。）他將一個魚乾對半折斷，給我看類似木材年輪的環狀，顏色從中間的深紫色到外圍的褐色。我顯然是第一個造訪燒津市的西方人，不勝榮幸之餘，我輕率地花了幾千日圓買兩條鰹魚乾，沒考慮到我根本沒有工具可刨，後來才知道一個好刨片器所費不貲。

我的鰹魚乾還放在冰箱深處，整條完整無缺。但我不時拿出來，開心地聞幾下，想像入菜之後會有多可口。

12 ─為正宗山葵請命─

日本以外的餐廳很少提供山葵。我吃壽司時，只吃過盤子旁邊一小坨綠的可笑又嗆鼻的醬料──後來才知道這種方法大錯特錯。後來我才發現，新鮮的山葵根與人造醬料的共通性，大概就像天空飄下來的雪和人造噴雪的差別。

麗森、艾斯格與艾米爾和我不同，並不醉心於罕見的日本農產品，他們決定去KidZania，孩子在這個室內遊樂場體驗各種職業，例如消防員、牙醫、平面設計師等，還能賺錢換成巧克力或氣泡飲料。（從他們事後敘述，這天過得很精采，其實兩個孩子到現在還會聊到在東京值班當警察，我懷疑他們眞心認爲自己當了兩個小時的警察杯杯。）

這天我再度請小美當翻譯，前往東京以南一百公里的靜岡縣伊豆市的天城山，伊豆是富士山以南的蓊鬱半島。當地是著名的溫泉區，對日本人而言，也以山葵聞名，日本有六成以上的山葵都產自伊豆，產值相當於一年五億日圓。

我們先搭火車，再搭計程車上山。第一站是前往當地山葵農產協會會長安藤善夫伉儷開的小店兼山葵加工中心，接近六十歲的安藤先生帶著超大的棒球帽，帽子上有山葵漫畫商標，他說當地有三百五十五個山葵農夫。

他說山葵相當不易種植，需要特定的氣候條件和大量乾淨水源。「種山葵需要非常乾淨的活水，」安藤先生解釋。「水質是關鍵，水溫必須是攝氏十二到十三度之間（不能高於十六度，也不能低於十度），一公分深處要有一秒十八公升的水速。這裡有乾淨的山泉水，但氣候也很重要。必須是夏季涼爽，全年有水。」

他給我看眞正的山葵根，「這在東京可以賣兩千日圓，有錢人才買得起，數量非常有限。」儘管路邊有許多特大的玻璃纖維複製品（日本人和美國人一樣，都喜歡用超大模型在路邊促銷當地特產），我從沒看過完整的山葵根。這種綠色的植物表面凹凸不平，又是陽具形狀，頂端有鬆軟下垂的葉子。這個的尺寸相當於一根香蕉，還可以長得更大，但日本超市販售的大小多半像巧克力棒。「只要經過十五個月到兩年的種植，山葵整年都可以收成。因爲這段時間收成的風味最辛辣。」安藤先生告訴我。

日本人從一七四四年開始種植這種神祕作物。這種根狀莖是山萮菜屬，原本用來當滅菌劑，其中一樣就是魚肉，所以後來才當成壽司、生魚片的佐料，據說也能刺激食慾。

我問到新鮮山葵與市售的膏狀山葵泥有何差別，安藤先生輕蔑地搖頭。「根本沒得比，」他說。「上等的新鮮山葵很辣，但不是熱辣辣，也比人造醬料香、甜。而且不消說，日本的山葵最棒。」

台灣和中國都種山葵，但我問到時，安藤先生的頭搖得更起勁了。「台灣的山葵是種在土裡，沒有足夠的流動水，用了許多農藥。中國也一樣。」世界上一定還有其他地方有類似的氣候條件和水源，當地的農夫絕對找得到正確方法，種出類似日本品種的作物吧？「聽說加拿大和紐西蘭也有，也許那邊比較好。」但他的表情顯然不以爲然。

我很難想像山葵如何成長。安藤先生是否可能帶我們去看看？他猶豫不決，和夫人說了一會兒的悄悄話。他終於回答，他們通常不做這種事情，顯然也不喜歡公開種植地點——巧妙暗示有人會偷山葵，但看在我們大老遠來採訪，他同意帶我們去參觀山上的農田。

我們跟著他老舊的豐田卡車開了一小時上山，穿過松樹、杉木和竹林，遠離遊客如織的溫泉市鎮。光想像樹林的溪流中長著野山葵——不是安藤先生種植的作物，我就覺得激動。

我們抵達林木茂盛的陰暗河谷，一端可以俯瞰山下，另一端收窄，來自山頂的河流就在這裡孕育出山葵。我們跟著安藤先生走過雜草叢生的小路前往水田，走幾步路，腳下翩翩飛起蜻蜓、蝴蝶，那顏色之繽紛，可比擬愛馬仕絲巾。到處都有蜥蜴亂竄，樹叢間吊著鮮綠色的蜘蛛。我覺得自己踏進祕密寶地，因爲安藤先生在這裡種植的不止是日本最上等的山葵（也是全球最佳品種，他幾乎贏遍相關大獎），而且根據首相的聲明，這還是日本最頂級的農產品。

整座河谷就像種植稻米的梯田，只是裡面不是翠綠的稻禾，而是覆滿山葵類似歐洲大黃的闊葉。活水的聲音震耳欲聾，我卻看不到任何溪流。安藤先生告訴我們，水從植物底下十五公分深的沙床裡流過。山葵上方蓋著黑紗網遮陽、擋落葉。「坡度要剛剛好，否則水流太快。另一個問題就是野鹿，牠們喜歡這些葉子。」他說。我試吃了一片，嚐起來有火藥味，又帶著辣中帶甜的山葵餘韻。

我問安藤，使用山葵是否有任何訣竅。「喔，你一定要吃吃酒粕醃漬的山葵葉柄。」我打算離開日本前，買山葵帶回去，可以保持多久呢？「保持乾燥可以放一個月，一旦有溼氣，就會變黑。」

我們正準備道別離開，安藤說：「如果你眞喜歡山葵，有個人你應該見見。」

靜岡溫泉區裡有個白壁莊，這個傳統的溫泉旅館有兩個露天大眾澡堂，由宇田治良和倭玖子兩夫妻經營。安藤先生認識的倭玖子熱愛山葵，還在靜岡縣立大學的木苗直秀教授底下研究了好幾年，這位教授專門研究這種神奇根狀莖的藥性。

我們坐在和式的榻榻米房間，外面是修剪整齊的傳統日式花園。倭玖子輕聲說明使用山葵的基本原則：「要在鯊魚皮上磨山葵，因爲鯊魚皮表面夠粗糙，還要劃圓研磨。氧氣和山葵混合會提高辛辣度，越接近頂端越甜。」她握著山葵根，在繃了鯊魚皮的板子上慢慢磨給我看。

宇田倭玖子看得出我對吃整個山葵根有顧慮，畢竟尺寸頗大。「放心，眞正的山葵會讓喉嚨溫熱，不像人造產品那樣灼辣、嗆鼻。知道嗎？喝酒時配山葵就不會宿醉，因爲山葵抗菌、解酒。」

山葵除了含多種礦物質、維他命之外，還有二十多種有消炎特性的異硫氰酸酯（芥末和花椰菜也有同樣成份）。因此山葵可用來治療過敏和溼疹，抗菌特性也有助於對抗蛀牙，甚至能緩和腹瀉。最有意思的特點，就是學界認爲異硫氰酸酯可以防止癌細胞在轉移階段擴散。換句話說，山葵是如假包換的超級食物。

眞正的山葵與市售山葵泥的味道大不相同，研磨過的山葵會釋放異硫氰酸酯，因而有美味的辛辣口感，這種成份揮發後，又會刺激鼻竇，帶來短暫的快感。有時大廚會在山葵中添加一點糖，突出胡椒般的味道。

宇田太太端出我們當天下午要享用的餐點，前菜是醃杜鵑、醋漬菊花、海蜇皮（非常爽脆可口）。我發現桌上有美麗的鮑魚殼，翻過來一看，鮑魚還在蠕動。宇田放在鐵板上加熱一分鐘後切片，佐以一小坨山葵，肉質無比軟嫩。當地除了山葵之外，也盛產野豬，我們下一道就品嚐這種野味。豬肉浸泡在麴、味噌裡軟化十天，之後就會非常鮮嫩。豬肉搭配盤子裡那一小坨山葵，深奧又濃醇的山產風味配上山葵甜味，滋味無以倫比。

我請教宇田倭玖子爲何迷戀山葵。「這要從七年前說起，我想將本地農產效益發揮到最高點，讓人驚豔。」她的確辦到了，但是我吃生魚片搭配山葵醬的樂趣，就此消失無蹤。教我以後還怎麼吃得下那些人工醬料？我當天獨自吃完半根山葵，完全不覺得不舒服。那一頓餐點令人回味，精緻細膩，最後的甜點是哈密瓜和山葵冰淇淋，我從未嚐過那麼美味多汁的甜瓜。

回程路上，我不禁想到，世人如果能嚐到山葵，一定會爲之瘋狂。我用單一食材做過主題餐點，有一次用巧克力做燉飯、燉鹿肉，最後以巧克力慕絲劃上句點。但我後來好一陣子都沒再吃過巧克力。我在巴黎的餐廳連吃三道舒芙蕾，無論那些食物多美味，近期之內絕對不想再看到。但山葵不一樣，我吃上了癮。

所以我要發起「爲正宗山葵請命」活動，歡迎大家踴躍參加。

13 ─廚具街─

如果我的廚房沒有磨山葵的鯊魚皮木板，我的人生就是裝模作樣的丟臉騙局。

我稍微研究一番，就知道該上哪兒購買。事實上，除了築地之外，我到東京最想造訪之處就是合羽橋。

有人喜歡逛街買衣服、鞋子，如果徹底放棄人生，可能喜歡買手機配備。有人成天逛唱片行也不煩，我有個朋友——你們一定懂，那人絕對不是我——逛紳士服就非得看襪帶和寬腰封。我呢，我最愛逛的就是廚具，一進廚具店，可以開心逛到打烊，不被請出來不罷休。在巴黎時，我常在廚具店流連忘返，鮮少出手，看著那些電動設備心癢難耐，但我深知自己用過一次，就會把它們扔進抽屜深處，和洗衣機保證書、密封袋束帶丟在一起；否則就是看上更貴、更有噱頭的新器材，例如胡桃木砧板、超專業食物處理機，儘管我早有簡易版；最令我覺得妙不可言的，就是可以磨檸檬皮、捏成球狀、削皮、去核等不鏽鋼或鍍鉻的小道具，雖然鮮少用到，或用小刀、濃縮果汁也都能替代。

眞正教我魂牽夢縈的就是餐飲設備店，專業人士可以在那裡用遠低於超市的價格，採購外燴專用保鮮膜、鋁箔紙、超大罐芥末醬或鹽巴等。

倫敦大概只有幾家，巴黎更少，多半集中在巴黎大堂或中國城附近。對於我這種廚具控而言，合羽橋才是眞正的聖殿。料理可能用到的各式各樣器材，都能在這條大街和旁邊巷弄的商店買到。

這條路也許不算美觀，四線道的馬路旁是各種低矮商店，沒有一間考量到現代零售業的慣例，例如陳列或折扣促銷等。但合羽橋這些商店就如同東京的餐廳，把全世界的同業遠遠拋在腦後，因爲每一家都專精某種設備，或某個領域。

有家店就有幾千種餅乾模，我就在那裡待了一陣子，也花了不少錢；一家專賣蒸飯鍋，樣式之多，全球之冠；到了另一家，我只能懷抱敬畏之情，默默無語地看著大缸子裡的天婦羅油和大的如同沙發的水槽。隔壁則是只賣菜單和菜單架，另一家只有收銀機和點菜板。跨過馬路，我就看到日本著名的食品模型店，這些商品用來陳列在餐廳外面。因爲握壽司模型的顏色鮮豔，這些商店遠觀就像糖果店。銷售小姐告訴我，十九世紀的模型用蠟製成，不知當時怎麼捱過炎熱的夏季又不融化。

雖然不想承認，但我找磨山葵的鯊魚皮木板並不順利，恐怕是因爲我問路的表情手勢啟人疑竇。總之我逛專賣碟子的商店也很開心，還有一家店賣的燈籠和居酒屋外的樣式、顏色一模一樣，還有各種不同尺寸。這時艾斯格和艾米爾已經悶到極點，就算我說他們逛迪士尼商店時，我也耐著性子等了又等，小朋友依舊無動於衷。

該去逛廚具街的王牌了，也就是刀具店。那些店舖陰暗、沉悶、布滿灰塵，牆壁上的玻璃櫃展示的刀具多得令人眼花撩亂，每一把刀刃都極其鋒利，由十幾層高碳鋼鍛造。兩個兒子突然興趣大增，我把握機會說明第一代的刀匠是製作武士刀的傳人，因爲日本在十九世紀末開始禁止市民帶刀上街，他們才轉而製作廚房刀具。我掂掂長方形的薄刃蔬果刀（usuba），和切魚的三角形出刃刀（deba），最後買了兩把，一把類似標準西方刀具，是雙面刃；另一把則是十吋長、單面刃的生魚片刀，兩把總價比英國一把具良治菜刀還便宜。

年長的銷售人員解釋，生魚片刀只有單面刃，才不會傷到魚肉的纖維。平面不會割切到魚肉，雙面刃就會。坦白說，無論用哪一種刀子切生魚片，我都無法分辨，但是日本大廚看得出來，這點才重要。（後來我發現我那把刀子很適合把甘納許切成方塊，再沾調溫巧克力。）生魚片大廚異常吹毛求疵，根據辻靜雄的說法，頂尖廚師有兩組刀具處理魚：一把磨過之後要先「冷卻」，這時就得用另一把。即使我一個月才磨刀一次，也不覺得荒謬。日本刀具的鋒利度也許稱冠全球，但也需要悉心保養，除非天天磨刀，否則刀刃很快就鈍掉——我有切身之痛。然而磨刀會導致刀刃溫度升高，即使只有些許微溫，也不能接近新鮮生魚。

老闆也推薦我買磚塊大小的磨刀石，又稱礪石。他告訴我該如何使用，要先泡在水裡五分鐘，然後貼著磨刀石表面，稍微施力往前推，再輕輕往後拉，磨幾下就要再澆水。儘管我不太可能會再度上門光顧，他還是好心地送了我一把去鱗刀。

但是磨山葵的板子呢？最後我終於找到一位警察，這位機智的大人聽出我哼的是「大白鯊」的主題曲，也知道我的動作就像在洗衣板上磨東西，甚至親自帶我到店裡。

皇天不負苦心人，那塊小木板上綳著彷彿特別粗糙的砂紙，售價兩千日圓。經過一番李拉鋸戰，大概是我們婚後最激烈的一次（我還得拆開兩個空氣吉他玩具的包裝和幾管固定襪子的黏膠，才能放下木板和磨刀石；麗森卻可以留下所有博物館目錄），我千辛萬苦帶回家，朋友卻摸不清這玩意兒的用途和材料。雖然我得意洋洋，阿利卻直截了當地恥笑我的愚蠢，因爲我山長水遠帶回磨新鮮山葵的工具，歐洲大陸卻壓根沒聽過這種蔬菜。

14 —初學者的壽司—

日本人可能都不覺得，磨山葵的鯊魚皮木板是家庭必備工具。隔天我與信夫太太相約共進午餐，她的廚房顯然就沒有。

六十歲的信夫悅子（音譯）正在採買，「買一罐『海底雞』，我們都這麼稱呼鮪魚，」她放一罐到籃子裡。「再拿些蛋，日本人喜歡褐色殼的；再買點芋頭、京都清酒。」她穿著紫色和服穿梭在超市中，後面跟著五名男子，其中有三人都來自著名的日本三賢旅行社——一個拿照相機，一個拿攝影機、一個負責作筆記，外加一名《時代週刊》記者（採訪日本飲食文化變革）和我。

我出發前往日本前就傳電郵給三賢旅行社，他們的網站提供東京食物主題體驗，我報名參加三堂烹飪課：一堂是在「典型」日本家庭主婦信夫太太家，第二堂是向日本名廚請益，最後則是壽司料理課。

等信夫太太付錢，收好集點卡，我們一行人浩浩蕩蕩離開商店，前往她附近的住家，一棟打理整齊的兩層樓建築。那棟方方正正的水泥樓房俯瞰某條鐵路（就像東京多數民宅），屋裡就住著他們夫妻和一個成年女兒。我們在門口脫鞋，換上太小的紅色塑膠拖鞋，跟她上樓到廚房兼客廳。信夫太太宣布，她要下廚做午餐，我們負責幫忙。《時代週刊》記者聽到之後，面露焦慮之情，但也認分地遵照指示，綁好「手拭」，也就是頭巾，準備將白蘿蔔切成籤狀。

這時信夫太太啟動飯鍋，浸泡乾燥香菇，用味之素的調味粉做高湯。她用蛋、鹽巴、糖和味醂做超薄的煎蛋，她先預熱鍋子，關火之後，用鍋子的餘溫煎蛋。信夫太太把蛋切成條狀鋪在碗裡，然後添飯、放入用醬油加熱的罐頭鮪魚。

「專家建議，每天應該吃三十種不同的食材，」她溫柔地調整我握刀的姿勢（她給我生魚片刀，這種刀子只能往自己方向拉才能施力，還要一刀一刀切）。「我努力照做。我的格言就是『什麼都吃一點』。問題是我的丈夫八點以前不太可能下班回家，女兒有時不到半夜十二點不回家。我的廚藝是向我母親討教，但女兒沒興趣。我很擔心下一代怎麼學做菜。」

午餐做好了，我們轉往榻榻米客廳。我才剛踩上去，就有人從後面抓住我。原來是信夫太太，而且她一臉驚愕。「不行不行，上榻榻米之前要脫掉拖鞋。」她說。

其他禮儀包括：筷子不能在菜上盤旋；別用筷子移動碗盤；絕對不能舔筷子；不可以把筷子插在飯上；而且千萬不能用筷子傳遞食物——這是葬禮的習俗。

以上我全犯了，但日本主人竟然面不改色。飯後，我們移步到樓下茶室。學會主持茶會得花上許多年，而且數百年來，日本人對正確規矩爭論不休。為了讓大家了解這門學問有多嚴謹考究，兩派從走進茶室就意見分歧，一派主張左腳先進，另一派主張右腳。兩派都認為所有動作必須減到最低限度，所以一舉一動都得經過嚴格的編排，而且每個動作背後都有意義，但我和雜誌記者跪坐在茶室時，幾乎是鴨子聽雷。在離牆壁十六疊榻榻米之外的凹間旁，上面擺了只插了一朵牡丹的花瓶。我們看著信夫太太洗茶碗、倒熱水、刷茶、倒茶、啜飲。這些程序持續了四十分鐘，起初雙腳開始發麻，接著像有幾萬支針扎般的痛苦。

信夫太太用細緻的竹刷打出泡沫，將溫度恰到好處的熱茶碗遞給我們，教我們喝茶之前先逆時鐘方向轉兩次，喝完之後順時鐘轉兩次，才放回榻榻米上奉還。茶很濃、有細緻的泡沫、是鮮綠色，帶有土壤的苦味。我發現每個茶碗都不一樣。雖然我的也很美，但略顯不對稱。信夫太太看到我打量茶碗，「這可能是你見到這個茶碗的唯一機會，應該好好珍惜這一刻。日本人有一句話形容稍縱即逝的邂逅：一期一會，意思就是一生只有一次。」

我很珍惜這次的茶會，以及與信夫太太共處的早晨。有多少遊客有機會一窺日本家庭？更別說我還和女主人共進午餐，對方又如此睿智、莊重、溫和，還面帶微笑。

三賢旅行社提供的飲食體驗第二站是前往和式餐廳一二三庵，地點是東京東部的神樂秋，以前曾是著名的藝妓區，現在則以一位難求的高級料亭聞名。下午的大廚粟飯原崇光嚴厲又不失友善，他有二十四年的料理經驗，最近剛摘下米其林一星[11]。他的任務就是傳授和式料理的技巧和禮儀。

「日本人很重視食物的顏色，」大廚說。「必須反映季節。春天是綠色，夏季是墨綠，秋天是橙色和褐色，冬天是白色。這都反映在菜色中。」

我們把冷馬鈴薯泥鋪在小圓盤上的保鮮膜，再放剁碎的雞肉餡，然後拉緊保鮮膜，捏成網球大小。接著，大廚開始教我們如何做高湯。

他示範如何做第一名的高湯——方法類似參加服部學校比賽的選手，只是鰹魚乾用得較少，再說明可以用同樣的鰹魚乾和昆布做第二名的高湯，方法就是再煮十分鐘。「日本高湯有百分之九十九都是水。」粟飯原先生邊說邊加一點清酒、清淡的醬油，最後再加點葛粉，做成比較濃稠的馬鈴薯雞肉餃醬料。

再來就是生魚片課。「切魚的手法，就像用食指往自己的方向畫線。」大廚切著黑皮紅肉的鰹魚，稍微炙烤魚肉表面，才鋪到飯上，撒一把細薑絲，再加個泡過醬油，中心已經凝固的蛋黃。我們都試做了一次，對我而言，那餐獨特又美麗。

第三堂烹飪課是壽司課，地點就在東京西南部的當地餐廳，在我看來還頗破舊。這堂課的時間就介於午餐和晚餐巔峰時間之間。

主廚林英二（音譯）有張拳擊手的臉，體格也不相上下。此人個性堅毅，不打馬虎眼，他服務全世界最挑剔的壽司老饕已經二十餘年，地點還是握壽司發源地的城市。

「壽司主廚沒有女性，」他低聲說，眼神掃過兩位女學員。「因爲化妝品和香水會影響肉和米飯，而且女性的體溫較高，會加熱魚肉。」（其實不見得，但我不打算反駁。）

他用兩碗冷水教我們捏握壽司的飯，每捏一次就用其中一碗洗手，另外一碗則是打溼米飯，免得太黏。他學忍者的忍術手勢，右手的食指和中指放在左手手心，將一口大小的米飯壓成長方形立方體。

主廚說明，這些米飯用一小片昆布和清酒蒸，再倒進圓形的雪松淺口木桶「盆舟」。「不一定要用雪松，但金屬鍋可能會影響米飯。桶子必須打溼，否則會吸收米飯的溼氣。」大廚用木杓切進飯桶，白飯的溫度已經降低，又不致太冰，他又加入醋、鹽、糖攪拌，讓米飯更涼。我懷疑，壽司席捲西方，靠的就是這種米飯調味方法——典型的比例是七份米醋、五份糖和半茶匙的鹽：畢竟我們戒不掉大麥克，也是因爲糖、鹽、醋這些調味料。做壽司的米飯不能太燙或太涼，林先生說，攝氏二十五度最適宜，有些人則說應該與體溫相同。總之要與生魚形成對比。

11 粟飯原崇光：二〇〇九、二〇一〇連續兩年拿到米其林一星，二〇一一至二〇一四年連續四年拿到米其林二星。

高級餐廳用昂貴的短粒米，最好的品種是在陽光下自然曬乾的越光米，但多數人用的是美國種植的中粒米（因爲日本國產米供不應求）。許多人還會加穀氨酸鈉底的「miora」調味。「我當壽司廚師學徒時，得花一整年做飯，才能接觸漁貨。」林先生又補充說他學了六年，這是日本壽司師傅的平均養成時間。

他邀請我們照他示範的方法做握壽司。我們每個人都把鬆散的醋飯放在朝上的手心，用同一手把飯捏成中空的棺材形狀，用大拇指壓緊米飯，再用右手的食指和中指壓緊米球。接著大廚做了一件怪事，他捏出完美的橢圓形之後就用食指壓米飯中央，又把飯往外壓，再捏緊。他說這是「把空氣壓出去，」接下來那句更是大廚界常見的沙豬發言，「就像對待女人。你不希望飯壓得太緊，只要送進嘴巴之前都不散掉就好，但入口之後應該要輕鬆化開。醋飯頂端略尖，生魚片才容易固定。」

但是這個「擠壓空氣」的動作，只讓我的米球更不成形，彷彿五歲小孩亂捏的黏土，大廚和另外六個幾乎全是日本人的學員看得捧腹大笑。我又試了一次，這次好多了。

據說優秀的壽司師傅可以讓所有米粒朝向同一方向，我請教林先生是不是屬實。他輕蔑地說，不可能，反而應該要以「自然」爲最高準則，他上課時也重覆好幾次。

我們接著學做軍艦壽司（因爲外觀類似戰艦），醋飯外包著海苔，頂端放海膽或螃蟹。海苔是某種海藻，威爾斯人用來做海藻排（laverbread）。紫菜原本是紅棕色，曬乾之後呈綠色。高級餐廳的廚師會在烤爐上揮一下海苔，提高酥脆度。辻靜雄說海苔一面粗糙，另一面平滑，做軍艦壽司時要把平滑那面向外。做這種壽司的祕訣就是用一粒米固定海苔。

方法相當簡單，但我的里卷卻包得亂七八糟。祕訣似乎是把飯均勻地鋪在大片海苔上，然後鼓起勇氣，拿起整張海苔，翻到捲簾上。當我拿起海苔，所有飯都瘋狂掉到桌上。

林先生說頂尖壽司師傅不用現成醬油當沾醬，會用柴魚高湯、味醂、清酒和醬油調製口味較淡的壽司醬油「煮切」（二百毫升的醬油、四十毫升的柴魚高湯、二十毫升的清酒、二十毫升的味醂，稍微加熱。）他們也不提供更多山葵醬，師傅加在握壽司或軍艦壽司中的份量就夠了。如果顧客在醬油裡加山葵，馬上會被當成土包子；畢竟味蕾遭到人造山葵醬攻擊，還能嚐出什麼差異？我發現多數日本人不用筷子吃壽司，而是用手拿，所以壽司師傅會幫外國顧客把握壽司捏得更密實，因爲我們堅持用筷子。至於吃生魚片，就一定要用筷子。

有個學員問老師最喜歡哪一種握壽司，鮪魚嗎？她好奇。不是，他說他喜歡緣背（engawa），就是比目魚背鰭邊的皺褶部位（以前烹飪學校都教我們丟掉）。

大廚還給我們其他有用的建議：想得到壽司師傅的最佳服務，只需要說「廚師發辦（Omakase）」，意思就是「由主廚決定」。如果你想惹火大廚，就拚命點鮪魚，因爲這種海產被當成招攬顧客的帶路貨。如果第一道是味噌湯，餐廳老闆一定是韓國人或中國人。味噌湯應該是最後一道，因爲有助消化魚肉。此外，如果去迴轉壽司餐廳，先選白色或比較淡色的魚，再吃鮭魚、鮪魚，別選加料的卷壽司，因爲那往往是爲了掩飾不夠新鮮的漁貨。

M．F．K．費雪在《日本料理：極簡餐飲藝術》的前言裡提到：「魚兒從玻璃水槽跳到刀下、鍋中，接著躍進我們嘴裡，那是一連串的緊湊動作和風味。」其實鮮魚不見得都能料理成壽司或生魚片。魚和肉一樣，在被捕上岸後，都需要一陣子，甚至好幾天，才能到達最佳風味。當然也有例外，鰻魚、甲殼類和烏賊在料理前先不要宰殺，現切之後就得趕快食用；鯖魚則壞得更快。但是多數魚肉中的酵素都需要時間，才能分解蛋白質和結締組織，並且生成美味的肌苷酸，搭配柴魚高湯和醬油裡的麩胺酸格外對味。例如北方黑鮪就要在解凍一週後的風味最佳，當然，期間必須妥善冷藏；鯛魚需要一天；河豚顯然需要半天到一天之間。知名壽司師傅小野二郎高齡八十多歲時[12]，依舊每天前往他在銀座開的餐廳工作，他會把鮪魚放在冰塊中保存十天，追求最極致的熟成風味，其他的白魚則是三天。

如果進餐廳之後，看到魚就像辻靜雄筆下所述：「像醫院病患般無力」。請手刀快跑，千萬不要停下腳步，除非是要打給當地的衛生當局。

他建議：「我走進壽司餐廳，一看魚肉質地，就能馬上判斷新不新鮮，一定要像少女般青春洋溢。」

12 小野二郎：生於一九二五年，紀錄片《壽司之神》即是講述他傳奇的一生。

15 ─來點「特別的」─

辻靜雄對鯨魚肉沒有任何建議。照理說，我也不覺得有損失。畢竟我在一九七〇、八〇年代的英國長大，自認節操高尚，而且有兩件事實不容分辯。第一，柴契爾夫人是魔鬼代言人；第二，屠殺鯨魚就像殺人一樣可惡，可能還更惡劣。

《星艦迷航記IV：搶救未來》中，寇克等人爲了與外星人溝通，綁架一隻座頭鯨，更鞏固了我的信念。我記得一九八〇年代初期，我去唐寧街義憤塡膺地抗議北歐人用魚叉獵鯨、或拿棍棒痛擊海豹。所以小美到我們公寓，規劃下一週的活動（這時已經是九月底，我們即將前往北海道），問我們有沒有興趣吃鯨魚肉，我當然裹足不前。好吧，我猶豫的時間極短。因爲我和所有老饕一樣，喜歡吹噓自己吃過哪些莫名其妙、難以下嚥的食物（袋鼠？哼，當然吃過。你吃過鱷魚肉嗎？一定要試試看，其實就像雞肉。）我隨時準備吃下一道奇特菜色，越能讓女生驚聲尖叫越好。但是要我吃鯨魚，我還是覺得內疚，畢竟牠們能發出哀愁的輕柔喀答聲，趕集浮游生物比我還厲害。

最後我還是答應了，麗森皺起鼻子，艾斯格和艾米爾的眼神彷彿我精神失常。的確，他們恐懼的表情再次教我猶豫。但是我有什麼資格批評日本人？我吃過很多籠飼雞、打了許多抗生素的牛、許多可愛的小兔子、小鵪鶉、以及沒下麻藥就被扯斷腿的青蛙。我知道鯨魚很聰明，但豬也不笨啊。

當然，雞、牛、青蛙、鵪鶉的數量遠超過鯨魚。目前只有日本、冰島、格陵蘭和挪威還吃鯨魚肉，他們巧妙規避或明目張膽地忽視國際捕鯨委員會的建議。在這些國家中，又以日本消耗的漁獲量最多，幾乎占了十分之一。日本人平均一人吃七十公斤的海鮮，全球平均值則是十六公斤。而挪威和冰島人捕到的鯨魚幾乎直接運往日本。

只要有漁港，就有帶著厚皮夾和大冰塊的日本經銷商。我在偏僻的菲律賓南部看過偌大的日本漁港，光是日本對鮪魚、鰹魚的需求，就足以支撐當地的經濟。至於地中海南部飼養的鮪魚，超過一半都被送往日本餐桌。現在地中海和大西洋的野生鮪魚數量極低，可能只有一九六〇年代的十分之一，日本恐怕難辭其咎。

然而如果向日本人提起鮪魚瀕臨絕種，或鯨魚的問題，他們肯定疑惑地看著你。彷彿頭一次聽說，而且媒體也不覺得這是重要議題。日本頂多只覺得，這是外國勢力干涉日本飲食的重要傳統。日本宣稱他們一八七二年才開始吃肉，因爲天皇若無其事地宣布他晚餐吃了牛肉，表示日本可以開始吃肉。以前日本禁止吃肉，儘管許多人無視這則法令，但日本人吃的魚向來多過肉。日本人普遍比較健康，也是歸功於此。

如今日本依舊一年捕殺七百頭鯨魚[13]，名義是「科學考察」，只亞於冰島的一千頭，然而這些數量多半也成了日本的盤中飧。近年日本要求提高捕撈配額，因爲南露脊鯨和座頭鯨已經不在瀕臨絕種名單上。每年國際捕鯨委員會開會，日本都要求重啟商業捕鯨。「我們從西元前三百年開始吃鯨魚，」他們抱怨，「這是西方飲食帝國主義。」

儘管日本在八世紀開始信仰佛教，卻允許食用鯨魚，因爲鯨魚被歸類爲魚，而非哺乳類（這種實際的食物分類法就把野豬稱爲「山鯨」[14]）。到了一八二〇年代，鯨魚料理已經臻於完善，七十種不同部位都有相關食譜，甚至用鯨魚排泄物入菜。覺得不可思議？第二次世界大戰之後食物短缺，鯨魚成爲日本人的重要營養來源，補充蛋白質和OMEGA-3脂肪酸。許多日本成年人都記得學校午餐的鯨魚肉，還相當懷念。儘管數量不比當年，日本人仍把鯨魚當成稀有佳餚，就像我們對鹿肉的看法。他們宣稱——說句公道話，這點毋庸置疑——鯨魚肉有益健康，學界也證明有抗衰老的功效。

總之我接受小美的邀請，與她約在新宿車站外碰面。她帶我穿過歌舞伎町五光十色的

13 日本於二〇一九退出國際捕鯨委員會（IWC）恢復商業捕鯨。冰島於二〇二三年起暫緩捕鯨。

14 古時日本人觀念中的肉指得是獸肉，認為魚類和鳥類是其他物種，吃魚肉或鳥類並不算吃肉。由於吃獸肉是禁忌，就把豬肉稱作山鯨肉來掩人耳目。

酒店、卡拉OK店，抵達商店旁的門口。我們走上樓梯，進入以鯨魚料理和頂級清酒聞名的「樽一」。

餐廳裡高朋滿座，天花板上吊著許多菜單，每張都裝飾著漢字，有些還用毛筆畫著栩栩如生的魚，頗有節慶氣氛。除了布簾、紙門上戲浪的鯨魚圖畫，樽一看起來就像普通的日式料理餐廳，只是我無法無視垂吊的巨大鯨魚陰莖乾，那模樣就像阿爾卑斯山的古怪管樂器。

小美幫我翻譯菜單，有醃鯨魚、舌頭、卵巢、腦、皮膚、睪丸、陰莖、內臟等部位，可惜沒有排泄物。可以吃生魚片、握壽司，也可以吃炸鯨魚肉或鯨肉排。我們幾乎各種菜色都點了一輪，背後黑洞般的廚房就迅速變出一道道佳餚。首先是一碗油亮又有嚼勁的米白色鯨脂，吃起來頗像牛肚。我不覺得好吃，但從小吃鯨魚午餐長大的小美則吃得津津有味。第二道覆蓋著鋁箔紙，底下是一片超大的棕色葉子，幾乎有桌子一半大。葉子上鋪著鯨魚培根薄片和生魚片，每片都有些許的差異，旁邊還有芥末醬和黃色菊花當裝飾。有些邊緣是粉紅色，有些像風乾火腿，有些是灰色，看起來不太可口（小美說，那是鯨魚皮）。鯨魚生魚片就像牛肉刺身，紫紅色的魚肉上布滿油花。有些很難咬，有些充滿油脂，帶著一絲並不令人排斥的牛肉味。但我不會急著再吃第二次，尤其是極其難咬的炸鯨魚排；但我也不覺得難吃，有幾道，例如鯨魚生魚片，的確頗美味。鯨魚冰淇淋是綠色，一般撒的是巧克力，這種上面則是小塊鯨魚肉，這道我也不想再吃。

我們離開時碰到大廚吾田浩代（音譯），我請教當晚吃的鯨魚品種。他指著牆上的圖，介紹各式品種，說明今晚吃的是小鬚鯨，多半在南極地區捕撈。哪種最好吃？「這種。」他指著藍鯨嘆氣，我猜他不是同情這種鯨魚的困境，而是感嘆店裡沒有現貨。離開前，他送我鯨魚牙齒當紀念品，那顆牙就像有皺褶的棕色大指甲。

鯨魚可能是日本人食用的最大海生動物，幸好這不是最美味的食材。我們在下一個目的地將有美妙邂逅，那裡就是以豐富魚蝦海產聞名的北海道。

16 ——螃蟹——

我們從東京的國內航廈羽田機場起飛。雖然我不懼飛，卻已經到了飛行常客所說的三階段的「厭煩期」：先是興奮，再來是無趣，最後才是恐懼。趕往機場、到櫃檯報到、通過安檢、前往登機門、排隊進入登機室，再排隊上飛機等等，這一切都令我痛苦萬分；更別說每個階段還要拿出登機證、抽出皮帶、「不是，不是登機證，是護照，你這個呆子」。我彷彿成了兼職難民，而且伙食更糟，簡直是領帶商贊助拍攝的《出埃及記》。但羽田機場令人耳目一新：乾淨、安靜、效率十足，有好逛的商店街、足以代表日本各大料理的餐廳。如果有人說我們的旅程會在那裡劃下句點，往後兩個月只能在羽田機場生活，我也能過得很開心。

然而我們就要離開東京，兩個多月後才會再回來。老實說，我不捨得離開——時間那麼短，還有那麼多餐廳沒嚐過——麗森也有同感。但東京不如我們先前想像，能讓我們漸漸適應這個國度。這裡的確是日本最受歐美影響的城市，但絕對稱不上西化。當然，我們不是來體驗西方文化浸淫下的東京，所以也無所謂，但住上三週之後，似乎也該轉換環境，尤其對小朋友而言。

我們和孩子進行過幾場食物角力，尤其是艾斯格，但他們漸漸接受新事物，也嚴格遵守「不准吃披薩、漢堡」的原則。他們開心吃過天婦羅，去過新宿的忍者餐廳——我們先走進隱藏的入口、通過玻璃吊橋，服務人員還會變魔術，他們都很樂。兩個孩子成了正宗壽司愛好者，如果沒看緊，兩人在迴轉壽司餐廳就會吃出一座小山。然而我們還是得提醒師傅少用一點山葵，因爲某次大廚太豪氣，艾米爾吃了握壽司之後滿臉通紅，一連灌了三杯水。

儘管東京生活很刺激，我認爲艾斯格和艾米爾很難適應這個日本大城的車水馬龍。東京人很友善、熱心，對我們兒子也很有興趣，但東京不適合兒童，甚至比不上巴黎。當地沒有眞正的大公園，沒有地方可以讓他們盡情奔跑放電，人山人海有時也會嚇到孩子，況且小男生必須適時發洩精力。

所以在東京之後，札幌的廣大幅員和生活步調給人煥然一新的心情。我們一走出機場，迎面而來的就是新鮮空氣。北海道的氣候和本州截然不同。北海道最北端離俄羅斯只有兩公里，儘管前往北海道西南方，冬季都相當嚴寒，也會下雪。我們抵達的時候雖然是還能穿短袖的夏天，氣溫卻涼爽宜人。

北海道面積遼闊，幾乎占全日本五分之一，相當於整個奧地利。日本人口是英國兩倍，適宜居住的面積卻只有英國的四分之一，日本人應該幾百年前就會湧進北海道。然而日本人認爲這個島嶼位置偏僻、環境惡劣，直到一百五十年前才開始移居此地，還是中央政府努力促進當地經濟、扶植產業成長，拚命做廣告宣傳「天啊，看看這裡有多大！」以前北海道只有日本原住民愛努人，可能是幾千年前從西伯利亞移居來此。雖然政府使勁宣傳，全日本只有百分之五的人住在北海道，人數將近六百萬，因此還有大片的野外、處女林，絕對不是提到日本就會聯想到的事物。

北海道的賣點不只是地理環境，食物也很特別。這裡是日本酪農業重鎮，生產頂級的奶油、鮮奶油、牛奶和不怎麼樣的乳酪（我馬上想到超市那些透著一絲人工調味的布里乾酪）。當地還種植馬鈴薯、玉米，以及一顆價值一百英鎊的哈密瓜——諷刺的是北海道是日本最窮困的地區。北海道也以螃蟹種類繁多和野生鮭魚聞名。日本只能供應國內所需的農產品的四成（美國幾乎是百分之百），其中有極大的比例都來自北海道。這裡可說是日本的農倉。

札幌是北海道首府，幽靜、涼爽。沒有急驚風的步調，人行道大小媲美美國，路上也不會車水馬龍。我們的飯店是一九八〇年代的風格，但已經夠舒適。（如果你讀過村上春樹的《舞・舞・舞》，這間飯店讓我聯想到主角去北海道入住的旅館，當時發現另外還有神祕的一層樓，那個陰暗溼冷的地方通往平行時空，還住了一個羊男。我們這間可沒有。）從我們十六樓的客房可以看到遠山、為一九七二年冬季奧運興建的滑雪跳台，對街就是一個摩天輪。空中蜻蜓紛飛，許多還邊飛邊交配。

打從兩個小朋友第一眼看到摩天輪，就開始問個不停；我自己的心願則是前往開滿拉麵名店的拉麵橫町。至於先去哪裡，就看誰最會抱怨、最煩人，全家決定分成兩組，麗森想去美術館的願望悲慘地淹沒在我們父子的吵鬧聲中。

要吃北海道著名的奶油玉米拉麵，當然要去拉麵橫町，這種拉麵用的就是當地名產。可是我非得等到店家老闆放下生意，親自領路，才知道我錯過入口好幾次。從街上看，拉麵橫町就像地下辦公室的後門，進去之後也很難改觀，因爲走廊骯髒陰暗，一邊則是只有吧檯座位的小拉麵店。不同於日本其他地方，六、七家店老闆親自出來拉客，拿著護貝的菜單比手畫腳。我隨意選了一間，在吧檯邊點了一碗辣度等同核彈強度的超辣奶油玉米拉麵。碗裡的叉燒肉疊得老高，此外還有幾塊冷藏奶油、罐頭玉米、青蔥、海苔片和半個水煮蛋，底下則是彎曲的麵條。

太美妙了，是我這輩子吃過最好吃的拉麵。我用陶瓷湯匙舀第一口湯時，表面的油脂頗讓我憂心，但是吃過之後就進入拉麵天堂。濃郁的叉燒味，油得恰到好處，加上可口的鹹味和大蒜味。奶油和玉米提供熱辣口感之餘的衝擊感，青蔥則是添加酸度，強化辣油餘韻，更加自虐。告訴你，那碗湯應有盡有。

我本來計劃至少吃上三家，但是我非把第一碗吃得一乾二淨，加上它的份量驚人，我起身付帳時，胃部翻騰，只能放棄繼續吃的念頭。

十分鐘後，我又坐下來大吃。札幌的螃蟹很有名，這種棲息在冷水海域的螃蟹會長得非常大，之後再銷售到日本各地。我捧著漲大的肚子離開拉麵橫町，揮舞著蟹螯的玻璃纖維螃蟹吸引了我的目光，邀請我進入對街的餐廳。進門之後，我跨過養滿螃蟹的壕溝，脫了鞋，坐在窗邊的榻榻米上，準備大快朵頤日本最著名的佳餚。

菜單上列出各種皇家螃蟹：帝王蟹、蟹后（松葉蟹）、雪蟹，長著細毛、棘刺。從圖片看來，每種都像吉格爾（H.R. Geiger）創作的深海怪物。耳邊傳來日本音樂，周遭的家庭、情侶都忙著大卸這些可怕的甲殼類動物。我的餐點也上桌，不同品種、不同部位的螃蟹美麗地排放在米飯做的碗中，旁邊還有葉子、樹枝和綠色、紫色海藻裝飾。生螃蟹的味道清淡的無可言喻，起初我的味蕾吃不出任何味道，慢慢才從黏糊糊的質地中嚐出海水的甘甜碘味。蟹肉的綠色部分味道較濃，帝王蟹的肉質最紮實，但我實在吃不出箇中巧妙。坐在地上看外面的巨大蟹螯前後擺動，我根本無動於衷。

所以後來幾週的發展才更奇特。我們往日本南方移動時，我竟然開始懷念那些北海道螃蟹。搭火車、飛機時，一旦靜下來，我就想起那神祕的滋味。其實最令我魂牽夢縈的是蟹肉的質地，那種半液體、半固體的生蟹肉留在舌上的時間剛好讓人記住那口感。再次證明日本料理對於食材質地的高超掌握，他們認為質地和味道一樣重要；無論是海蜇皮的爽脆嚼勁、麻糬的柔軟韌度或是炸食物用的麵包粉的粗糙口感，日本人對口感的拿捏都比溫度更好（他們的熱食非得燙如火燒）。更不容易的是日本人也很重視某些食物的鬆綿質地，例如充當甜點內餡的綿糯紅豆泥或煮過的山藥。我在日本吃遍大江南北，食材質地的變化和對比帶給我最大啓發。我確信，我們可以向日本人討教，如何在一道菜色或整頓餐點中鋪陳各種口感。

札幌螃蟹帶來的快感簡直到了變態偏執的程度。我至今念念不忘，而且是我老饕生涯中最大的悔恨，我竟然沒把握機會——每天狂吃北海道螃蟹，吃到我再也不想看到。通常碰到喜歡的食物我是不會放過。我一生狂吃過許多食物，從星河巧克力到醃洋蔥都有。我明明有機會吃到膩，卻只嚐過一次。我以後一定要謹記這個教訓。

半小時後，我和麗森、艾斯格、艾米爾碰面，我滔滔不絕地聊著拉麵。儘管我的肚子已經撐大，腸胃不適導致我一張怪臉，他們依舊堅持我再帶他們去拉麵橫町。幸好他們硬拖我去，因爲麗森看地圖，我們找到更吸引人的巷弄，原來就在暗黑走廊的對面。這裡的氣氛更好，小餐館櫛次鱗比，週五下班的民眾和遊客都傷腦筋該鑽進哪家聞香下馬。

我們選定一對老夫妻經營的餐館，他們看到一家子外國人，起初有點困擾，但很快就放下戒心。老太太會說的英文只有「對不起，還好嗎？」，她抓住蜻蜓的薄翼，笑著送給艾斯格，嘴裡說的好像是「Hey chow shey wa chey ma shay!」艾斯格輕輕用大拇指和食指抓著那隻昆蟲，和艾米爾饒富興味地觀察了一陣子，艾米爾不敢自己摸，卻很佩服哥哥的勇氣。

我的面前多了一杯燒酌，這種日本傳統蒸餾酒由大麥、地瓜、蕎麥或紅糖發酵，但每個地區的原料都有出入。我不明白燒酌爲何沒襲捲歐美，這種酒很烈，卻有種清淡、柔和的味道，猛灌也不會難受。通常用寬口杯盛裝，倒在一大塊球狀冰塊上。這家麵館用玻璃罐裝燒酌，上面還有拉環蓋子。麗森點啤酒。我們的拉麵很快就送來，這碗的辣椒和油都更多，雖然不如第一碗令人驚豔，還是好吃到足以讓我吃光光。這時我覺得自己彷彿正在經歷某種神祕的日本極刑，腸胃和膀胱似乎都快爆破。「對不起，還好嗎？」老太太問我，意思是「還要點什麼嗎？」我指著菜單上的餃子。誰曉得何時才能吃到下一餐，對吧？

我們抵達札幌的第一天頗有啓示意義。一個城市有摩天輪、性慾高漲的蜻蜓和超棒拉麵，夫復何求？但是隔天的行程更鞏固札幌在我們心中的地位。

隔天早上第一個目的地是我興趣不大的愛努博物館。如今血統純正的愛努人——雙親都是愛努人——不到兩百人，他們的語言和文化即將煙飛灰滅。如同毛利人、美國、澳洲原住民、印度賤民，愛努人在日本社會也受到程度不一的迫害和偏見所苦。這個族群的失業率高得不成比例，教育程度則是異常低。以前的政府機構對愛努族的悲慘歷史隻字不提，但是近年立法單位倒是稍微幫了他們一把。此外日本還有其他少數族群也同樣窮困，恐怕條件還更糟糕，例如屠夫、鞣製皮革工人後代的部落民，他們不見容於社會，被其他人視爲不潔；或是大阪的韓裔或華裔。

官方登記的愛努人口包括混血後代，大約兩萬五千人，但愛努族維權團體宣稱數目應該有兩倍，有些人只是不肯承認。這一個民族有嚴重的酗酒問題，儘管日本人移居北海道之前，他們只有舉行儀式時才喝酒，而且直至今日，酒量都很差（這並不稀奇，因爲日本有一半的人口缺乏乙醛去氫酶，所以一喝酒，血壓就下降。）

我因爲愛吃，就把全家拖到世界另一端，我實在不想再表現得更膚淺；儘管我極其同情愛努人的處境，但我對他們的飲食更有興趣。我們去過東京的「風之家」（Rera Cise），那家餐館一九九四年開業，目的就是喚醒大家認識愛努族，推廣他們的文化。

我們在那邊認識的愛努族代言人說：「我們的宗教類似神道教，但熊扮演特別的角色。」艾斯格問：「你認識任何熊嗎？」（我爲了在兒子面前顯威風，曾說我是小熊維尼的朋友——反正我的確在百畝森林附近出生——他還在盧我幫忙介紹。）對方一臉困惑：「不認識，但我們有殺熊的習俗。」艾斯格立刻沉默。

事實上愛努人不只宰殺他們尊敬的動物，還吃下肚。十九世紀的英國人類學家約翰．貝屈勒（John Batchelor），也是札幌愛努民族博物館創辦人，他紀錄愛努族用馬油煮熊肉，幽默地下結論：「愛努人絕對不講究飲食。」

發言人幫艾斯格和艾米爾準備了禮物，他從編織羊毛袋中掏出一雙像筷子的物品。他把一端含在嘴裡，開始彈撥另一端。原來那是口琴（mukkur），類似木製口簧琴。他顯然精通這種樂器。

食物上桌了，有醃黃瓜、海帶，還有日本所謂的山蔬，亦即可食用的野生蕨類和球莖，只不過這些是稱爲茖蔥（kitopiro）的愛努山蔬。「這有大量的維他命D、E、鐵質和礦物質。對感冒、消化不良、高血壓、傳染病都有幫助，還能驅邪。」這位愛努朋友說。接著來的是不太吸引人的炸馬鈴薯、南瓜蛋糕、酥脆派皮包鹿肉、乳酪和洋蔥，雖然最後這道相當美味，卻也很油膩，而且不是傳統愛努料理。

我吃著略帶苦味的青菜，問起愛努人爲何離開北海道到東京。「北海道的歧視問題很嚴重，我們又因爲毛髮較濃密、皮膚較黑，所以很容易辨識，但當地人不是說我們臭就說我們髒。東京有很多外國人，我們顯得沒那麼特別。政府說東京有兩千七百個愛努人，我認爲人數應該是兩倍。許多愛努人會隱藏自己的血統，例如愛努人不能當警察，還有許多專業領域都對我們有偏見。我們沒有錢，很難受到良好教育。日本人還堅信他們到周邊島嶼前，那些都是無人島。他們說我們只住在北海道，其實愛努人一路延伸到琉球。」

拉回札幌，我們逛過愛努博物館之後，看到散發堅果香氣的黑芝麻冰淇淋、和大發的Naked小車，心情大好。我們接著轉往熱鬧的二条市場，那個小小的室內空間擺放許多光澤動人的橘色鮭魚卵，人行道邊有人在燻鯡魚，還看到巨大的水煮章魚，深紅色的捲曲觸角就像維多利亞時代反派人物的八字鬍。

顯然少有歐洲白人男孩造訪二条市場，攤販友善，熱切地邀請我們試吃。

我們走進只放了螃蟹水槽的店家，年輕女老闆迎上來。她說毛蟹最好吃，但也最貴，一隻五千日圓。她的故鄉在北海道西南方，當地盛產昆布。我提到我和艾斯格隔天要過去，她興奮地說起那裡的風情民俗和美麗海濱。我們還來不及抗議，她突然從水槽抓出幾乎一公尺寬的帝王蟹，那身體和艾斯格的腦袋差不多大，直接遞給他。

麗森、艾米爾和我後退一步，我們都面露鼓勵之情。艾斯格伸出手，懷裡很快就多出一隻粉紅色的八腳史前怪物，而且體型龐大，可以輕易制伏一隻小狗。艾斯格身體僵硬，但是表情自豪、興奮，又透露哀求的眼神。他的意思應該是「趕快拍照好嗎？」。艾米爾看過哥哥打敗體型比他大十倍的相撲選手，現在艾斯格在弟弟心目中簡直相當於希臘神話英雄。但我們都不知道，隔天會碰到另一種更危險的掠食動物。

17 —海藻—

北海道有熊，而且不是可以抱，又可愛的無尾熊，是會令人驚聲尖叫的大棕熊。日本的人口多達一億二千多萬，所有人擠在相當於兩個足球場大小的可用面積上，實在難以想像北海道棕熊何來藏身之處。也許有些熊僞裝成毛茸茸的藝妓，據稱北海道有幾千隻野生棕熊。

我確定日本一定有熊，因爲我就看過一隻。即使不是親眼看到也算吧？那天艾斯格、我和小美（北上來看朋友）開車前往札幌西南方的海藻農場，我無法忘懷那條海濱公路的理由有二。一是景色美不勝收，沿途是壯麗的火山，巨大的猛禽就在湛藍的天空盤旋；二是如同我先前所言，因爲我剛好沒抬頭看路邊的森林，所以沒看到龐大的熊狀身影穿過灌木叢。

但小美看到了。

「我剛看到一頭熊。」她輕描淡寫地說，接著又埋頭看腿上的地圖。

「妳看到一頭熊？什麼意思？」我緊張地伸長脖子開車，車子正要駛入保育區。

「熊啊，就在上面。」她指著迅速往後撤退的森林。

我又重複問了好幾次，小美都耐著性子回答我。

「艾斯格，小美剛看到一隻熊！」我的聲音壓過大發汽車有氣無力的小引擎，但他卻像小美一樣無動於衷。她當然看到熊，那又如何？上次在涉谷忍者餐廳，他不是才看過忍者從手裡變出五個紅色海綿球？

我們沿著內浦灣的海濱公路前往南邊的函館，經過偏僻的小鎮、鐵皮屋和商店。建築物之間的空地都堆著成山的浮標，二十多公尺外的海上漂得更多，猶如一場沒下完的單人牌局，這都是昆布養殖場的特徵。

我們抵達太平洋沿岸的南茅部町時，我依舊緊張兮兮地環顧四周，提防兩百八十多公分高的毛茸茸肉食巨獸。日本人都知道這個地區生產的昆布品質第一，該國超過百分之十五的昆布，總值一年超過一百億日圓，都來自這個北海道城鎮，甚至供給天皇享用。

這種皮革般的綠色海生植物在日本飲食中舉足輕重，他們吃的海藻大約有五十種，以昆布最重要。日式高湯一定要用到這種食材，在傳統佛教素食菜單中，有種高湯就用昆布泡冷水幾小時，但是極其美味，有大海的新鮮禪風。

昆布不只用來烹調高湯，雖然光是用來煮湯、做醬料、醃漬調料、麵糊、沾醬的高湯就能保證昆布在日本料理的尊榮地位。日本人還會把昆布泡在醋裡，晾乾之後刮刨，做成薯蕷昆布，煮味噌湯就是用這個，而不是用紫菜；否則就是加水、醬油、味醂和糖，再撒點鹽巴一起煮，做成著名的零嘴鹽昆布。這種食材也用來包裹青花魚壽司（押壽司）。我去味之素得到教訓，知道昆布是麩胺酸含量最高的食材，也是味精的靈感來源。

日本人之所以健康、長壽，昆布應該是重要功臣。昆布含有各種礦物質，包括鉀、鐵、碘、鎂、鈣，以及維他命B、C，也許還有解毒功用。海藻也包含木質素，據信可以預防癌症。當然，這種食材零油脂、零熱量。後來我才知道，每個沖繩人攝取的昆布高過日本其他地方的居民。猜猜誰是日本，甚至全世界最長壽的人？沖繩人（而且那邊的熊少多了，我不禁覺得這也是長壽的因素。）

從日本超市販售的乾燥黑綠色條狀物看來，很難想像野生昆布的模樣。我想看看昆布生長之處，和種植的人聊聊，所以才從札幌開五小時過來（麗森在城裡陪艾米爾，因爲他堅持要再去坐摩天輪，否則不惜停止呼吸。）但是昆布農夫行徑神祕、提防外人，也許是因爲謠傳他們年收入高達十萬美元。小美花了好幾週傳電郵、打電話，才約到人，我甚至還得傳護照影印本給他們，確保我不是昆布間諜。

我們終於抵達，南茅部町漁會理事長佐佐木孝比谷說明：「今年的昆布收成最差。以前一年通常都能收成三千五百噸，今年連一半都不到。」

「是啊，全球暖化嘛。」我故作睿智地點點頭。

「不是，也不算。去年大豐收，沒有收成下滑的傾向，問題出在暴風雨。昆布沒有遮蔽，容易受到洶湧浪潮破壞。」

我們站在港口邊的倉庫，看著一群勤勞的中年婦女將七公斤乾海藻葉綁成一捆，每捆都像蓯草的乾草堆。開來載貨的小卡車上堆滿這些海藻。

有個婦人給艾斯格兩片昆布乾，他拿來當大筷子玩，婦人都笑了。有一位進辦公室拿出一大把糖果，笑著撫弄他的金髮。

佐佐木先生穿了一件繡著卡通熊打高爾夫的馬球衫，他說昆布就種在港口岸壁外幾公尺。昆布葉狹長，形狀如同舌頭，邊緣有皺褶，可以長到六公尺長（最長可以長到二十公尺）。昆布呈半透明，棕綠色，種植一到兩年就能收成，人們拿末端有鉤子的長竹竿，將昆布耙到船上。撈上岸之後就得在一天內曬乾，否則昆布就會變白，品質受損。曬乾的昆布是深綠色、非常硬脆，就像波菜千層麵。他們通常從七月二十日開始採收，一直進行到八月底，當地居民都會來幫忙揀選海藻葉。這項工作很辛苦，從凌晨兩點持續到晚上八點。

這裡有些昆布還用傳統天然晾曬法。海藻先用類似擦鞋機的巨大機器刷洗，然後吊在開放的木架上，但是多數海藻用機器在攝氏七十度的倉庫烘十二小時。也許你將來有必要分辨天然曬乾和人工烘乾的昆布，前者是棕綠色，後者接近墨黑色；專家還能分辨昆布來自北海道哪個地方。例如南茅部附近的產品一切開，裡面是白色，所以才有白口濱的名稱，其他地方的內部是黑色，你猜對了，就是來自函館附近的黑口濱。昆布種類超過十種，根據顏色、光澤、厚度，分成不同等級。越厚越好（八公斤的上等昆布有八十四片葉子，等級越低，葉片越多），但這裡可是日本，外觀是區分等級最重要的因素，所以筆直、同樣形狀的昆布最貴。最好的昆布必須是野生、天然曬乾，厚度相當於一本護照，有光澤又對稱。

昆布的種類會影響柴魚高湯的味道，根據種植海域和收成年份的不同——如同葡萄酒，氣候對每年的昆布品質有重大影響——可以煮出細緻、清淡到濃濁的湯頭。最上等的利尻昆布會放置兩年，製作過程的全程溫度、溼度都受到控制，這種過程稱爲「藏圍」（kuragakoi），可以強化麩胺酸的味道。昆布師傅就知道這是逸品，而他們之於昆布，就像侍酒師之於紅酒。

昆布邊緣在曬乾過程中會發皺，樣子就像蝴蝶酥。等級更高的海藻葉會再用攝氏一百度蒸過，才能整平捲好。這個過程必須人工操作機器完成，機器的外觀就像軋布機。佐佐木先生開貨車，沿著海濱公路帶我們往西，參觀一對夫妻在海邊的簡陋小屋作業。那個丈夫慢慢把昆布放進機器，妻子再用剪刀修剪，將每片一公尺的葉子折成三等份。她說她從事這行已經三十年。

這個海域也採收野生昆布。因爲長在海床上，野生昆布的味道更好，礦物質更豐富，不像接近海面的人工養殖昆布。野生昆布更難採收，更容易受到氣候影響，價格自然也是兩倍起跳。

「今年幾乎沒有野生昆布，」佐佐木先生告訴我們。「頂多只有五十、六十公斤。我們以往都能撈到一千公斤。十月的低氣壓表示海床會受到大浪干擾。」

別管什麼北極熊和荷蘭了，氣候變遷導致昆布收成減少才值得憂心，尤其對日本人而言。他們可能會因此重新考慮碳足跡，關掉所有電子馬桶。

我們向佐佐木與那些婦人道別，謝謝他們的款待。艾斯格又多拿了一把糖果，小美和我各拿了一包昆布，我送英國茶當回禮。我們開著大發汽車上路回家。

在夕陽餘暉中，我們沿著高速公路開回札幌。說巧不巧，我在路邊的林子看到巨大的棕色身影。是熊啊！至少我是這麼認爲，艾斯格說那只是大垃圾桶。

18 京都的故事

隔天，我們從札幌飛往大阪，途中還經過富士山。我第一次從空中俯瞰，覺得富士山完美無瑕，就連環繞山腳的高爾夫球場都無損山嶽的神聖氛圍。

我們從關西機場搭火車到京都，關西機場就是日本在瀨戶內海填海造陸的工程。從無邊無際的都市建設看來，兩個城市其實是一個大都會圈，沒有太多鄉間可以讓人有地方歇息。都市叢林不斷往西延伸，沒入第三個大城，神戶。

然而這三個城市和居民卻大相逕庭。京都位於東京以西三七〇公里，是孕育日本文化、宗教的搖籃。從西元七九四到一八六八年，京都都是皇都所在地，也是日本精神、文化重鎮。據說因爲京都與皇家的歷史淵源，當地人格外文雅、孤高，非常冷漠、神祕。京都人以其擅長打迷糊仗聞名，頗以當地料理自豪。日本望族即便住在東京，在京都仍舊留有房產。

京都位於內陸，三面群山環繞。因爲地勢緣故，中世紀受到中國影響較少，在書道、詩歌、劇場、繪畫、陶瓷，當然還少不了料理的薰陶中，造就獨特的日本文化。

京都人自認，就算不是全世界之冠，也是日本最有鑑賞力的老饕。京都是茶道的發源地，也有自己流傳已久的京料理，繼而衍生懷石料理，也就是通常都在料亭、飯店私人包廂所提供的精緻又昂貴的多道式宴席，而且桌邊就是日式庭園。京都至今還有將近兩千個寺廟、花園，當地之所以在第二次世界大戰躲過原子彈攻擊，就是因爲美國戰爭部長亨利·路易斯·史汀森（Henry L. Stimson）出手，他曾在一九二〇年代造訪過京都。他知道當地文化的重要性，也了解美國如果炸毀京都，恐怕永遠遭到世人怨恨。

京都平民飲食就是京都家常菜，以豆腐及其副產品豆皮爲主。豆皮就是煮沸豆漿表面凝固的薄膜，乾燥後就能販售，在所有食材中的蛋白質含量最高。京都另一種迷人的食材是麩，是麵筋製成的麵糰。京都人不如東京人經常外食，所以保有強烈的市場文化，重心就在市中心的錦市場。

京都傳統家常菜非常健康，多半是素食，油脂、糖分低，用到大量蔬菜。近年來又開始流行吃當地種植的蔬菜，例如白蘿蔔、茄子、牛蒡根、南瓜和小黃瓜等京野菜。這些原本少見的品種也深受東京老饕歡迎，一部分是因爲流行，一部分是因爲風味豐富，但也歸功於日本人根深蒂固的排外情緒，這種情結又因爲中國農產品諸多衛生疑慮而加劇。現在東京飲食非常流行用京都的泉州水茄子入菜。

相較之下，大阪就是高樓、購物商場林立的大型現代都會，高架橋上有許多車輛呼嘯而過，居民勤奮、反應靈活，能快速反應潮流或需求的變化。大阪自古就是貿易城，必須隨時求新求變。據說大阪人腳踏實地，不太有耐心，喜歡嚐鮮，當地沒有一樣東西超過三十年。大阪餐館比日本其他城市更令我期待，因爲《費加洛》的著名美食評論家馮索瓦．西蒙「《料理鼠王》的死臉美食家安東．伊果（台譯柯伯）就是以他爲藍本」曾說，大阪是世上最棒的美食之都。

大阪料理的特色就是「吃到倒地」（kuidaore），無論身體或財務都不堪負荷。大阪人是大胃王，熱愛油炸速食，日本人通常用小麥麵粉料理——最著名的就是章魚燒（小丸子裡塞著章魚）、什錦燒（有各種餡料的厚煎餅）、豆皮烏龍麵（柔滑烏龍麵配上略帶甜味的柴魚高湯和油炸豆皮）、炸串（用竹籤串蔬菜、肉類海鮮，再裹麵衣油炸）。

神戶的風貌更貼近國際都會。據說超過一百個國家的人住在這個背山面海的狹長都市，其中包括日本最具影響力的僑胞。神戶與國際間的關係向來最緊密，因爲理論上而言，從一八六八到一九一一年，只有神戶對外開放，國外的船隻會入港購買潔淨的山泉水。如今神戶的葡萄酒消耗量、每人享用的歐洲糕點量（我和兩個兒子一個下午就接連吃掉二十個，他們吃得這麼起勁還是頭一遭）都是全日本第一。然而當地最棒的料理還是神戶牛肉，其實這個名字遭到誤解，容後再述。

我們抵達京都車站已經接近中午，這裡的氣候較暖。因爲四面環山，京都的秋天溼熱，不如札幌宜人。

車站就像個壯麗的大教堂，與這座十層複合式大樓相比，聖潘克拉斯（St Pancras）或萊比錫（Leipzig）等歐洲蒸氣時代的老車站簡直是偏僻禮拜堂。一如往常，即使是日本人口密集度極高的城市，一切都井然有序。我無法描述知道自己身在異鄉，行李不會失竊、沒有人想騙你，那如釋重負的心情有多開心，畢竟身爲一個緊張兮兮的父親，只要出門旅遊，就會幻想各種最可怕的狀況。我知道日本也有犯罪行爲，但極有可能是你自找麻煩。

麗森在網路上租了房子，我們得去向房東的朋友淳子（音譯）領鑰匙，她在京都東北方的國際中心當講師。我們搭計程車過去，途中經過許多巨大的鳥居，後面是寺廟和陰暗的町屋——京都古老的木製連棟屋。我們見到淳子時，她正在教一班外國學生做章魚燒。

章魚燒是種可口的麵糰，裡面包著頗有嚼勁的章魚腳。大阪的章魚燒通常是攤販現做，就用紙「船」盛著，一份八顆，上面淋著深色黏稠醬汁，醬汁材料是味醂、伍斯特郡醬汁、薑、大蒜、糖、清酒、也許還有柴魚高湯。有時還加上隨著騰騰熱氣顫巍巍舞動的柴魚片。

要做章魚燒，就需要特別的鑄鐵盤，烤盤上有十個三公分寬的半球型凹洞（我們家裡剛好有做北歐傳統點心的鬆餅球烤盤）。放在爐台上加熱，用葵花籽油等油品（不能用橄欖油）塗抹凹洞，倒麵糊至四分之三滿，這些麵糊是用冷柴魚高湯、麵粉和蛋調製（比例是二比一，例如四百毫升的柴魚高湯就加兩百公克的麵粉和兩個攪勻的蛋液）。不需要攪太久，卻又要比做天婦羅更久。接著放入章魚腳或蝦子，也許可以再加點紅薑、青蔥等強烈氣味的食材，更能在麵衣中畫龍點睛，爲海鮮增色。麵糊凝固之後（時機最重要），用竹籤翻轉，中間部位沒加熱的麵糊就會落入凹孔，形成球體另一半。

我們試吃淳子的章魚燒，頗可口，類似液體的麵糰包著脆脆的章魚。但是我們很快就發現，必須小心對待剛做好的章魚燒，得先用竹籤稍微切開，讓熱氣逸散，才能小口咬下，否則過於燙口。

淳子示範完之後，介紹我們認識她來自加拿大、澳洲、南美的學生。有個塞爾維亞男子沙夏自我介紹，說明他在京都餐廳工作，請我們務必去試試。

我們和淳子又坐另一部計程車，繞過樹林包圍的御所，駛入縱橫交錯的住宅區上京區。

我們的房子左右都是住家，有些現代化又實用，有些就像我們這間是古老的木屋。街上沒有人行道，只有小小的前院停放單車和盆栽，偶爾會有四四方方如同登機箱的日本小車，停車位剛好只能容納那部小車，就介於門口和街道間。

淳子說，這間屋子是傳統日式風格，有一百多年之久。滑窗有紗窗，還有厚重的木製百葉窗。窗子外就是鄰居的窗戶，幾乎搆得到。這絕對是我們所能租到最有京都風格的住所，值得一提的是房門都沒上鎖。

屋裡涼爽、陰暗，有灰塵和茉莉的氣味。一樓有一個大房間，除了凹間的花瓶之外，四周空蕩蕩。淳子解釋，床墊收在櫃子裡，我們拿出來檢查數量是否足夠。「我的枕頭怪怪的。」艾斯格說。原來裡面塞了蕎麥，那是傳統的枕芯。小廚房有兩口爐子，但沒有烤箱。日式廚房鮮少有烤箱，但通常有個小烤架。榻榻米地板上有個低矮的沙發床。艾米爾跟著沙發底下的棕色小點點找到幾隻大蟑螂，麗森用鞋跟驅趕，我則站在樓梯中間指揮。「看起來好像變形金剛！」艾斯格說，剛剛有一隻已經在吧唧聲下被踩死。

櫃子裡有幾件輕薄的花外套，也就是浴衣。我們都認為這是最涼爽的服裝，便立刻換上。後來才發現衣襟右邊在上嚴重違反禮俗，因為只有死者的壽衣才是右上左下（至少我知道，某天穿著浴衣出門倒垃圾時，鄰居為何一張怪臉了）。除了蜘蛛人道具服之外，艾米爾從未如此迷戀衣物。

淳子小姐離開之後，我們出外探索，沒多久就在迷宮般的樓房之間迷路。

我們知道京都御所和御苑就在住家附近，但地圖根本派不上用場，因為路邊沒有路標，也沒有明顯的地標。無所謂，我可以整天閒晃，探頭看窗內的擺設，細細品味日本日常生活的細節，例如不上鎖的單車、每條街上都有的迷你神殿、空氣中的香。我們逛商店時，有位老婦坐在敞著門的店鋪前補衣服。附近有家不錯的超市，雖然小，但有頂級的新鮮漁貨、漂亮的蔬果、布滿油花的深紅色牛肉。我們住家拐個彎就是傳統醬油釀造廠，我們探頭望進去，看到三個巨大的深色木桶，每個大概高達三、四公尺，旁邊都架著梯子。我問櫃檯後方的男子能不能讓我們上去看看，我往下看著深不見底的醬油黑洞，聞到濃郁得令人神魂顛倒的發酵味。附近還有一家單車店、法式糕點店，這家店由我藍帶廚藝學校的日本校友經營，店內有烤製完美的牛角麵包、水果塔，我就像回到家鄉一樣。店外有位女士牽著一條狗散步，狗狗的兩隻後腿都接上輪子。「變形金剛狗！」艾米爾說。任何事情似乎都會發生在這個社區。

步行一小段，我們看到一家顯然歷史相當悠久的木造建築，裡面就生產麩饅頭。我們發現這家「麩嘉」是京都御所和許多一流餐廳的供應商，而且創建於一個半世紀前。我們進去之後結識了店主的兒子小堀周一郎，他非常大方，即使我們沒先預約，還是帶我們到處參觀，解釋這種食物如何混合麵粉和後院幾百年之久的軟水井水。這種麵糰在流動水中不斷揉捏，澱粉會往下沉，留下麩，做成柔軟、彈牙的磚塊狀。這種方法從中國傳到日本，原本是僧侶放在火鍋中代替肉類。麩可以煎也可以水煮，麩嘉的商品有各種顏色、口味，小堀先生尤其以創新的培根、羅勒口味自豪。

回程途中，我們被突如其來的大雷雨淋成落湯雞。因爲沒帶傘，我們只能淋雨，而且再度迷路。風勢變大，樹梢都被吹彎。有個垃圾桶掃過路面，差點砸到我們。我畢竟見識過幾個颱風，很快就認出這些蛛絲馬跡。

我們躲在民宅門口，希望天氣趕快放晴，但五分鐘之後，風雨似乎更大。玻璃門後有個陰影閃過幾次，逗留了幾秒又消失。一會兒之後，那個身影又貼上毛玻璃，門倏地打開。有個二十出頭的年輕男子緊張地微笑著，他低頭看艾斯格和艾米爾，召喚我們進屋，他的日文講得飛快。

他帶我們走進普通的西式住家，只是牆上、櫃子上、桌上和地上都是「披頭四」的紀念品。

「披頭四！」他大叫。「好耶，」我說。「哇，我愛死『披頭四』。」我豎起兩支大拇指。他邀我們坐下，從一張椅子上清掉一堆CD，又從另一張椅子拿開可能價值不斐的披頭四陶瓷人偶。接下來的一個多小時，屋外颱風肆虐，這位名叫友藏（音譯）的男子畢恭畢敬地介紹所有收藏，還端出綠茶和麻糬給小朋友。

如果上益智問答節目「Mastermind」選個人專長項目，我應該會選披頭四，所以友藏和我一見如故。我很驚訝他竟然有喬治．哈里森的頭髮，就用泛黃的膠帶黏在家樂氏玉米片包裝盒紙板上。

後來我們才知道那個颱風有十一級，遠遠大過上次東京那回，而且完全沒有減小的跡象。但是我們非走不可，決定衝回住處，幸好只有幾秒鐘的路途。

我不知道友藏如何找到，但我懷疑我們已經成爲鄰里間的八卦話題。總之幾天後，我們下午回家，發現門口有個小信封。友藏捎信來，裡面放著包裝紙板上的喬治的頭髮，還有一張卡片寫著——我後來才知道——「我送你的」[15]。

另一個發現比較不受歡迎，大門上方突然多了一個黃蜂窩。我隔天早上出門，突然有大如可樂罐的昆蟲俯衝襲擊，這下非得想想辦法，而且最好找別人解決。

我在震耳欲聾的嗡嗡聲中衝向蜂窩，隨手攔住一名鄰居，對方是帶著兩個兒子出門的媽媽。她驚恐地快步走開，幾分鐘後帶了大罐殺蟲劑回來。她連珠炮地講了一串日文，再度離開，留下兩個小男孩害羞又好奇地看著我。那位女士又回來，滔滔不絕說了一段話就站在原地等。我尷尬地微笑，她是希望我行動嗎？該不會要我去噴那些恐怖大蟲子吧？我看到艾斯格和艾米爾，從一樓窗戶往外看著兩個年紀相仿的日本男孩。我知道他們很想找玩伴，便招手要他們出來，竟然愚蠢地忘記外面的黃蜂。

一如往常，艾米爾有得玩就很興奮，一馬當先從前門衝出來。那些黃蜂彷彿就在等這個絕佳機會，其中一隻幾乎立刻螫了他的額頭正中央。艾米爾尖叫，黃蜂群更激動。我把他趕進屋裡，麗森馬上發揮媽媽專屬魔法（媽媽的知識庫還包括如何去除白地毯上的紅酒漬、毛衣上的口香糖），匆匆調出油膏。

艾米爾漸漸停止哭鬧之後，有人敲門。門外有個灰衣青年，騎著單車，手裡拿著寫字夾板，看起來不像害蟲防治員，但我猜他應該就是，因此跟他走到外面。我站在安全距離外，看他拿著鄰居的殺蟲劑大肆噴灑黃蜂。

黃蜂徹底被惹怒，從蜂窩往四面八方竄，可惜逃不遠。大概不到十秒，就從空中落下，那情景猶如聖經描寫的瘟疫，昏死前還發出嘶嘶聲地扭動著。

男子在寫字板上打了幾個勾。我想付錢，他卻一臉惶恐，敬禮之後就踩著單車離開。我謝謝鄰居太太，她邀我們上門，我們就在尷尬的沉默中喝茶、吃麻糬。

當晚，我們在電視上看愛沙尼亞相撲朋友巴瑠都比賽，他在大阪上場七次都拿下對手，很有可能晉升到更高的等級。第三場有一刻令人難忘，「你們看，」艾斯格說。「他的尿布快掉了！」兩位選手搏鬥到一半暫停，裁判幫巴瑠都的對手把腰帶綁好。一旦繫緊，兩人又繼續拚搏，彷彿先前沒發生任何插曲。艾斯格和艾米爾看得津津有味，整個晚上不斷重複演練給我們看。

我知道我保證過，絕對不提日本馬桶。相信諸君都聽過這些馬桶會噴水、蒸氣，可以放音樂、播放沖水聲，總之可以帶給人未來感十足的如廁經驗。然而艾斯格覺得很新奇。我們的住處雖然在各方面都很傳統，有個房間的微電腦效能大概強過阿波羅十三號，那就是廁所。裡面那座馬桶是我所見過最先進的款式，什麼都辦得到，恐怕只少了讀報功能。艾斯格

15 From Me, to You，也是披頭四的歌名。

很快就開始探索清潔屁屁的功能，我們家本來就屬他最喜歡摸東摸西。他異常著迷，住在京都那三週，只要艾斯格消失幾分鐘，我們都知道要去哪裡找他：肯定是坐在馬桶上出神，臉上還掛著莫測高深的微笑。

黃蜂攻擊的那晚，艾米爾額頭上的腫塊已經縮成眉心的小紅點。我們一家在京都東側的鴨川邊散步，白鶴和蝙蝠映著月光掠過水面。一對對情侶坐在堤防斜坡上，雙腳盪啊盪。遠方傳來車輛喧囂、柏青哥店的撞擊聲和水流沖刷河堰的聲音。先斗町的餐廳架出妝點了燈籠的高露臺，俯瞰鴨川西岸。藝妓常在這個京都夜生活地區出沒，據說日本目前還有五千到一萬個藝妓。

幾分鐘後，我們也在餐廳外的納涼床落座，暢快享用超嫩的醬油燉牛頰。艾米爾開心地咬著雞軟骨串燒，這道菜已經是他最愛的日本料理。我們透過竹子圍籬可以看到隔壁的高級料亭，偶爾會瞥見蝴蝶般的和服和綢緞般的黑髮。可惜啊，這已經是我們離藝妓世界最近的經驗了。

19 京都料理社團

京都不大，也相對保守，帶著幼童的外國人短居此地不太可能不引起眾人側目，何況我還拖著兩個小孩，他們又堅持扮成超級英雄上街。這個城市充滿耳語、謠言、祕密、八卦，要不了多久，大家就知道我們來到京都。但日本的耳語顯然和中國有雷同之處，因爲一週之後，我就收到「京都料理社團」的電郵，這個在當地首屈一指的烹飪社團由夏目（音譯）小姐主持。我始終不知道她如何得知我的名字和電郵，但她的消息來源顯然不夠靈通。

來信內容如下：

親愛的麥克先生，

歡迎來到京都！我們京都烹飪教室歡迎你。你是法國廚師嗎？是。請來給我們看法國菜嗎？我們星期三見面。請打電話。

感謝你的交流，

夏目[16]

16 夏目小姐的來信諸多謬誤，故有此譯。

我照號碼打過去。

「啊，麥克先生，很高興你打來！」夏目說。

我說明自己不算大廚，只是寫過一本關於受訓當廚師的書，曾在巴黎兩家米其林星級餐廳工作。

「對！很好！所以你可以……呃……示範？」

「妳是說去教你們怎麼料理？可能不……」

「對對對，太好了，謝謝。很期待。」

「好吧，但是要示範哪種……」

「很好很好！星期三過來，十一點。哈囉！」

然後她就掛斷了。

「我被霸王硬上弓，要去示範烹飪。」我向全家宣布。

「太好了，」麗森說，她向來不隱瞞她覺得我太少出門。「你應該多出去，就當是『回饋』吧。」

我說，對某些地方而言，離鄉背井跑到地球另一端，應該算是「出門」；但我也同意，這一個月以來，我常利用日本人的殷勤，提出不合理的要求，的確該有所回報。但我要示範什麼呢？有哪些食材可用？該去逛逛京都著名的錦市場了。

如果要準備法式料理課的材料，收穫最少的地方大概就是錦市場吧。除了新鮮漁貨之外，幾乎沒有一樣是歐洲食材。現在回想起來，就連某些魚都像是來自外星球，掛在線上的壓扁乾章魚簡直就像海神晾乾的衣物。然而，那也是令我興奮之處。彩色玻璃屋頂迴廊下的廊道兩邊開了一百二十三家店鋪，商家販售的農產大概無法在世界任何角落買到。每拐彎一次，都會看到奇形怪狀的商品，就連艾斯格和艾米爾都看得目不轉睛。

市場的氣味也令人著迷，有海苔、烤栗子、帶著水果味的時髦味噌，悶熱潮溼的擁擠巷弄中還陳列著味道濃郁的醃漬物。我們造訪錦市場的下午都是家庭主婦、廚師、遊客，大家低頭看五萬日圓香菇、檢視當地的京野菜——即使日本人都難以辨認這些罕見的京都蔬菜——皇室也採用的有次刀具，以及大桶大桶的醃漬物。京都是日本醃漬物重鎮，有一整家店專賣醃過的蔬果，多數都泡在油亮的米糠裡。

艾米爾看上一包乾干貝，那些干貝的外觀就像伊莉莎白一世女王的木製假牙，艾米爾以爲那是水煮甜食。雖然他平常逛街都很乖巧，有時卻會有莫名其妙的執著。例如他就曾在五金行鬧到幾乎崩潰，因爲他想要超大包的紅色曬衣夾。經驗告訴我，當他身體僵硬，活像聞到氣味的指標犬，表示我們即將有一番激戰。他要那些干貝，而且非弄到手不可。

艾米爾：「我很餓。」（我一點也不餓，但是我想吃那些東西。）

我：「艾米爾，你得等到晚餐了，因爲我們剛吃過中飯。」（我們都知道你這是什麼意思，但必須比照平常辦理。）

艾米爾（用力拉我的手）：「我可以吃那個嗎？」（如果拒絕，你很清楚會有什麼後果。）

我：「不行，你不會喜歡。」（我們都知道我最後會答應，但後果自負。）

艾米爾（發出汽車警報器的尖叫聲）。

我：「請問一包多少錢？」

艾米爾立刻把干貝吐到地上，開始舔哥哥的T恤，清除舌頭上的味道，老闆應該沒看過這種景象。我道歉，開始清理垃圾，自己吃了一個干貝，誇張地表示好吃。乾干貝是日本獨特的下酒點心，這些配菜多數相當具有挑戰性（例如乾河豚鰭、發酵的海參花）。據說乾干貝佐清酒是絕佳組合，但我這輩子不想再看到第二顆。艾米爾也以行動表示他有同感，「爸，你爲什麼要給我吃那個？」他不理解親生父親爲何如此殘忍。

找不到示範料理需要的材料，我越來越焦慮，這些小插曲更是無濟於事。沒有烤箱就表示我有一半的菜都做不了，我在市場沒看到任何豬肉、也沒看到全雞，牛肉是日本牛，所以只適合做日本料理。唯一的麵粉是米粉，也沒有任何乳製品。錦市場有許多魚板（將白身魚磨成糊之後蒸煮，做成糕餅狀）、豆腐、豆皮、麩，卻沒有任何我會料理的食材。

最後我決定示範簡單的鯛魚料理，醬汁用濃稠的魚高湯，高湯則直接用魚骨熬，再用切丁的番茄和剁碎的細蔥添色。我買到茴香頭，可以切碎用白酒、奶油煨過，就能鋪在魚片下。我在一家時髦超市買了極其昂貴的法芙娜（Valhrona）巧克力，以及千辛萬苦才找到的超小盒鮮奶油。我心想，如果料理不順利，我還可以示範如何做松露巧克力，畢竟沒有人討厭這種甜點，對吧？

京都料理社團明亮通風，位於市中心某大型教育機構大樓的三樓，離錦市場步行只要幾分鐘。我隔天帶著材料進教室時，看到二十幾個滿心期待的學員——只有一位男性，我頗有自信，因爲我已經做過這道菜許多次，課程也經過我精心安排，一切應該很順利。

日本人當中可能就屬京都人最莫測高深，有些人可能還會說他們自以爲是，這可能是因爲當地曾是日本盛世時期的皇都。所以我不太確定這些女士對我的示範有何感想，但是有一點我非常篤定：我做到一半，正用鑄鐵鍋把鯛魚排煎得酥脆時，一抬頭看到眾人略帶驚恐的表情。

煎魚香味四散，我雖然感到不安，卻沒立刻意識到我犯下的滔天大錯，就是日本人不怎麼煎魚。從他們的表情看來，應該是覺得把魚拿去煎簡直是俗不可耐。我怎麼會這麼蠢？他們可能會炭烤整條香魚或鰻魚，如果時間急迫，或許會蒸煮。這個自稱法國大廚的人，竟然煎了日本人最愛的鯛魚，京都料理社團學員並不認可。

終於有人怯生生舉手發問。「請說。」我暗自感謝她打斷。「你為什麼煮魚？」她說，「我們日本不煮魚。」我先道謝，努力說明魚加熱之後，蛋白質如何改變肉質口感、強化魚肉香味，酥脆的表皮又有多可口等等，其實我的心思早已飄遠。煮熟這麼美麗、新鮮的鯛魚，就像在野生木蘭花上噴漆，只為了搭配其他家具。

幸好我切番茄的刀工扳回一城，大家紛紛發出讚嘆聲，但當我開始做遇熱幾乎立刻融化的松露巧克力時，情勢又急轉直下。

當我站在那裡，巧克力從我的指間滲出，弄髒我的白襯衫、滴到地上，我突然有種「我他媽到底在這裡做什麼？」的心情。這不是我到日本以後最後一次想起這件事：我知道的事情都錯了。我對食材的知識都受到渲染、以前所學太複雜、瑣碎、浪費。我為什麼在這裡示範如何煎鯛魚、切番茄？我才應該向他們學習。

我決定順應我心。

幸好當天不是只有我這堂課，我們很快又圍到另一個老師岡太太身邊。她要示範如何做日式家常菜，至少那是我的希望。可惜京都料理社團為了歡迎西方訪客，決定做洋食，也就是受西方飲食影響的日本料理，例如改得更合日本人口味的印度「咖哩飯」和德國酥炸豬排，這次他們要做的是蛋包飯，就是煎蛋包著米飯，上面淋著番茄醬。

岡太太先從胡蘿蔔、洋蔥和芹菜做高湯，又在湯裡加了兩塊雞里肌。湯煮了一會兒之後，她用小火炒洋蔥，再把高湯加到麵粉和奶油做的麵糊裡。她料理的速度很快，猶如老到的大廚，沒有任何多餘的動作，模樣輕鬆自在。她在高湯裡加味醂、紅酒、伍斯特醬——打從英國人十九世紀末經過印度引進日本之後，就成了日本人最愛的醬料。高湯收乾，就成了可口的深棕色多蜜醬。

蒸好的白飯淋上切塊的雞里肌和胡蘿蔔，加上她稍早拌炒的洋蔥、水煮豌豆和番茄醬。她用筷子輕輕攪拌牛奶和蛋，然後倒進熱鍋，再用蛋皮裹住米飯，用不沾黏的紙巾將蛋包飯修飾成橄欖球狀，最後淋上番茄醬就大功告成。

岡太太和學員們熱切等我吃完蛋包飯發表感言，這下換我諱莫如深。「嗯，很好吃。」我說。

我正咬著嘴裡這口時，班上唯一的男生走過來。原來是塞爾維亞人沙夏，就是一週前看淳子示範章魚燒的學生（我說過，京都很小。）

「很棒的一堂課，只是不該選魚料理。」他友善地微笑。

原來沙夏正在受訓當廚師，晚上在城裡的餐廳工作，白天上料理教室。日本廚師要受訓六年，他這三年在幾家京都餐廳邊打工邊學日語，看起來憔悴、蒼白、筋疲力盡。「非常非常辛苦，」他說。「他們常對人大吼大叫，工時長得要命。但京都的食物很美，這裡的料理風格就是又小又貴，卻是日本最美的料理。」他打住，戳戳他那份蛋包飯，疑惑地看著。

「但我不確定是不是最好吃……」

我們聊到京都的餐廳。沙夏力邀我去他打工的餐廳「新工兵」，我至今都不明白這名字的由來。「主廚很老，但他是大師，廚藝精湛。他每晚都換菜單，日本最有錢的人每個月去光顧一次，他一定會為他特別料理。」

那是什麼餐廳？「是附設卡拉OK的餐廳，」他說，我皺起鼻子。「這種餐廳一般都很糟，但這家眞的很棒。餐廳沒有包廂，必須在所有顧客面前的舞台唱歌。很高雅。」

我謝謝他的邀請（我們後來眞的去「新工兵」吃了難忘的一餐。我不太可能忘得掉艾斯格唱的水叮噹樂團（Acqua）的〈芭比女孩〉，而且聽著聽著才發現歌詞有多露骨。我也忘不了其他顧客的嫌惡表情，因為他們必須忍受六歲男童放聲高歌。）我對塞爾維亞人沙夏也提出邀約，這件事情牽涉到烈酒、按摩和牲口……

20 園藝

這首俳句的靈感來自一個發怪聲的軟墊。

完美好庭園
禪意枯山水
怪音飛盤來搗亂！

京都庭園是靜謐、沉思的寧靜綠洲。這些花草經過細心修剪、耙整、剪枝，僅供觀賞，絕對不能觸摸踐踏。

請對四歲幼童解釋說明。

我當然試過。我們前往京都東側，也就是日本寺廟、庭園密度最高之處，我努力描述這些庭園有多重要，多麼不可侵犯，如何在最後一刻躲過第二次世界大戰的原子彈轟炸等等。

「那邊有冰淇淋嗎？」艾斯格問。

我們從石材拱門進庭園，沿著踏腳石前往位於中央的古老木屋。池塘映著清晨的陽光，四周空曠又清幽，我們都能聽到自己的鼻息。踏腳石通往繞著屋子外側的戶外遊廊，也就是**緣側**，外面底下就是一座枯山水庭園。灰色砂石被耙成漩渦，圍繞生青苔的巨石，有時則是被堆成象徵富士山的圓錐狀。麗森和我靜靜站著欣賞，品味這種精準美感的傑作，努力了解建構在樸實、自然之美之上的禪宗精神。

艾米爾選了另一種溝通方式。他前一天在玩具店買了一個會發怪聲的惡作劇座墊，這時他把墊子丟到砂石上。我還來不及阻止他，他已經爬下木廊，快步走到石子上撿墊子。

「天啊，艾米爾！」麗森小聲生氣地說。「立刻給我回來！」我們都伸長手，彷彿要搭救快淹死的人。但艾米爾發揮小朋友與生俱來的虐待狂特質，發現我們很著急。他動也不動，還傲慢地搖頭。

我改用權威式方法：「艾米爾，馬上回來。否則，否則……不准你看『寶可夢』。」

艾米爾抿嘴瞪我，撿起墊子，暴躁地走回來，在砂石上又添了一道腳印，而且印子更深、步伐更小。

我拚命想恢復砂石的原貌，但沒有耙子根本做不到。說來可恥，但我們只能迅速逃離現場，避開門口警衛的目光，趕緊跳上計程車，再也沒造訪京都任何庭園。

21 世上最美的一餐

我見過最美的料理書就是《菊乃井：風花雪月》（英文版書名Kaiseki），這本攝影精美的寫眞書描述京都餐廳「菊乃井」的一年，作者就是老闆兼主廚的村田吉弘，前言請到費蘭．阿德利亞和松久信幸。多數食譜都異常複雜，有些甚至有十四道料理程序，然而這些菜色都美得驚人，全出自作者對季節時令的講究。

番茄冷湯算是簡單菜色，「將番茄壓過篩子。一半拿去用小火燉到較濃稠，再加入另一半、鹽、薄口醬油和檸檬汁。」就這樣。當然，鮮果必須在最合宜的時機採收，氣味之雅緻單純，無以倫比。

懷石料理的名字由來是日本古時的飯菜，對許多人而言，這是日本料理的極致：非常精緻，有許多道集結廚藝之大成的菜色；然而現代的懷石料理哲學卻自相矛盾，既要體現有節制的禪宗精神，又要不惜成本。許多西方大廚漸漸體認到，懷石料理可能是最終極的烹飪藝術。

京都是懷石料理的故鄉，從十四世紀發展至今，起初只是茶會中提供的飯菜，而茶會又深受王公貴族喜愛。在十七世紀初到十九世紀的日本**鎖國**時期，茶會和其他高深精妙的娛樂活動，如歌舞伎、插花、書法、陶藝、文樂等，都開始發展出獨特的日本風格。

起初懷石料理很簡單，只有味噌湯和三道菜（其實日式餐點基本上就是「一汁三菜」，就像西方料理是「一肉兩蔬」）。因爲茶會賓客得喝許多的茶，這些膳食就是吸收令人腸胃不適的元素，如鞣酸、咖啡因。後來在「精進料理」的素齋和京料理的影響下，當初的「茶席」演變成現在共九道的懷石料理。日本各大產業鉅子可能在少數會員制餐廳，花幾萬日圓享用這些精緻饗宴。

這種膳食在一八五〇年代才有懷石之稱，亦即冬季時僧人在懷裡抱著加熱的石頭，抵抗嚴寒。有一本《飲食、權力與國族認同：當代日本料理的形成》（Modern Japanese Cuisine）頗耐人尋味，作者卡崔娜．克威卡（Katarzyna Cwiertka）認爲，儘管日本人認爲懷石料理由來已久，其實是由兩位二十世紀的大廚北大路魯山人（Kitaoji Rosanjin）和湯木貞一（Yuki Teiichi）所創造，因爲戰後經濟繁榮和美食節目發達，才能在經濟、社會方面推廣這種饗宴。現代懷石料理可能和萬聖節的由來一樣淺薄、荒謬，不過就當我沒說吧。

如今京都最高級的懷石料亭都是古老的木屋，多半位於東部的寺廟區，附近是絕美的日式庭園。料亭的榻榻米房間裝飾著無價的壁飾、陶器，盛裝餐點的器皿可能是有幾百年歷史、價值幾百萬日圓的的瓷器、漆器。食材本身更是考究。辻靜雄在《日本料理：極簡餐飲藝術》中指出，日本人口中的當季食材可能每年只有兩週吃得到，例如海參花。海參一年只產卵一次，卵只能在最新鮮的時候食用，懷石料理大廚非常推崇這種食材。碗盤會隨著季節更換，而且往往隱晦地呼應時令。舉例說明，局外人試圖了解懷石料理的含意，可能會看到湯碗是複製另一只名碗，而原來那個碗其實有指涉季節。

我始終懷抱著體驗懷石料理的雄心壯志，然而京都料亭不只所費不貲，而且雖然未明文規定，這些料亭不只不招待外國人，就連一般日本人都不得其門而入，顧客必須要有邀請函。村田吉弘在懷石料理大廚中有特殊地位，因爲他上電視、出書，不只在日本有知名度，也享譽國際。他早期曾在法國拜師學藝，後來才從父親手中接下祖父創立的菊乃井，對懷石料理抱持著更輕鬆的態度。他是第一個用食物處理機的懷石師傅，時至今日，有些同行還是認爲這是大不敬的行爲——因爲懷石的精髓也包括準備料理的功夫。傳統流派的懷石師傅只做生食或冷食，但村田先生會料理熱食和肉，包括鴨肉、鵝肝，他說自己的餐廳是「成人的料理遊樂場」。

有些日本人認爲外人永遠無法眞正了解懷石料理、背後的象徵手法、含義中的含義、其中的「幽默」、巧妙精緻的季節感、極少的份量，如果我眞想探究這門藝術，大概只能求助於村田吉弘。

麗森和我都同意，考量到艾斯格和艾米爾的耐性，他們絕對無法坐上好幾個小時，吃完整頓饒富意義的晚餐，況且他們也可能打擾寧靜的用餐環境。既然我們沒有保母，我只好單獨赴會（相信我，日本之行有許多次只能由我獨自享用，我花最多精神向麗森爭取這一頓，第一個條件就是我以後要再帶她去）。我前往料亭的那天溼熱多霧，目的地就在京都東側的寺廟區。計程車經過黑澤明電影中常拍到的景點，就是建於一千兩百年前的東寺。環繞京都市的群峰山腳烏雲密布，雲層逼近屋頂。白天的遊客已經散去，我穿梭在石板巷弄間，只聽得到烏鴉啼叫和唧唧蟬鳴。

我走到偌大的華麗木造建築門口，看到某名澳洲女子可能太過震撼，以爲得跪著膝行進料庭，其實門房只是請她脫鞋。尷尬的工作人員趕緊衝上前，攙扶可憐的女子起身。多虧上帝開恩，我才躲過一劫，心想，懷石料理以繁瑣禮俗著稱，我這晚免不了要出洋相了。

我被帶入木梁外露的大榻榻米房間，木作天花板手工精細，四周是米白色的黏土牆。房間只在遠方的另一端擺了一張低矮的紅漆桌，旁邊只擺了一張有靠背、沒有椅腳的地板椅，只有我一人在這裡用餐。我笨拙地坐下，細細品味這片寧靜，望著玻璃窗外撒滿月光的庭院，隱隱約約還聽到冷氣聲低鳴。

不等穿和服的年輕女服務生倒清酒，我已經感到飄飄然。那是菊乃井的自釀酒，味道清雅又充滿果香，是我喝過最棒的清酒。片刻之後，她提著竹籃回來。掀開蓋子是一條香魚，這是正值時令的淡水魚。溼漉漉的魚兒擺動著，充滿生命力。服務生說明，我之後會再見到這條香魚，便蓋上蓋子離開。

接著出現的是年紀較長的女性，頭髮梳挽得一絲不苟。她用英文自我介紹，她就是大廚的妻子村田夫人。「這是特別包廂，」她淡淡地笑著。「我們說這裡是船橋，就像船上的駕駛台。從這裡可以看到春去秋來，院子在春天會開滿櫻花，到時務必大駕光臨。」

當然，我說。接著我們聊到孩子、季節，她說菊乃井的料理就從季節開始，也以時令當成句點。我們也聊到她的丈夫，她顯然對他充滿敬慕之情。隨後她點點頭離開，留下我享用餐點。

根據村田先生的說法，懷石料理的第一道先付最重要。「必須讓用餐者感到怡然閒適。」他在書裡寫到。第一道是胡桃豆腐佐德拉瓦葡萄、小紫蘇花和一塊柴魚高湯凍，高湯凍用葛根粉增加稠度，做成清爽的糊稠狀。核桃的酥脆正好搭配清爽的豆腐，山葵則增添一點辛辣刺激。清新又開胃，我三兩下就吃光光。

第二道又名八寸，是「建構季節主題的序曲」，我品嚐到飄著菊花葉的柴魚高湯。我數週後寫到這段時，還能想起加了清爽柚子汁的熱湯香氣，想起海綿似的海鰻（雖然很像鰻魚，其實是海魚。這塊魚肉大概每吋都被切入二十刀，還用特製刀具把這種多刺魚切成方便一口吃的尺寸），還想起一片罕見又昂貴的松茸——有時又稱爲日本松露，因爲味道濃郁又有木質香——中間塞著月牙形的金黃色蒸蛋。這碗菜就能吃到整個秋天，碗底還有烤飯糰，應該是要端出來之前才放入，才能保持酥脆口感。生魚片是略微炙燒過的梭魚、接著是清湯、鹽麴（清酒裡添加的發酵物質）醃鴨胸、栗子飯、醃漬小菜。上菜時間拿捏得恰到好處，我只能不斷放鬆皮帶，肚子也像脹大的酒桶。我當晚吃到的菜色還不只這幾道，每一道都經過精心設計、擺盤無可挑剔，如同美麗的藝術傑作，味道與口感都引人入勝。

然而我還是有最偏愛的一道。這道菜以蟋蟀竹籠盛放，打開之後是一塊海鰻（hamo）、鰻魚卵糕（看起來像玉子燒，但口感像肉，散發著清淡的魚味）、淋了清酒又有咬勁的銀杏苦中帶甜、還有一個高爾夫球大小的烤栗子。起初我以為上面鋪了松針，結果是細緻的綠茶麵條，旁邊挖空的酢橘放了抹鹽的香魚內臟（酢橘是某種柑橘）。村田先生在書中說，他想藉由這道菜「喚醒我們惜別朋友時那種淡淡的落寞傷感」，竹籠原本用來裝蟋蟀，秋天一來，蟋蟀就越來越少。季節變遷所致的心境變化就是懷石料理的靈感，也能運用在另一種食材上。對於另一道菜，他寫道：「希望讓人聯想到坐在櫻花樹下的紅毯子上，欣賞粉紅櫻花瓣悠悠落地的心情。」很難想像戈登．拉姆齊（Golden Ramsay）寫出這種句子吧？

後來又有一道鹽烤香魚，竹籤插過整隻魚，魚身呈現S形，彷彿正要躍出河面。

我約好隔天回菊乃井，商請村田先生撥一小時給我。接待人員帶我進入頗大的會議室，外面是前院，房裡的十九世紀中的法國骨董擺飾略顯突兀。身材結實的村田先生現身，一頭黑色波浪狀短髮下是胡桃色肌膚。我以爲對方是一臉嚴峻、不苟言笑的禪宗大師模樣，但村田先生開朗又隨興。他的笑容溫暖，還邀我坐在他對面。

我謝謝他前一晚的招待，我們聊到某些菜色、食材。我問他，是否認爲京都依舊是日本最超群的美食之都。我知道他在東京開了另一家餐廳，不知他是否認爲京都太墨守成規，已經與現代脫節。

「對，京都還是最棒，」他說，似乎毋庸置疑。「東京的餐廳品質頗低，在那邊要成功太容易，那裡的人太多。我們在那裡開店，只是爲了提供正統日式料理，因爲那邊沒有這種餐館，而且東京是通往國際的門戶，就像巴黎之於法國。」

我知道村田先生年輕時在巴黎餐廳當過學徒，也就是一九七〇年代初期。那段日子如何？他的笑容消褪：「我很快就發現法國人完全不了解日式料理，他們嘲笑我，說日本餐點沒經過妥善料理，只是食物。即便到了今天，我有時還是無法喜歡法國人，他們有點瘋狂。不過再怎麼說，那裡還是我的起點。」

我想到朋友阿利，他在幾十年後依然碰到同樣的輕慢態度。村田受過法國、日本兩地訓練，他如何比較兩國的料理呢？「對我而言，日式和法式料的差異如下：日式料理把食材當成神明的禮物，我們盡量不要改變太多；我們認爲白蘿蔔的原型就很完美。但是法國大廚往往想改變食材的模樣，賦予自己的特徵。」換句話說，日本廚師烹調神明提供的寶藏，法國大廚自封爲神。村田吉弘在書中提過這點：「年輕時，我以爲自己有責任爲每種食材添加另一種口味。如今我覺得當年的心態太自大，主廚的眞正工作是呈現每種食材的自然風味。」

對我而言，村田先生用另一句話簡述日本料理與歐美食物的重要差異：「法國佳餚的料理方法是以複雜的方法，爲不同食材添加風味或味覺層次。日本料理，尤其是京都這裡，多半烹調蔬菜，目的就是保留每種食材的原味，去除我們不想要的味道，例如苦味。日式料理是減法調味。」

我說，國際間開始重視懷石料理，他一定覺得很開心。「是的，沒錯，非常高興，因爲我沒想到可以做到這一步，全世界都抱持高度興趣。大家漸漸明白，日式料理很適合這個文明社會，用到許多食材，而且份量都很少，一餐大概一千卡路里。這是我的畢生心血。」他往後靠，露出燦爛的笑容。

目前懷石料理是紐約最時髦的餐點，能征服全世界嗎？「我覺得有可能，懷石料理完全不用油或油脂，食物非常清淡。要讓更多人接受，可能有點複雜。必須在飲食方面有足夠的見識，才能了解、欣賞，在各種官感上才能適應。第一次吃松茸，可能無法了解這種味道。人們第一次吃懷石料理，無法注意到有多美味。歐美花了好多年才接受生魚片，體會到有多可口。現在懷石料理對西方人的味覺而言，還太含蓄低調。我想到山葵，你們必須透過後天適應才能接受這種食材。我們日本人也是透過學習，才喜歡上麵包。以前我們用紅豆泥增添甜味，覺得法國麵包太硬，所以按照我們的喜好改做得更軟。」

「此外還有文化差異，」村田吉弘補充。「在美國時，我曾受邀去吃日式餐點。餐廳端來串燒、生魚片、鐵板燒，竟然說那是懷石料理！我說那不是，懷石料理有兩個要素：身心都要得到滋養，還要重視時令。」

我前一晚享用的美食頗接近「分子」料理顛覆性的戲劇風格。我知道懷石料理直接影響到法國廚師如侯布雄等人開創的多道式風格，之後分子料理主廚又依次發揮到極致，不知道村田先生認為兩者之間是否有相似性。

「費蘭．阿德利亞是我的好朋友，當然也來過。他是個天才。但對我而言，食物只分成美味或不美味，有意思或乏味。我的理論就是盡我所能，讓客人吃得開心，我不在乎別人說這是什麼料理，我覺得費蘭也有同感。如果他認為用液化氮可以取悅食客，那麼我也沒什麼好置喙。就算要我倒立，那就倒立吧。不過事實擺在眼前，我做不到，」他大笑。「不過我得說，他用攝氏零下二百七十度做天婦羅，但我還是認為真正的天婦羅比較好吃，對我而言，味道比驚喜更重要。為了維繫傳統，就必須有所保護，卻也得有所突破。我是為了客人料理，不是為了我自己，也不是為了我的後代。我對外界的讚譽沒有興趣。」

我們對談時，他背後樓下就是院子，我可以看到許多廚師拿著鍋盤忙進忙出。沒有人大步走，每個人都小跑步。稍晚，村田先生自豪地帶我去看設備精良的新廚房（全是日式廚具），他介紹我認識德瑞克·威卡克斯。這個年輕的美國學徒已經在菊乃井實習半年，「我沒想過會這麼辛苦，」他似乎頗受驚嚇。「我每天都從早上六點做到半夜十二點，中間完全沒休息。」我以爲他會偷偷塞紙條給我，寫著「拜託救救我，他們不放我走。」他爲何不離開？「有時我自己也不懂。大概是因爲這門料理太過博大精深，從家常菜到最複雜的外國食材都能學到。村田先生對年輕廚師毫不保留，大概要花幾十年才能全學會。我在這裡第一年只負責打掃、洗碗、洗毛巾、刷宿舍廁所、準備蔬菜、取出魚內臟、去魚鱗，有時一天甚至處理一百多條魚。但我覺得京都是最適合學料理的地方。」

前一晚，我深夜才離開菊乃井，空氣中的溼氣很重。我深呼吸，吸進雨後的清新氣息和潮溼的松木味。東山區的巷弄空蕩蕩，天色極黑。要不是朦朧的黃色街燈，我彷彿回到十五世紀的京都，可能是和溫順的藝妓幽會，或被武士以傳統方式開膛剖腹，因爲我們對如何使用筷子有不同的看法。我拐個彎，看到一座指點著燈籠和蠟燭的四層樓寶塔。我停步佇立，那建築看得我屏氣凝神，也許在那一瞬間，我瞥見京都的神靈。

22 先裝清澈、流動的山泉水……

如果沒有流水麵線這種食物，那麼一個異想天開的美食作家就得被迫親自發明。即使在日本，也只有少數人嚐過這種獨特又罕見的菜色，儘管許多人都聽過。這種近乎神話的佳餚就象徵日本料理最終極的追求，純淨、樸實，與大自然共存。

方法如下（因爲流水麵線重視的是「如何實施」，而不是「如何烹調」）：大廚先煮素麵，這種超細（下水前的直徑約一點三公釐）小麥麵裡加了一點芝麻油，像繩子一樣一束束晾乾，就像日本版的細麵（vermicelli）或細長圓麵（spaghettini）。煮好之後，在附近湍急的山間溪澗裡一次下一點麵。麵線隨著水流往下，逐漸被冰水冷卻，人們坐在木製川床上，用筷子夾取溪流裡的麵線，沾醬吃。聽起來就像不可思議的速食遞送機關，只是衛生和安全堪慮。

我對艾斯格和艾米爾提起流水麵線，他們一臉「喔，所以呢？」就聳聳肩，繼續玩新買的無限泡泡紙吊飾（只有日本人才能發明的虛無小玩意）。出門一個半月，他們對各種稀奇古怪的料理已經司空見慣。從河裡夾起晚餐有什麼了不起？

從環繞京都的山岳流下來的清澈、潔淨軟水，就是當地富含礦物質的豆腐最重要的成份，對上等清酒、茶會和作爲懷石料理基底的柴魚高湯而言，同樣不可或缺。我來日本之前讀過幾十本旅遊書，知道有一家流水麵線餐館離市中心不遠，但我把那本書落在歐洲。我花了好幾天到處打聽，卻徒勞無功，我認爲應該知道的人都不知道，我開始懷疑，這只是京都旅遊局和水利局爲了宣傳所捏造的傳說。某次因緣際會之下，我與和服店的年邁老闆聊開，才知道那家店就在頗富情調的古老町家。因爲十六世紀根據門面寬度徵稅，這種木造房子都又窄又深。那天我們去逛二手和服，我天眞地以爲這個行程頂多只要一個多小時，結果幾乎耗掉整個早晨。各位可以想像，京都有許多二手和服，我大概提供了頗多深思熟慮的建議，兩個小朋友漸漸開始感到無聊。

黑暗中總會出現曙光，某個和服老闆看懂我畫的是想像中的流水麵線餐館。她知道的流水麵線餐廳只有兩間，其中一間位於溫泉鎭鞍馬貴船，就在京都市郊的山林間。她用漢字和英文寫下餐廳名字「貴船博文」（Hirobun），還爲我詳細指引方向。她說，我們得從京都的東北方搭火車，在接近底站的車站下車，步行上山。河川旁邊只有一條路，就通往貴船神社（供奉水神）。餐廳離車站不遠。

她警告，當時是九月底，流水麵線已經接近尾聲。她打去餐廳，確定他們營業中，發現隔天就要休業過冬。當天是我們嚐到流水麵線的最後機會。

我們匆忙趕往最近的地鐵站，穿過京都，再搭火車到北部山上的蓊鬱松樹林。一個多小時後，我們抵達和服店老闆指示的貴船川旁邊的車站。站長說走五分鐘就到餐廳，「沿著河邊的路走。」他說。其實不必說這句話，因爲旁邊只有一條路，就在對面的茂密樹林邊。

然而事情就在這裡出差錯。「五分鐘！我們走得到，沒問題，」我興致勃勃地說。「你確定，麥克？這段山路很陡，而且沒有人行道。」麗森指出。艾斯格和艾米爾忙著爭論路邊死掉的毛毛蟲，我們開始往前走，我領先幾公尺，吹著輕快的爬山小調。

本來是家庭遠足，很快就變成挑戰性十足的登山健行。途中有三個陡坡，而且這條林邊道路遍布毒蛇屍體，頭頂的樹枝上結著蜘蛛網，那些蜘蛛之大，我只在動物園見過。

我們走了一個多小時，波光粼粼的淺水溪嘲弄著乾渴的我們。起初我們每幾分鐘就要歇一下，等艾米爾和艾斯格趕上，一會兒之後，就換我被拋在後面。我已經許多年沒走過山路，尤其沒在這麼溼熱的天候走過。我們偶爾被迫跳到路邊的灌木叢，因爲要讓路給我們始終看不懂時刻表和車站的公車。我開始氣喘吁吁，也發現麗森越來越高漲的怒氣，因爲這趟艱辛旅程又是爲了吃飯，但艾斯格和艾米爾戳路邊死蛇，玩得可樂著。

我們發現前方松樹林有人煙，繼續爬山，終於抵達一家溫泉旅館兼餐廳，卻不是我們的目的地。貴船博文是最後一家，所以我們又爬了二十分鐘。沿途經過許多家誘人的木造餐廳、旅館，許多間都有川床，吊著紅燈籠，席間高朋滿座，服務生也都穿著華麗的和服。

我們終於抵達貴船博文。我俯瞰河谷的川床，雖然空無一人，服務生依舊不確定地吸牙縫，彷彿服務生學校都這麼教導。她不知道能不能帶位，所以進廚房問老闆，一會兒之後才出現，不情願地帶位。我們終於即將吃到流水麵線，可以和山泉之神有所交流。

我們走下陡峭的木梯到河岸邊，經過一個像戶外茅廁的小竹屋。我們坐在河床上一呎高的榻榻米露台上，旁邊就是長著青苔的河岩。面前是一個沒有遮蔽的鋅管，就從木屋往下延伸到露台，沿著顧客面前的狹長吧檯架設。

原來麵條不是由廚師直接放入河川裡，讓我們這些彷彿闖入世外桃源的遊客夾起，其實是由躲在竹屋裡的服務生在幾公尺外負責下麵。

其實還頗掃興。服務生從竹屋角落探頭，告訴我們要準備接麵了。第一坨麵順著水管往下衝時，我才發現我坐在最下方，前面三人飢腸轆轆，而且這三位可不是以食量有節制聞名。毋庸置疑，我那頓午餐只能拚命撿剩下的麵。我很快又發現流水麵線另一個缺點，溼麵條來得多，醬料就被沾得越多次，也變得更稀。所以吃過幾口之後，就是把冷水麵放進更清淡的醬料中。然而那時我們只想著填飽咕嚕響的腸胃，至少這種送餐系統又快又有效率。

最後一坨麵是粉紅色，也就是醃梅子口味。服務生先前就說過，這表示這餐已經結束。

「太棒了，」艾斯格說。「每頓餐都應該這麼吃，漢堡也應該這樣，最好都用這種方法。」

23 ─清酒危機─

日本清酒業正面臨危機。數百年來，清酒都是日本最受歡迎的酒，與經濟息息相關，以前曾用酒代替稅金，清酒業還由政府控制；然而日本國內的清酒需求越來越低，而且已經持續多年。如今日本人的清酒消耗量是三十年前的三分之一多一點，一九七五年是十七億公升，如今只有七億公升。一九六五年以來，日本人大多喝啤酒，葡萄酒需求量也迅速上升，兩者在日本國內都有製造商，受歡迎的程度各不相同（日本啤酒：一級棒。日本葡萄酒：我喝過了，各位大可不必嘗試。）

日本境內的清酒釀造廠逐一倒閉（一個世紀前有三萬家，現在只剩一千四百五十間），許多酒廠都面臨破產危機。釀造清酒既辛苦又需要密集勞力，而且利潤頗低，所以日本年輕人寧可當上班族或銷售員，也不想在難受的工作環境中做牛做馬，生產不受歡迎的產品。清酒釀造大師的技術可能永久失傳，在日本這麼注重傳統、階級分明、民粹至上的國家中，清酒的世界有過之而無不及。以前清酒釀造廠的經營方法類似寺院，而非營利事業，直到近年才有改變——有些酒造（Shuzo）的經營方針還是維持不變——外人不得其門而入，酒造也不時興改革創新。

幫我聯絡清酒釀酒廠的兩個聯絡人分別是英國人和一名女子，更顯得不可思議。我先介紹這位英國男子，因為他介紹我認識清酒的神祕世界，用這種烈酒幫我洗禮。

菲利浦．哈潑（Philip Harper）和我約在廣島一小時車程之外的體育館，我在停車場都能聞到風中隱隱約約的發酵米酒香。煙霧迷漫的室內也是暗潮洶湧，日本最有名的清酒商各自擺出產品，互相品酒。體育館裡排了十排摺疊桌，桌上密密麻麻地放著綠色清酒瓶。每個桌子前都排了一長排非常有耐性的清酒迷（總數大概有五百人），手裡揮舞著試酒的塑膠杯。「酒類綜合研究所」主辦的「全國新酒評鑑會」是年度最大、最有名的清酒盛事，而酒類綜合研究所就是由大藏省（財政部）創立於一九〇四年。

這個場合顯然正經八百，館內幾乎安靜無聲，只有玻璃和瓷器的鏗鏘聲、此起彼落的喝酒聲和誇張的嗅聞聲。地上鋪著塑膠布，因為吐掉的清酒而變得黏答答。我拿著自己的塑膠杯排隊，看到前方有屋裡唯二的西方人，應該就是菲利浦。

我開始邊走邊品酒。每瓶酒前面有個類似菸灰缸的小碟子，碟子上裝飾著藍色的漩渦[17]，用來判斷清酒的清澈程度。品酒的人用小塑膠滴管，吸取清酒到小碟子和自己的杯子裡。

我試了第一杯，那瓶酒掛著了不得的金獎牌。這瓶有花香和果味，黏度類似牛奶。第二杯有點酸、帶有發酵味，不太好喝。到了第三杯之後，我只喝得出汽油味。顯然我的味覺不佳，無法評鑑清酒的細微差別。

「這邊都不是便宜貨！」菲利浦說，他終於看到我。「我們都留意競爭對手的實力，大家都想拿獎牌回去，這是清酒業唯一的大獎。我拿過銀牌，今年卻沒有任何收穫。」

菲利浦四十二歲，一頭赤黃色捲髮，圓臉表情豐富。我請他稍加說明，「這是較高等級的清酒，用來製造的米必須被磨到只剩百分之三十五。」我肯定一臉困惑，所以菲利浦突然打住。

「你瞭解清酒嗎？」

「我，呃……」

「好，」他假裝捲起袖子。「清酒的等級，是根據釀造前的酒米被磨掉的程度來區分。他們把酒米放在旋轉的大槽裡研磨，磨掉米粒的外殼，這是製作清酒最重要的程序。這裡的米被磨到只剩百分之三十五，就是用來釀造最上等清酒的種類。磨的越少，清酒的等級就越低。」

17 蛇目杯：杯子裡有兩圈藍色同心圓，透過觀察白、藍分界的清晰度可以辨別清澈程度，觀察白色圈圈的部分可以判斷顏色。藉此判斷酒是否熟成（古酒顏色偏黃）、濾過、劣化等等。

我問，日本的清酒爲何式微？「日本消費者認爲清酒很老派。此外，清酒有個習俗就是不能幫自己倒酒，同桌的人必須代勞。我覺得問題就出在公司濫用這個不成文規矩，因爲上司不斷倒酒，菜鳥只能喝到吐。對某些人而言，清酒有這種聯想。」顯然，幾年前還謠傳清酒讓人口氣難聞，胃酸增加──我懷疑這是啤酒業的陰謀，更中傷清酒業。

我們邊聊邊喝，雖然有把酒吐到旁邊的鋁製垃圾桶裡，但還是開始覺得頭暈腦脹，嘴唇也微微發麻。菲利浦鼓勵我留意這些清酒的「甜瓜、蜂蜜和酵母菌」的風味，但我只覺得像松節油。

「幸好清酒開始在美國打開市場，這要歸功於壽司的風行，美國人可沒等閒視之，」他說。「葡萄酒粉絲發現清酒的能耐大過葡萄酒，因爲酸度沒那麼高，不會導致腸胃一陣翻攪。」

除了酒米研磨的程度之外，另外一個分級標準就是甘辛度，從最辛口的 +15 到最甘口的 -15。清酒的酒精含量略高於葡萄酒，一般約介於百分之十四到十六之間，但是銷售前沒稀釋的原酒（genshu sake）可能高達百分之二十。我以爲，自以爲懂清酒的人一定自稱喜歡辛口，就像紅酒。菲利浦搖頭說：「各種口味都有上等清酒，其實清酒的排場還不夠大，因爲這種酒在日本沒那麼受歡迎。」眾所皆知，無論是法國葡萄酒或英國威士忌，日本人都買貴了。然而他們鮮少花一萬日圓以上買清酒，即使是最優質的大吟釀清酒，也就是在體育館這裡給人評鑑的種類，也不會超過一瓶三萬日圓。「就算在這裡拿到金獎賞，售價也不會超過一萬日圓。」菲利浦補充說明。但是眞正的清酒狂熱份子竭盡全力研究，有些粉絲全心投入的不是某種清酒或酒米，可能是某種酵母。他們也不反對用葡萄酒粉絲詞藻華麗的比喻，好比菲利浦就把某種清酒比喻成「板岩的礦石香」。

二十年前，菲利浦來日本是爲了教英文。當時他並不特別迷戀清酒，是後來越來越欣賞這種日本酒。「我剛來時都喝便宜清酒，但有些朋友很喜歡上等清酒。」此後他就踏上不歸路，自從一九九一年到酒廠工作後，清酒就是他的人生。他在將近十年後成爲釀酒大師「杜氏」（toji），是第一個拿到這個殊榮的外國人。他一路走來並不容易，「起初他們根本不理我，我就像進入寺院。剛開始時，有個日本人說我的味覺永遠不會像日本人，和那些人說話毫無意義。」他說。

此時我的嘴巴幾乎失去知覺。「來試試這杯，這瓶來自東京，當地清酒以粗糙扎口（rough）出名，」他說。我試了，好難喝——果味太重、甜得發膩、太酸，後味更像汽油。「現在再試試這個。」「呃，也沒好到哪兒去。」我說。「喔，」菲利浦說，「這是我的。」我趕忙說自己已經失去味覺，但菲利浦非常體貼：「別放在心上，這也不是我們最好的一瓶。而且你要知道，這個活動就是爲了讓人品嚐到清酒最糟糕的狀態，因爲室溫會凸顯缺點。如果在這種溫度之下都好喝，那就眞的是上等酒。」原來如此。

我向菲利浦打聽清酒的迷思，畢竟他寫過《清酒之書》引領人們進入清酒的世界。我問他，外界最大的誤會是什麼？「有人依舊以爲這是蒸餾酒（清酒是釀造酒，與啤酒的相同之處較多。）有些人以爲最好的清酒應該冷藏過再喝，否則就得加熱喝，其實這是胡說八道。每種溫度都有適合的種類，就連日本人都不了解。另一個謬論則是清酒不能久放，至少不能超過兩年，其實不然，而且我認爲陳年清酒會掀起下一波風潮。陳年清酒喝起來有點像雪莉酒，非常棒。沒有加熱殺菌的生酒也越來越受歡迎，但必須冷藏，而且趕快喝完。」

日本人不像我們歐美國家，並未認眞思考清酒與食物的搭配。如果是葡萄酒，食物搭配同產地葡萄酒最合適，否則就是用當地紅酒入菜。但在日本，雖然同地區的清酒可能有相似特徵，但是根據不同的酒米、精磨程度，同產地的清酒也可能有截然不同的風味。辻靜雄在書中篤定地指出，清酒絕對不能搭配任何米製的餐點，他的論述邏輯是清酒也由米釀造，米製餐點搭配清酒會同極互斥。菲利浦不認同：「多數清酒都能搭配多數佳餚，因爲清酒有鮮味（富含胺基酸）。有人也說清酒不配西式餐點，其實不然。清酒有濃郁的鮮味，格外適合搭配義大利食物。那麼多人吃壽司配啤酒，其實根本不對。啤酒非常不搭壽司裡的薑和糖，清酒卻適合各種漁貨。清酒會害人宿醉，也是毫無根據。」

那就太好了，因爲我已經喝了四十多種清酒，早就喝醉。我口齒不清地和菲利浦道別，他認爲我可能有興趣，便給我京都酒廠的聯絡方法。

釀造清酒和生產醬油、味噌有異曲同工之妙——把農作物，這裡指的是白米，拿去蒸，添加菌類發酵劑，麴，然後放上兩週到幾個月。只要有大量的水（旺季時，一天需要一萬公升的水，最好含鐵量極低），就能釀造清酒了。京都宇治川邊的伏見區生產的上等清酒聞名，就是因爲當地有水質極佳的軟水。釀酒季（清酒在冬季釀造，因爲較容易控制發酵過程，氣溫較低也能抑制細菌）開始時，我們恰巧住在京都，我便前往當地十七間酒廠中的「玉乃光」酒廠，拜訪菲利浦介紹的都甲亮（音譯）。

玉乃光是生產純米吟釀（米精磨到百分之六十以下）的頂級小酒廠，宇治田家族創立於一六七三年，至今仍由其後人經營。友善、嬌小的三十出頭女性都甲亮帶我參觀釀酒廠，稻米剛收成，酒廠開始精米，也就是生產清酒的第一個步驟。當然，起初所有稻米都是褐色（可惜日本人喜歡白米，但幾乎所有維他命和養分都在棕色米糠裡），爲了釀造清酒，必須一層一層碾磨，去除這層外殼，菲利浦也說過，碾磨影響成品的等級，最上等的清酒要用碾磨到珍珠狀的米粒釀造。

五個精米機發出震耳欲聾的聲音，今天的任務是要把米磨除四成。碾磨之後，精米會放上一個月，自然冷卻。

「精良的發酵過程就得慢慢來，」都甲小姐大聲說。「不能加任何糖或酒精。眞正的祕訣就是用上等好米，我們酒廠用元祖品種的雄町米，也是由我們公司重新復育。這種米很難種植，因爲稻穗長得很高，自然更脆弱，產量也很少。即使是清酒專家，也不見得知道雄町米是酒米的元祖品種。」

我問都甲小姐，是否同意菲利浦的說法，認爲清酒業面臨危機。「的確是，酒廠的經濟狀況很差。大概二十年前，日本多了許多葡萄酒可以選擇。中國清酒也破壞清酒名聲，年輕人又覺得喝清酒一點兒也不酷。但美國人開始欣賞這種酒，如果我們可以打進那裡的市場，即使市占率再小……」所以玉乃光的社長隔天要飛往美國，因爲當地要舉行全世界第二大的清酒評鑑大會。

我們經過裝瓶工廠，負責人身上的T恤寫著：「我正在了解內心深處的娘們。」我們洗手、戴上白帽子，進入釀酒室和牆壁有二十公分厚的恆溫製麴室。

裡面飄來陣陣芳香：甜中帶鹹、有酵母香。那種味道就像腐敗的沃土，是日本風格的尊貴氣味——這是在蒸米上添加黃色的粉末，也就是米麴菌（aspergillus oryzae）。之後就會產生酵素，澱粉便會轉化爲糖，開始發酵。「這種遵循古法釀造的清酒會有格外不同的味道，」都甲小姐說。「頂級清酒需要用到人類感官如觸覺、味覺和嗅覺。」

都甲小姐介紹我認識負責酒米發酵的釀酒師傅（杜氏）——這位小林增夫（Masuo Kobayashi）身材矮胖、表情嚴峻，已經有四十年處理發霉酒米的經驗。我問他優質清酒的祕訣，「乳酸是好喝的關鍵。」他神祕地說（都甲小姐幫忙翻譯），之後就離開去照顧米。

他給我看發酵一天的米麴，就像開水煮過又放涼的米粒。多虧那些強效酵素，兩天的酒醪（mash）已經開始液化，也漸漸有怪味。他說往後兩週，酒醪溫度會升到攝氏四十度。顯然過一陣子之後，酒醪就會因爲發酵出現波動現象，看起來就像水面下有海蛇亂竄覓食。這個過程也會產生大量二氧化碳。

我離開時，玉乃光釀酒廠慷慨地送上最頂尖的大瓶清酒。在我上次在廣島品酒創傷之後，這瓶酒眞是讓我恍然大悟。菲利浦說得對，酒體濃醇，有豐富的鮮味和清新的果香。也許我也有潛力成爲清酒愛好者。

24 不只是壽司

日本計程車司機從來不會放棄尋找目的地，但那天，搭載我的司機先生終於承認失敗（徒勞無功地繞了二十分鐘），顏面掃地。他讓我下車，搖著頭不肯收車資。我只好開始步行，只是不知道該往哪裡走。

我們已經抵達京都一週有餘，我正在追尋料理界某個缺少的一環，據說可以在京都東山區尋獲。問題是沒有人知道要上哪兒找，也不知道「Izuu」是什麼。

我研究壽司歷史。有人相信是從泰國湄公河三角洲傳到日本，當地人早在千百年前就知道用熟米包裹、保存漁貨。米開始發霉所產生的酒精和乳酸可以殺死漁貨的細菌，魚就能保存好幾個月。雖然魚會變成發臭的糊狀物，至少不會吃死人。況且，從古羅馬人用腐爛鯷魚做的鯷魚露、現代越南的魚露到東南亞的魚醬料等，腐爛的魚都不是拿來聞，發酵的魚肉會散發出鮮味，這是現在已經獲得證實的味道。用米飯保存漁貨的方法從泰國傳到中國，顯然未在該國廣爲流傳，最後又與許多傳統一起在八世紀傳到東邊的日本。

當時京都附近的琵琶湖居民可能發現，米飯的發酵乳酸爲帶著濃厚土味的淡水魚增添一絲爽口酸味。當時那道菜稱爲馴鮓（nare-zushi，顯然「z」和「s」可以互換），如今在琵琶湖附近的村莊還吃得到，只是改名爲鮒壽司（funa-zushi）。鮒就是鯉魚，鮒壽司就是用米飯醃腹中有魚卵的鯉魚，放上六個月之後再把米飯丟棄。這道菜有時被稱爲「日本魚起司」，我猜味道應該很濃郁，大概沒多少人能接受。

史學家石毛直道說到壽司演化史時說：「急躁往往被當成日本人的特質。」日本人享用馴鮓之後，實在不想再等乳酸發酵，因此從十五世紀開始，提早吃魚，發現米飯——以前都放到腐爛，無法食用——還能下口，而且滋味挺不賴。

壽司的下一步發展就是日本人在十七世紀發現米醋，廚子在飯裡加米醋之後就能添加香濃味道，不必等白米發酵，也就是所謂的早壽司（haya-sushi）。大廚在大盒子裡放石頭壓著魚，再把這種糕狀的魚飯切成矩形。

到了十八世紀末、十九世紀初，當時稱爲江戶的東京已經取代京都成爲新首府，也成爲人口繁多的大城。然而一連串的火災威脅到這個古早都會圈的未來發展，政府下令餐廳不能使用明火，江戶迅速發展的速食業幾乎一夕之間全倒閉。這時壽司成了救星，因爲這種料理不需要火焰。當然，當年的漁貨不可能是生魚，因爲沒有冰箱，然而壽司師傅大可以在家先水煮、醃製、燒烤，再帶進城，放在醋飯上。

十九世紀的江戶工人和今天一樣，都需要爭分搶秒。掛在壽司餐廳門口的暖簾就從這時開始流傳，原本的目的是讓來去匆匆的顧客擦手，暖簾越髒，表示店家生意越興旺。客人一上門，就得迅速塡飽肚子。因此在十九世紀末，江戶當地大廚華屋與兵衛想出一個辦法，客人一點菜，他就用手把米飯壓成方形，再放上切片魚肉。握壽司的日文nigiri代表「握」，而sushi就是醋飯。各位一定知道，這名稱和生魚片沒有關聯，所以握壽司有時還是以誕生地來命名，就是「江戶前壽司」。

這時日式料理也在京都走向另一條不同的路。京都決定在醋飯裡加入更多糖（我們西方國家也用同樣做法）發展出他們獨特的握壽司，風格就像當地原本的早壽司。他們做所謂的鯖壽司（saba-zushi）時，先用鹽醃漬這種容易腐壞的魚，再用蔗糖發酵的醋醃過，然後放到米飯上，用燉煮的昆布繞一圈，再用對半剖開的一呎長竹子盛裝。這就像酸橘汁醃魚，醋裡的酸會稍微「煮」過鯖魚，這在京都很有用，畢竟這個內陸城市離海濱有半天路程。

握壽司和卷壽司席捲全球，鯖壽司和大阪的押壽司（oshi-zushi）——在杉木盒（押箱）裡做的握壽司，仍只是在地美食，甚至開始式微，因爲冰箱問世之後，就沒必要再醃魚肉。

我要找的就是這種堅守傳統的醋醃鯖壽司，這可說是流傳已久的超級壽司。京都最有名的鯖壽司餐廳就是創立於一七八一年的Izuu，連Izuu都這麼神祕，我不知道別人怎麼找到更沒名氣的鯖壽司。我們在日本這幾個月，遇到許多陌生人幫忙找路，這次也多虧他們伸出援手。有位穿著深色、緊身西裝、手拿凱蒂貓圖樣男包的消瘦年輕人好心帶我走到一棟小木屋前，這棟建築沒有窗戶，也沒有招牌。他掀開潔白的暖簾，堆著笑容，滿心期待。

我覺得有必要客套地邀他一道用餐，沒料到對方竟然一口答應。餐館內部的原木裝潢、紙門、陶磚地板，都像回到封建時代的京都。有位穿和服的濃妝女士坐在左邊的卡座，她請我們找張桌子坐下。唯一的顧客是一對年邁的夫妻，我點點頭，微笑落座時，他們停下動作，狐疑地打量我們。

餐友說他名叫春樹。

「啊，和那個作家同名！」我說，他一臉茫然。

「村上春樹啊！就是《挪威的森林》的作者。」我說。他眉開眼笑。

「不知道。」春樹想了一會兒之後回應。

我索性作罷。「傘很漂亮。」我說，他眉開眼笑。

「凱蒂『包』！你知道嗎？我好『矮』！」

「你好『矮』……？喔，你好愛！」

「對，『矮』死了！」

我不想告訴他，在我的家鄉，喜歡凱蒂貓的人不是十歲女孩，就是同……喔。

剛剛找到餐廳，我太興奮，以致於腦子放空。那些種族歧視的人總是抗議，說他有朋友的鄰居是黑人，我不希望別人誤會我說這句話，但我真的有很多同志好友，只是我也不得不承認，此刻我稍微往旁邊靠。難怪春樹不坐對面，非要坐在我旁邊，近到我都能聞到他的卡文．克萊鬍後水。

他詢問我是哪裡人、是否喜歡日本和日式料理、來日本多久了等一般寒暄的問題。然後……

「我『喜番』你！」春樹的手壓上我的大腿，拋來一個媚眼。

我緊張地大笑。「點餐吧。」我說。

一會兒之後，鯖壽司裝在藍花瓷盤中端上。每個都很大，全長幾乎一呎，壽司飯押得很密實，上面鋪著鯖魚，外面包了一圈閃閃發亮的暗綠色昆布。

「沒有醬油或山葵嗎？」我問。

「沒有沒有，」春樹搖頭。「鯖壽司不用醬油或山葵。」

他解釋說鯖壽司不附任何醬料，並假意拿掉我肩上不存在的線頭。這樣更能細細品味醋飯和肥美的魚肉，有道理，醬油的味道會蓋過食物，山葵也可能搶了醋的鋒頭。

我請教春樹從事哪一行，他說他在附近開酒吧。專招待女性，他又補上這句，還挑眉，彷彿一切盡在不言中。有些酒吧雇用俊俏的年輕男性如春樹，負責奉承、款待付錢的年輕職業女性、對她們噓寒問暖、逗她們開心，這在日本都市相當普遍。

「我們不上床，」他突然一本正經，「只是玩在一起。」

我打聽酒吧的名字，「『表警』（表情）。」他喜歡他的工作嗎？認識這麼多女生卻不能交往一定很痛苦。「我很『矮』！」一隻腳在桌下輕碰我的腳。

我把注意力放回鯖壽司。這道菜的主角是米飯，餐廳用的是上等的短粒米，每粒米幾乎呈正方形，可能是越光米，外軟、內芯Q韌有嚼勁，表面透亮有光澤。魚肉也非常美味，色澤涵蓋淡粉紅、深紫到淺褐色。

這時我誤會了年長的服務生兼收銀員。起初我以為她在櫃檯示意**不要**吃包壽司的昆布，後來她看到我盤子裡殘留的昆布，似乎又鼓勵我吃完。我回頭看另一對老夫妻，他們本來盯著我們，此時趕緊別開眼神。我發現開始喝茶的老夫婦沒留下昆布，便吃起我那一份。口感黏稠，有點像嚼蒼蠅紙，但我知道這種食物一定有益健康。春樹把昆布留在盤子一角，小口吃壽司，我則是狼吞虎嚥吃完魚、醋飯、昆布。

我不得不說，鯖壽司相當美味，比普通握壽司更甜、醋味更重、魚肉也很可口。Izzu也提供一呎長的外賣尺寸，價格是日幣四千四百元。如果我住在附近，一定會買回家，週六邊看電視邊享用，而不是和春樹依偎在「表『警』」。

我示意要付錢，春樹卻搶走帳單。「偶喜番練習英文，」他說，接著又湊過來，「偶喜翻你。」

「不用不用，」我說。「請收下我的錢。」但他已經掏出鈔票，大概是五千日圓或二十五英鎊。

我們離開Izuu時，春樹顯然不肯任我的身影消失在餘暉中。我用餐時提過妻兒，意有所指地轉動婚戒，然而我的魅力恐怕徹底迷倒他，就像我以前迷倒一整票可悲的迷途羔羊，總之他就是聽不懂。

「呃，我得走了。我跟人有約，就在……那邊。」我隨便指向馬路。

「好。」春樹開始隨著我往前走。

「你要去哪裡？」

「我和你一起去，沒關係。」

「不用了，別擔心，我找得到路。」

「不必，我也一起去。」

這也不是我第一次在日本覺得飢腸轆轆（回頭想想，在世界各地都有過同樣經驗），而且我獨自一人，沒有麗森在旁邊阻止我暴飲暴食。我想再去吃一頓，也早有盤算，但我得先甩掉春樹，因爲我羞於承認自己這麼貪吃。我怎麼對日本人解釋有些人可能會需要吃兩頓午餐？我不想毀了自己的形象，免得他傷心欲絕。但我該如何逃開呢？

我突然停住腳步，假裝看到前面某個人，我揮手大喊。

「嘿，麗森！」我喊著，接著轉頭看春樹：「是我太太，我剛看到她，我要追上去。」春樹表情困惑。「是我太太，我剛看到她拐彎。你在這裡等，我去叫她，一定要介紹你們認識。在這裡等喔。」我邊跑邊回頭大喊，一路跑下地鐵站，跳上往北的第一班火車。

我的確很愧疚，但各位要了解，我眞的很想吃第二頓午餐。京都是日本的豆腐之都，這點毫無爭議，而且阿利說我如果沒試過當地的豆腐，絕對終生後悔。

十七世紀之前，豆腐一直是皇親貴族才能享用的奢侈品，這點倒是奇怪，因爲這道簡單餐點的材料相對便宜。大豆泡水、煮開，擠出白色汁液，就能製作豆腐。接著在豆乳中加入凝結劑，可能是日本人稱爲「鹽滷」（nigari）的氯化鎂、俗稱鎂鹽的硫酸鎂、或是又稱爲石膏、富含鈣質的硫酸鈣。再把這些液體倒進鋪著薄紗棉布的容器中冷卻。

豆腐不只含豐富的大豆蛋白質（高過同重量的肉類），還有鐵、維他命B1、E、鋅、鉀、鎂和鈣。據說可以降低血壓、減緩老化、對骨骼有益。豆腐也有寡醣，這是某種「低聚醣」，可以促進腸道的益菌繁殖生長、預防便祕、降低血壓。

根據豆腐去除多少水份、是否壓過，成品不是比較紮實、耐烹調的木棉豆腐（momen-dofu）、就是比較細嫩、輕軟的絹豆腐（kinugoshi-dofu）——其實這名字會讓人誤解，因爲絹豆腐並不是用絲綢過濾。辻靜雄說，如果買不到豆腐，「牛腦也很相似。」就某個層面而言，他說得對，至少口感很像。珍貴的小牛胸腺也有同樣鬆軟嫩滑、入口即化的質地，只是味道無法相提並論。

京都的豆腐和清酒一樣，品質特別好，這也歸功於源源不絕的潔淨山泉水，因為製作上等豆腐，最重要的關鍵因素取決於水的品質。京都東邊山林有許多巍峨莊嚴、屋簷聳峭的寺院，而著名的南禪寺附近就有一家著名的豆腐料理餐館「奧丹」。那家餐廳是相當大的茅頂木屋，創業於三百多年前，周遭是一片靜謐庭園。我在外面脫掉鞋子，被領到榻榻米上的矮桌邊。儘管早過了午餐時間，這家只供應豆腐料理的餐廳還是高朋滿座。我點了經典的湯豆腐和田樂燒味噌豆腐（dengaku），熱氣蒸騰的火鍋沒幾分鐘就上桌，香甜的豆腐塊表面質地類似焦糖布丁，這道還附上小盤的蔥、薑和醬油。從砂鍋的熱水裡夾起滑嫩的豆腐，絕對是筷子技巧的終極考驗，我尷尬地四下張望，看到許多日本人也夾不好。

田樂燒豆腐就比較容易，豆腐用兩支長竹籤串著——菜名來自日本傳統民間戲曲角色「田樂法師」踩高蹺的模樣——抹上白味噌之後燒烤。新鮮、潔淨的豆腐正能烘托有果香、堅果口味的鹹味噌。事實上，豆腐適合搭配所有濃烈的味道，但是薑泥、青蔥或柴魚片就能搭配夏天的冷豆腐。

豆腐的黃金守則就是當天做當天吃，就像法國棍子麵包，否則就不新鮮。所以西方國家的豆腐名聲才會這麼差，這種毫無味道的食物已經成為道貌岸然的素食者的聖餐。豆腐在日本也越來越不受歡迎，因爲豆腐製造商過去幾年紛紛停業。以前豆腐是天天送到客戶手中，如同英國往昔的牛奶，但多數大城已經沒有這種傳統。

離開奧丹時，我至少暫時感到飽足，這時卻發生一件恐怖事情。我左轉走上街道，打算到附近寺廟逛逛，竟然遇到春樹。我說過京都是小城市，但是同一天偶然碰到同一個人的機率很低，爲什麼我買樂透時就沒有這種運氣？（話說還有另一件事情更神奇：上次在東京的信夫太太家午餐，幾小時後，我在涉谷車站的斑馬路口遇到《時代週刊》記者。那可是《愛情，不用翻譯》裡那個世上交通最繁忙的路口。）春樹看到我一臉訝異，我則是暗自沮喪。

「麥克，你剛剛去哪裡？」語氣很受傷。

「我……我……我想找你，但是你不見了。你跑哪兒去了？」我直覺認爲攻擊就是最好的防禦。

「我在那邊等你，你的老婆呢？我還回Izuu找你。」

「抱歉，春樹。我不知道……」

「你去奧丹？」他的表情更困惑了。

「什麼？喔，你說那家餐廳？沒有啊，哈哈，我去那裡吃飯？沒有，我只是……我到處看看。這麼晚了？我眞的得走了。抱歉剛剛讓你等，再次謝謝你請我吃飯。」這時看到一部計程車開了門，我立刻跳上去，雖然滿心羞愧，至少塡飽肚子了。

25
──全世界最快的速食──

以下與大阪相關的豆知識，哪一點正確，哪一點又錯誤呢？

一、大阪的迴轉壽司輸送帶速度比東京快百分之十四。
二、大阪人的步行速度全球第一，每秒時速一點六公尺，東京人是每秒一點五六公尺。
三、公共交通工具上的投幣孔比日本其他地方更寬，大阪人投幣才能更迅速。
四、平常的寒暄用語是：「你有賺到錢嗎？」
五、搭手扶梯要站在右邊，日本其他地方都得站左側。
六、世界最快的速食就在大阪發明。
七、大阪人的生產毛額與瑞士人一樣。

答案：以上皆是。（即使手扶梯那項也是：所以大阪和京都之間有個轉折點，人們到了那裡就會換邊站。那麼問題就來了，他們怎麼知道在哪裡要換邊？有官方的分隔線嗎？還是兩邊之間有個裝了通電網的無人區?)

日本人當中，就屬大阪人最忙碌、沒耐性、乖戾、有商業頭腦。相較之下，東京人簡直是懶散至極。也許就是因爲這個緣故，大阪沒有適合觀光的景點，幾乎沒有古蹟、博物館不多，多半都是毫無特色的摩天大樓、綿延無盡的拱型商店街和密度極高的街道。然而我對大阪的期待，可能勝過日本其他城市。我們在京都住三週之後，搭短程火車過去。

艾斯格、麗森、艾米爾也等不及再回到二十世紀的都市。雖然我們後來找到京都御所和某些庭園可以讓小朋友奔跑，發洩過剩的精力;我們也愛上京都的氛圍和「另類」，但那個城市比東京更不適合孩子，常覺得別人要我們「噓」。

我們在京都三週，我很愧疚自己常丟下麗森和孩子。我當然相信家人有能力自己找樂子，但我也想多陪陪他們，透過他們的角度了解日本，成了這趟旅行最開心的一件事。我發現麗森可能需要一點獨處的時間。因爲她是神志正常的成年人，卻幾乎每兩天就得獨自陪伴孩子，任由輕微錯亂的丈夫拚命嘗試各種料理。

然而男人永遠無法抑制本能和弱點，我已經開始垂涎大阪多元化的美食。

越來越多人知道，大阪是料理之都。我先前提過，德高望重的法國美食家馮索瓦・西蒙說這裡是他最愛的美食之都，許多頂尖歐美主廚在訪談中都提到他們來大阪找靈感。

大阪有許多獨特佳餚，有世上最大的料理學校，以其開放、進步的態度面對待當代高級料理而聞名日本。大阪人求新求變，不墨守成規，幾百年的國際貿易也孕育出當地的都會風貌；這些都是造就終極美食殿堂的原因。我等不及開吃。

在彬彬有禮、滿是遊客的京都待上幾週之後，我們抵達大阪之後頗爲震驚，因爲搭計程車從大阪車站到空前豪華（對我們而言）的堂島酒店路上，有著許多超大購物中心和摩天大樓。

辦完入住手續沒多久，麗森摩拳擦掌地宣布：「逛街囉！」便離開。因此我們父子三人要去探索大阪，我很清楚第一站該去哪兒，就是日本速食之都重鎭的道頓堀。我想告訴兒子，人生不只有披薩和漢堡。

道頓堀是花俏豔麗的賭城風格，日本大概只有這裡可以邊走邊吃。日本人都知道兩種大阪速食源自於此，就是我在京都初次吃到的章魚燒，以及什錦燒（okonomiyaki）。

我聽說的什錦燒不是「日本披薩」，就是「日本歐姆蛋」。然而它與兩者之間的唯一相似之處只有圓形的形狀，反而比較像鬆餅和墨西哥薄餅的綜合體，材料是麵粉、蛋和高麗菜，餡料和配料則是五花八門。這道菜的名字就是「照口味料理」或「隨你喜好」，所以沒有一定的食譜，就像無法要法國人說出卡酥萊砂鍋的正確定義（不過我們本來就無法說動法國人做任何事情）。有人用麥粉，有人堅持一定要用現做的麵糊或山藥泥——因爲只用麵粉可能太乾、太像橡膠——有人加柴魚高湯，而不是水。典型的配料或餡料（這也分爲兩派，有人說其他材料要加進麵糊一起攪拌，但廣島將材料獨自放在上層，我在當地就吃到美味無比的鮮蚵什錦燒）是豬肉和泡菜，但海鮮、雞肉什錦燒也同樣普遍；有些人則加日式炒麵、炸天婦羅油渣（tenkasu）。料理什錦燒的方法也五花八門，餐廳通常會給一碗麵糊、食材，由顧客自己攪拌，再倒到嵌在桌子的鐵板上。一面煎熟之後，就用鐵鏟子把一吋厚的麵糊翻面，最後則用同一支鏟子將什錦燒當披薩切；有些餐廳則是在廚房蒸好才上桌。東京的什錦燒稱爲文字燒，麵糊比較稀，無法煎成固定形狀（這點還蠻討厭的）。用類似刮鬍刷的刷子大量塗上的褐色鐵板燒式鹹甜醬汁（用番茄醬、伍斯特醬，也許還加了柴魚高湯、芥末、糖、味醂和清酒調製）也是關鍵材料，因爲一般人無法要到大廚的醬料祕方。一般人在家吃什錦燒多半買現成醬料。對了，有些人也加美乃滋、海苔粉和柴魚片。

我知道已經無法說服艾斯格和艾米爾吃章魚燒，他們非常留心隱約透現的章魚觸角。然而什錦燒還有機會，只要我別說裡面有蔬菜和海鮮。但我們該從哪一家下手？據說大阪有四千家什錦燒餐館，道頓堀就有好多間。我們看到的第一間在櫥窗裡擺了十幾個塑膠模型，我們三人都同意自己對什錦燒認識如此淺薄，無法處理過多的選擇。

我們父子手牽手往前走，道頓堀誇張的餐廳門面看得我們目瞪口呆，有小丑機械人偶、巨大的螃蟹、燈籠、液晶螢幕和充氣河豚。我們看得眼花撩亂之餘，艾斯格和艾米爾對某間餐館特別感興趣，兩人就像鎖定目標的飛魚飛彈。

起初他們迷上「包汪狗狗咖啡」（Bow Wow Relaxation of Dogs Gallery）綁在外面的兩隻小狗，一位穿制服的店員就在旁邊照顧。「哇，爸，你看！」艾米爾說。「牠舔我的手欸！」「我看到了，但我們要找什錦燒餐館，你還記得嗎？」我說。艾斯格已經把臉蛋湊到玻璃上，看著店裡漫無目的閒逛的小狗。這些狗的售價極貴，這裡卻不是寵物店。店員招呼我們進去，我客氣婉拒，但艾斯格和艾米爾已經上樓走到一半，我來不及抓住他們。我跟上，發現這裡是狗狗展示間兼咖啡館，顧客可以一邊啜飲咖啡，一邊和這座小狗後宮的各個佳麗玩耍嬉戲。如果我要勸兩個兒子離開，可能其中一個或兩個都會大抓狂。我只好付了入場費，脫鞋穿過小門，進入狗狗玩耍區。

入場費包括一人一杯飲料和一袋狗狗點心。房裡大概有二十隻狗狗，每隻都只有手提袋大小，在桌子間自由穿梭。牠們顯然很熟悉流程，很快就有一群圍上來。一支把溼溼的吻部湊到我的胯下，另一隻試圖在我的臀部之間覓食，終於有服務生拿著菜單過來趕牠們離開，幫我解圍。

這時艾斯格和艾米爾已經混入狗群，跟其他狗狗到處爬，跟客人討零食，工作人員顯然沒碰過這種狀況。他們竟然這麼快就熟悉狗性，雖然我早就懷疑這是他們的天性。孩子野性大發時，我往往假裝不認識他們，好整以暇地喝我的可樂，觀察四周狀況。

顧客從帶女兒的母親，到隻身前來的中年婦女，甚至男性上班族都有，感覺頗詭異。因爲高樓大廈的住戶沒有地方養狗，或有人上班時間太長，這家咖啡館的計時收費北京狗便足以聊慰。孤單的人們冀望貪心動物的陪伴。店內的味道也很可怕，有幾隻狗狗穿著尿布。有隻狗爲了討人搔抓，停止乞食；另一隻先是舔自己的生殖器好一陣子，接著便跳上某個陰鬱少女的大腿，拚命舔她的臉。

最後我把狗餅乾往另一頭撒，才從狗群當中抓住艾斯格和艾米爾，想辦法拎他們離開。但是新朋友不肯放過他們，我們腳下很快就集結了許多毛茸茸的小狗。艾斯格和艾米爾可以在這裡快樂地待到天長地久，但我飢腸轆轆，而且一想到世上最美味的速食就在咫尺之外，我加快腳步，穿過混亂的犬群。我拉起艾斯格的手，一把拎起艾米爾，兩人又吼又叫。狗狗發現新領袖遭到攻擊，撲向我的腳踝，三個服務生上前抓狗，我才有辦法走到門邊穿鞋。

（不消說，我們留在大阪期間，小朋友不斷哀求再回「包汪」，我們也的確又去了兩次。對艾斯格和艾米爾而言，這是整趟日本旅程的最高潮，沒有之二，與相撲力士共餐、姬路城忍者戰士、甚至連在沖繩海灘發現一隻死烏龜都得排到後面。）

狗狗咖啡館顯然是賺錢的好主意，電話公司也獲利，因爲人們會打去抱怨：大家付錢去玩狗，不是遭到孩子情緒勒索，非買下那些狗；至少也得付錢支付那些狗狗的伙食。我默默記下日本人這些了不起的點子，打算一回國就靠這些生意發財，無聲闔上的馬桶蓋也在我的清單上。

我們又閒逛了半小時，無意間走進賓館區，看到躲躲藏藏的情侶猶豫不決，在「超性感俱樂部」和「快樂歡喜賓館」的招牌下徘徊。我們走回道頓崛的「極樂商店街」，這棟大樓有許多餐廳，而且是復刻一九五〇年代的大阪街區風貌。近年日本許多城市都有這種複合式美食廣場，在購物中心內打造符合某個主題的餐館，通常都以懷舊的裝潢和當年的廣告招牌爲主（不知爲何，全都以二戰剛結束的時代爲背景。）

我在第一間餐廳點了一份什錦燒和現代燒（modanyaki）——就是麵糊加了炒麵的什錦燒。兩道菜上都塗了大量的棕色甜醬，我認爲六歲、四歲幼童絕對喜歡。但艾斯格和艾米爾攪弄了幾下就推開，理由是「包太多料了。」

我放棄。我們吃了連鎖餐廳「摩斯漢堡」的同名食物，那是有機漢堡，而且味道不賴。

在大阪那段期間，我獨自去了同樣位於道頓堀卻截然不同的什錦燒餐館「千房」。這家餐廳創立於一九六七年，目標是把什錦燒推向高檔料裡，因此燈光昏暗、桌面是大理石，師傅則是一身法式主廚的裝扮。我點的什錦燒（應該是「不只一份，但不到五份」）超級美味，但我總覺得不太對勁。也許什錦燒就該自己動手，有主廚幫忙料理，還有悠揚樂聲和殷勤的服務生，彷彿到高級餐廳吃熱狗。

怪的是，辻靜雄對日本料理的觀點雖然略略偏向大阪或關西，卻從未在《日本料理：極簡餐飲藝術》提到章魚燒或什錦燒。也許他認爲路邊攤不登大雅之堂吧。我覺得，什錦燒可能會成爲下一波席捲全球的日式料理風潮，因爲上菜時間快、便宜、簡單、相對健康（畢竟一半以上的食材都是高麗菜）、有趣，而且好吃得令人欲罷不能。如果我再年輕點，再傻氣一點，又有人願意投資，我可能在聖誕節前就會回國開連鎖店。

總之，最後馳名全球的是另外兩種大阪速食，就是同樣在一九五八年問世的迴轉壽司和泡麵。

迴轉壽司的點子來自餐館經營者白石義明，他參觀啤酒廠之後得到這個靈感，但花了一點時間才改良完善。輸送帶的速度最關鍵，如果太快，顧客會緊張（我稱爲「海膽焦慮」。每次去吃迴轉壽司，我都擔心：如果有人在我之前端走海膽怎麼辦？）速度太慢會讓人等得不耐煩。最後，白石發現每秒八公分的速度最合宜。他開設的連鎖壽司店「元祿」非常成功，因爲顧客的「停留時間」減少到十二分鐘左右，所以一小時的翻桌率有四次。當年的第一家迴轉壽司還在大阪東部，白石過世時卻相當潦倒，因爲他試圖將無人服務的概念發揮到最高點，投入所有資金研究機器人壽司。

發明泡麵的安藤百福在二〇〇七年過世時，卻是備受尊崇的國民英雄、億萬富翁。他看到炸天婦羅時，空氣和水立刻蒸發，留下許多小洞，覺得麵條應該也可以用同樣方法處理，要吃時再加入熱水即可。如今每年的泡麵消耗量是八百五十億份，數量相當驚人，但日本國內銷售的泡麵更是截然不同。

到了下午，消失在某個試衣間的麗森依舊音訊全無，我們父子三人到大阪北側的安藤百福博物館。博物館設計摩登，更像現代藝術館，而不是泡麵鉅子的紀念館。我們學到，安藤早年在院子裡的小屋研發產品，館內一整面牆展示著各年代的泡麵，也看得我們嘖嘖稱奇。我們可以在館內創造自己的食譜，然後坐下來享用，但是當時我們都沒有食慾。

我們接著去了大阪著名的觀光景點，就是世上最大的水族館。主水槽有幾層樓高，館內最著名的鯨鯊是世上體型最大的魚，牠在玻璃水槽內自在悠游的景象令人嘆爲觀止。

一天之內可以看到大魚、狗狗咖啡館，還吃到超厚鬆餅，這天的觀光行程已經充實到無以復加。

26 神奇的味噌

美國美食作家哈洛德．馬基（Harold McGee）在關於飲食科學、歷史與文化的著作《食物與廚藝》中是這麼描述味噌湯：

……味噌湯在視覺與味覺方面都是一大享受。煮好的湯倒入碗中時，味噌的分子均勻散開。但放置幾分鐘不動，分子聚在碗中央，形成慢慢改變形狀的一團團濃霧狀。這些雲霧就是對流圈，湯裡的圓柱體，也就是碗底的熱湯往上升，接近表面之後蒸發、變涼、密度提高，又再下墜；下墜之後溫度又變高，密度降低，再浮上來，如此不斷循環；桌上的味增湯就是模擬雷雲在夏季天空生成的過程。

是不是很妙？

辻靜雄的文字則是：「就許多層面看來，味噌湯對日式料理而言，相當於奶油之於法式料理、橄欖油之於義大利料理。」就我對味噌的了解，這種說法不見得正確。例如味噌就不會拿來煎炸，也不會爲醬料增添光澤，但味噌無處不在，他倒是說對了。日本依舊還有一半以上的人早餐會喝味噌湯，對他們而言，就像現烤的吐司和咖啡。

我對味噌醬還有些許疑慮。我當然喝過味噌湯，嚐過現代無國界料理常見的味噌鱈魚，也在京都豆腐餐廳吃過田樂燒味噌豆腐。我每次都能嚐到濃郁的堅果味和複雜的酸味，但又夾帶著一絲下水道的味道，就像發酵、又摻雜著屁味的水溝。然而所有美味的食材（松露、野味、洛克福乳酪、金斯特肉餡餅等）都令人又愛又怕。

以上皆是，甚至更可怕，這時我甚至尚未走進東尼．傅藍利的味噌工廠，旁邊就是猶如太空船的大阪巨蛋。那個活像馬桶堵住的恐怖味道究竟是什麼？

「喔，對，是下水道，抱歉。」這位五十出頭的高大英國人嘆氣，他歡迎我造訪他的活動房屋辦公室。

「好險，幸好，我還以爲是味噌。」我大笑。

「是味噌啊，」東尼說。「我們必須先保存這些垃圾，渣籽都下沉之後，才能把廢水排進下水道。市議會不了解我們的工作，因爲我們會用到細菌，所以公家機關不准我們把廢物直接排進下水道。我一直說這是好菌，他們就是不肯聽。」

東尼說明，味噌有三種基本種類——一種用黃豆、鹽、米製成；一種用大豆、鹽和大麥製作；另一種只用到大豆和鹽。顏色從深紅棕到淺米色都有。淺色味噌多半略甜，紅色的味道則更濃郁。「紅味噌的胺基酸更多，對你比較好。日本人說一天一碗味噌，癌症不上門。我們日本不說『喝』味噌湯，而是『吃』，因為湯裡添加許多蔬菜、豆腐和魚。」

日本有兩千多家味噌工廠，光一個地區的種類都很多。大約八成都是米和豆子製的米味噌，九州多半用大麥和豆子製作麥味噌，名古屋只用豆子製作，又稱豆味噌。傳統的東京味噌顏色深、顏色類似鐵鏽、有甜味、味道濃郁；宮城縣的仙台味噌則偏鹹。不出所料，京都味噌細緻、味道清雅，是淡米色。東尼的工廠也生產大阪最獨特的香甜白味噌。他說，食材是否蒸過以及發酵的時間長短（有些甚至費時兩到三年），都會影響味噌的顏色和口感。

製作頂級味噌需要經驗，也必須了解發酵的米和豆子——得判斷要加多少鹽；了解豆子和米的比例，如果要用大麥，比例又需要多少；還要知道發酵到什麼程度恰到好處。米麴開始分解米時，溫度會上升，但不能高過攝氏四十度，這時米麴的酵素先將澱粉轉化為糖，再將豆子分解成胺基酸。糖對白味噌很重要，胺基酸則賦予紅味噌特別的風味。

東尼帶我參觀像是簡易倉庫的工廠，裡面有許多管子、閥門、容器和儀表盤。設備都頗簡陋，但是製作味噌其實也只需要大桶子、研磨機、飯鍋、壓力鍋和製麴室。味噌和清酒、醬油（起初只是製作味噌的副產品）一樣，製作味噌的關鍵材料就是米麴，這是珍貴的黴菌，就是為了製作味噌而特別培育。米麴就拌進蒸好的米飯、大麥或豆子裡，充當發酵的催化劑，接著再加鹽。豆子和米麴混合之後，用重物壓緊，盡量不要接觸空氣兩至三週就能製成白味噌，紅味噌則需要一到兩年。「過程可以加速，」東尼告訴我。「但是味道就沒那麼好，所以我們照程序來，就靠自然發酵。」發酵之後，豆子通常磨成泥（在日本某些地方，不會再加工，否則就是剁碎），再蒸過，以防進一步發酵。買回家的味噌，可以冷藏保存六個月。

雖然製作過程簡單，最後的成品——類似花生醬的深棕色泥糊——相當複雜。味噌除了含有胺基酸，也有乳酸，有助平衡麩胺酸的味道、保存味噌。除了含有豐富的蛋白質和礦物質之外，味噌的好處還包括富含降低膽固醇的複合物，而發酵過程更加強黃豆的抗氧特性。食用味噌可以降低罹癌機率早已是定論，尤其是乳癌；醫界認為原因就是豆子獨有的抗氧劑大豆異黃酮素。日本得知車諾比核災之後，因應措施就是寄送味噌。有份樣本人數高達二十七萬人的報告指出，味噌湯可以抑制胃癌——也許是味噌可以清除腸胃毒素，有些科學家相信味噌可以減緩老化，因為能抑制細胞脂質的氧化。味噌用來當調味料，鈉含量都低於鹽和醬油。

諷刺的是，全球開始認識這種非凡醬料的神奇功效之後，日本近年的出口數字倍增，國內用量卻漸漸減少。味噌對日本人的吸引力似乎越來越小，因為飲食習慣開始偏向歐美風格，料理時間也更少了。味噌一年的銷售量降到五十萬噸，一九八〇年代則是五十八萬噸。

我向東尼問起另一種黃豆發酵產品，也就是納豆。這是日本傳統早餐的健康菜色，用部分發酵的黃豆製作，成品看來其貌不揚、有許多細絲、就像不平整的嘔吐物，味道像土壤和陳年乳酪的混合物。我第一次吃納豆是在札幌飯店的自助早餐吧，也是最後一次。對我而言，最倒胃的就是一夾起來就牽絲的模樣。除了奇臭無比的榴槤和松露之外，納豆絕對是世上最教人非愛即恨的食材。「那又是用另一種發酵菌，」東尼說。「我們不生產。事實上，味噌和納豆不能在同一個地方製作，因爲納豆要用的菌種更強，可能會影響味噌的米麴。」

他對料理味噌有何建議？「喔，可多著。你可以混味醂和芥末，用來當沾醬。如果要做田樂燒，就混合紅味噌和白味噌，塗在豆腐上燒烤。我用味噌取代巧克力做辣豆醬（chilli con carne）。味噌也適合取代鹽，用來當歐美燉菜的調味料，就有最天然的味精。只要記住，白味噌有百分之五到百分之六的鹽份，紅味噌則是十到十二。紅味噌蘋果派非常可口，白味噌搭配焗烤挺不賴。聽說倫敦某些餐廳提供味噌豬排，這種搭配也很經典。我們以前還做過味噌冰淇淋。」我回家之後實驗過，一小匙味噌加番茄醬是絕配，還能用來代替高湯塊，增添風味。此外，味噌加醋、水、糖、大蒜和芝麻可以做成絕佳的沙拉醬。

我問起東尼的經歷。他在日本住了二十年，原本是英文老師，會說一口流利日文，也娶了日本太太，妻子娘家一百年前創立「大阪味噌釀造」。味噌業非常傳統，起初甚至連女兒要嫁外國人都大力反對。他如何贏得親家的歡心？

「他們知道我不會帶她私奔之後就慢慢軟化，況且她爸爸和我一樣愛喝酒，我們相處融洽。日本人傳家業給兒子之前，都會先派去另一家公司受訓，我也是。十年後，老先生健康走下坡，我開始接待客戶。他三年前過世，我便接手掌管。其實我從小就對發酵過程很有興趣，十二歲就做薑汁汽水，還發現只要加夠多糖，就能提高酒精濃度！（東尼也幫忙主辦某個大阪年度啤酒節。）我在科威特教過兩年英文，還會在地下室釀葡萄酒、做優格，現在我還做麵包。」

公司客戶能接受他嗎？「就算覺得不開心，也因爲禮貌，不好多說什麼，但我猜還是引起一陣騷動。這一行很辛苦，神戶地震（一九九五年的阪神大地震）更是造成重創。雖然是在海灣對岸，也對這裡造成莫大損害。當時我在十三樓的家中，所有陶器都破了。」顯然，釀造廠的地基依舊不穩。「每次大阪巨蛋有演唱會，就相當於震度三級！」

東尼端出一盤盛了不同口味的味噌給我試吃。白味噌醇厚，帶有甜味。發酵一年的紅味噌較鹹，味道有點像是馬麥醬。「你說得對，我還想過做塗麵包用的味噌醬。你不覺得很適合嗎？」

我同意，如果人們都能接受馬麥醬，肯定也會嘗試味噌。我們試吃發酵兩年的紅味噌，味道濃郁、鹹辣。「我們現在是單吃，這種很適合用來煮高湯。可以徹底清除所有味道，當然，這也是味噌湯的功用。這碗湯通常和其他道餐點一起送上，但應該放在最後才喝。如果是懷石料理，就會等到最後單獨送上。」接著我們又試了大麥白味噌，甜味中帶有一絲鳳梨香。「這在大阪很受歡迎，這裡的人愛吃甜食。」

東尼又和我聊起大阪和日本生活，還慷慨幫我介紹熟人去逛日本第二大魚市，帶我見識半夜的鮪魚拍賣。「我們現在就去，我可以帶你逛逛。」他說。

市場在城市另一頭，所以東尼開他的豐田旅行車送我。他介紹朋友之後，又邀我在他最喜歡的魚市餐館用餐，這間一樓的餐館顧客都是碼頭工人和魚販。大家熱情招呼東尼，我們就坐在櫃檯邊，面前有個方形大鐵缸，裡面混濁的液體裡飄著不明食材。

「你沒吃過關東煮（oden）是什麼意思？」東尼看穿我的怪表情。「非常好吃，你一定要試試看。」關東煮是日式燉物，這種冬天吃了會暖呼呼的料理就像摸彩，有時會夾到豆腐、各種肉、牛蒡、白蘿蔔、馬鈴薯、魚板、昆布或水煮蛋。有時也會撈到蒟蒻——這種Q彈的無味食材可以取代肉類，是由蒟蒻根（或稱爲「鬼芋」）的粉製成。廚師想得到的每樣食材幾乎都能放進去燉煮，據說最棒的關東煮從來不熄火，只是每天添加新食材。

廚師撈出幾樣，有炸豆腐、筷子一碰就裂開的嫩豬肉、白蘿蔔和水煮蛋。這頓很美味，但我也懷疑是不是自己降低期望值，而不是這種料理眞的很可口。

大阪人友善、大方，就連外來的女婿都感染這種習性（東尼堅持請我吃關東煮）。隔天晚上，我和當地熱愛美食的朋友的朋友見面，對方答應帶我去見識他們的口袋名單，這時我更見識到大阪人的好客特質。

我們約在國立文樂劇場碰面。大概四十出頭的阿寬（音譯）先生戴著英國袋鼠牌獵帽、身穿衝浪T恤，身邊是另一個年紀相仿的漂亮嬌小女子千秋（音譯）。兩人自我介紹時就是典型的害羞日本人，但是一聊起美食，怯生生的模樣立刻消失。「大阪人喜歡一晚連去好幾家餐廳。」阿寬露出壞壞的笑容，他不是開玩笑，我們當晚大概去了六家餐廳，吃的可不是墨西哥小點。

有一家什錦燒廚師就在我們面前煎，餐館油膩，鐵盤上都結滿黑色油漬。阿廣說那家是第一名，我一點兒也不懷疑。「大阪人直接拿鏟子就送入嘴裡，」千秋用她的鏟子切割。「我們總是趕趕趕。」服務生想找我聊橄欖球，因爲英國在當晚的世界盃迎戰日本，但我對他塗抹的醬料更有興趣。「祕密食譜。」他笑著壓低聲音說。

老實說，這種食物不健康。我認爲，日本人比我們更懂得「借食消愁」。

下一站是「達摩」，日本最有名的炸串連鎖店。如同什錦燒，我不明白炸串（裹麵粉炸肉、魚和蔬菜串），爲何還未風靡全球。這是另一種大阪速食，絕對值得和天婦羅、串燒（炸串的近親），並列三大知名日式料理。炸串用獨特的麵糊，蔬菜、海鮮、豬肉外抹著有甜肉香的烏黑醬料。

美味的祕訣就在麵糊，達摩的廚師用山藥泥、麵粉、蛋、水和十一種香料製成，薄薄一層的麵糊裹著即將油炸的食材。我們點了牛肉、蝦、鵪鶉蛋、聖女番茄、蘆筍、雞肉和扇貝。炸串放進攝氏一百九十度的牛油裡炸，沾醬則放在吧台上共用，還貼著紙條以英文註明「勿重複沾用」。

達摩就位於大阪通天閣旁（除了水族館、摩天輪之外，這也是日本大城市的典型地標），而且比這棟顯著建築物的歷史更久遠，創立於西元一九二九年。我們叉開雙腳坐在吧檯邊，腳下就是廚房濺出來的水，員工在小小的開放廚房忙進忙出。也許店面看起來簡陋，但我覺得這是了解炸串學問最理想的地方。鵪鶉蛋和番茄非常突出，一口咬下，薄薄酥脆麵糊和食物表面砂紙般口感之下，就是可口無比的食材。每串不到五十便士，要不是怕吃到住院，我恐怕停不下來。

「我們還要去其他地方嗎？如果要，我最好別再吃了。」我對阿廣說。的確另有目的地，但我無福消受。食物和啤酒不斷端上桌，等到我們六點離開時，外面的隊伍已經排得老長。「這裡每晚都大排長龍。」阿廣說。主廚告訴他，費蘭·阿德利亞最近才剛去過，我覺得我似乎祕密跟蹤阿德利亞走遍全日本。

喝下第五、六罐啤酒時，我已經開始意識模糊，只記得去了大阪主要的新世界市場，然後去了大阪正流行的站著喝酒的酒吧。我們在那裡聊到大阪人的個性。「大阪人很友善，有幽默感，喜歡便宜的美食，」千秋說。「可以從他們的個性看出這座城市的歷史。我們是生意人，外向大方，談公事不手軟，但講求公平，願意冒險患難。我們腳踏實地，不像京都人那麼做作。我們有話直說，不會等著天降好運！」

新朋友開始卸下心防了。阿廣原本是演員，現在幫綜藝節目和每週一次的美食節目寫腳本。千秋是音樂製作人，丈夫是全球排名第三的曼陀林樂手。

他們說，大阪從公司老闆到修路工人都並肩用餐，一起站在這類酒吧喝酒。我們點了鱧魚，魚肉乾軟；接著點了大蒜味噌海鯛。最後上桌的是尺寸頗大的炸豆腐，上面點綴著薑和青蔥。

這時的酒水開始每下愈況。先是來了一大杯的馬鈴薯燒酎，雖然好喝，但我眼中的周遭景像開始變得模糊，之後又來了一杯充滿沉澱物的白濁清酒（應該是未經高溫消毒的清酒，也就是生酒。）

阿廣在當地報紙介紹過這間酒吧，這家的歷史超過一百年，現在的經營者是第三代。這篇文章裱框掛在我們背後，裡面還有主廚父親的照片。主廚說，老先生前一週才過世，他的母親從廚房現身。這位悲戚的矮小老太太一臉堅強地說：「人生還是要繼續，大家總得吃飯。」主廚十歲的女兒幫顧客倒啤酒，主廚就在我們面前用超大的銳利刀子將偌大的白蘿蔔削成薄片。那種刀法稱爲桂剝刀法（katsuramuki），是頂尖日本料理師傅的基本功夫，就像單手打蛋或拋煎餅。

再來就是千秋選的烏龍麵店。我試著拒絕再去下一家，因爲我已經吃得很撐，也不只是微醺。幸好她成功說服我，因爲我在她介紹的烏龍麵店看到天堂。

湯頭只是簡單的柴魚高湯，碗裡飄著小而酥脆的煎餃。我們聊到比較私人的話題。「麥克桑，」阿廣問我。「你最喜歡哪種食物？人生最後一餐想吃什麼？」

我頓了一下。要在杜卡斯或侯布雄的餐廳吃上精緻的一餐，還是吃上等英式烤肉？我也想到鮮蠔、龍蝦、煎鵝肝，在日本吃到的許多難忘餐點都能讓我列入考量。但是在那一刻，沒有一樣超過這道高湯。那就像新鮮的豆子，卻又包容著大海的味道，咬一口餃子，又是滿口教人回味的豬肉、香料和青蔥香。也許我已經酩酊大醉，但我還記得那高湯的美味，也如實回答。千秋和阿廣露出燦爛笑容，希望他們不會覺得我只是說客套話。

我非得知道這道湯怎麼料理，兩個餐伴驚訝地看著我起身，搖搖擺擺走到開放式廚房。日本人絕對不會這麼做，然而我是外國人，大家只會當我無知、不懂禮貌，無論我犯了什麼禁忌都會得到諒解。最後我終於成功問到，他們用三種魚乾泡在昆布湯裡，分別是鰹魚乾、沙丁魚乾和鯖魚乾。

這是終極美食之旅。我在十多個小時內吃下的食物，相當於我整個禮拜的食量（好吧，應該是兩天）。我不知道當晚怎麼回到飯店，也無法清楚記得整趟行程；因爲千秋和阿廣是正宗大阪人，所以我絕對記得，他們一塊錢也不肯讓我出。

27
—失落靈魂的森林—

這大概是我造訪過最令人不安的地點，但我必須裝得興高采烈，因爲孩子們已經開始覺得不對勁。我們深入森林時，我瞄到麗森也擺出勇敢的表情，但從路邊充當照明的蠟燭火光中，我看到她望著黑漆漆的灌木林。代表過世孩童的石像空洞地看著我們，光線在雕像上舞動跳躍。

這時我才發現，艾米爾沒跟著我們。

日本每年有三萬四千人自殺，有許多人選擇在富士山腳的青木原樹海自盡，據說那裡的空氣充滿痛苦的靈體。清潔部隊一年兩度進入森林尋找遺體，通常會找到七十多具腐爛程度不一的死者。

我們不是去那裡——你以爲我**發神經**嗎？——但這個下午到高野山頂墓園散步，卻讓我想起青木原。

我們當天早上抵達高野山頂，海拔二千八百公尺的神聖高原周圍是雪松和柳杉。高野山是日本的精神重鎮，也是日本地理中心，從大阪往南搭火車三小時，再轉乘鏘噹響的纜車上山。這趟纜車的速度極慢，我懷疑這就是爲了舒緩現代日本帶來的壓力，而高野山絕對不屬於現代，可能會讓人大吃一驚。

高野山是精神領袖、學者和通才高人弘法大師的圓寂之處。西元八〇四年，當時還名爲空海的大師前往中國學習密教，也就是日本的「眞言宗」。眞言宗是加快腳步的佛教派別，認爲人可以在一世中就成佛，這對信徒有莫大吸引力，因爲他們便能避開轉世爲蟲啊、牛羊等的惱人階段。西元八一六年，大師從中國返鄉，開創了高野山眞言宗。傳說他當時丟出三鈷杵，尋找理想道場，遇見某個帶著雙頭犬的獵人，對方說法器落在高野。從十一世紀開始，京都和大阪的達官貴人時興到高野山朝聖，當地挺過滅佛浩劫，在十九世紀末也允許女性參拜。至今，高野山都是重要的宗教聖地。

佛教傳入日本之前，當地的主要宗教是神道。儘管這個宗教式微，在第二次世界大戰之前都是日本的官方國教。神道相當複雜，但在許多方面看來，都是頗爲原始的民俗信仰，屬於泛靈多神信仰，認爲自然界萬物皆有神靈。神道的創世神話指出，伊奘諾尊和妹妹伊奘冉尊結爲夫妻，創造了人類（我不確定那我們算什麼），難怪旅遊節目每次報導日本都會拍到那些巨型陽具寺廟。現在信奉神道的日本人不到百分之二，但日本佛教也納入神道的元素，以致對許多人而言，兩者的界線相當模糊。

以前高野山的寺廟多達一千五百多個，現在只剩下一百多間，但當地小鎭永遠只有七千個居民，而且一年到頭都得忙著接待一百多萬個香客。

我並非其中一人，也不打算嘮嘮叨叨地敘述如何找到自己的靈魂，主要也是因爲我懷疑自己根本庸俗至極。但我偶爾的確會有崇高的念頭，例如料理法芙娜牛奶巧克力，渾身被香氣包圍時；或舀起上等烤布蕾的焦糖表面的光榮時刻；但也僅止於此。我們來高野山另有目的，我想試試當地的素食，這種包含了許多菜色的餐點名稱就是精進料理。其中有種特別的豆腐名爲高野豆腐——傳說某個僧人在冬夜未收豆腐，結果豆腐脫水結凍，烹調之後卻變得非常溼軟（顯然比普通豆腐更營養）。千百年來，精進料理越來越精緻，廚師苦心鑽研，用簡樸的食材表達三德，輕軟、潔淨和如法。懷石料理有一部分也從精進料理演化，就我看來，更有意思的是精進料理幾乎毫無油脂。

這趟路段本來緩慢又讓人情緒惡劣，幸好有登山纜車充當重頭戲。艾斯格和艾米爾等不及要見「猴子」，因爲他們認定接待我們的人是猴子，而不是僧侶——可能是因爲我的誤導。請想想，一旦他們發現沒有猴子，還得保持安靜、冥想兩天，他們會有多失望。就連通往高野山的巴士站貼著有熊出沒的警告，知道眞相的他們都無法打起精神。

如同博愛的方濟會，眞言宗也有殷勤好客的傳統。高野山有一半以上的寺廟都提供住宿，有些還吹噓有液晶螢幕、套房和小冰箱。從大門的告示看來，多數都收萬事達卡。這些寺院的住宿設施稱爲宿坊，雖然我們那間也相當溫馨，但裝潢並不豪華，工作人員領我們去的傳統榻榻米房幾乎空蕩蕩，只有一張矮桌、幾個墊子和一台電暖爐，因爲高野山的夜晚即使在夏天都很冷。

「電視呢？」艾米爾瘋狂找了一陣子之後發問。

「恐怕沒有喔。」麗森說。艾斯格先皺眉，後來以爲我們打趣而大笑。

「我們去探險吧，搞不好可以找到幾隻猴子！」我開玩笑，麗森瞪我。

「或是其他有趣的東西，」我補充，出於絕望又說，「例如巧克力，或寶可夢？」

高野山沒有這些東西。就日本而言，這是罕見的毫無寶可夢的淨土。高野町分爲聖域的「伽藍」——主要寺院，中央有一條主街、幾家餐館和禮品店——以及埋葬弘法大師的奧之院，據說大師並未眞正過世，只是入定，當地僧侶依舊每晚送精緻膳食給大師。

我們必須在五點半前趕回房間用餐，所以早上沒逛到奧之院，如果是白天去，可能沒這麼可怕。但即使午後陽光燦爛，氣氛卻異常凝重，格外有壓迫感和幽閉感。也許是因爲那香的味道、那間歇傳來的傷感梵鐘聲，或瞥見黑袍光頭僧人穿著喀喀響的木屐前行的身影。虔敬的心情本來就不容嘻笑怒罵。

寺院清幽雅致，庭園美不勝收，每個都如詩如畫，蒼翠樹林間穿插著戲劇效果十足的紅楓。地面是覆滿青苔的巨石，周圍有整齊耙梳過的灰色石礫，我不禁想起艾米爾在京都的搗亂行徑。有些古松的彎曲角度極其險峻，旁邊撐著木竿，模樣猶如年邁的進香客。

我們回到寄宿的寺院，在門口脫鞋，換上紅色塑膠拖鞋。因為尺寸大概小了五碼以上，我只能像個貧困變裝癖似的小碎步移動。五點半整，紙門滑開，僧人默默地把漆盤上的五彩菜色端上矮桌。我們跪在桌邊，吃起清爽的蔬菜天婦羅、蒲鉾（魚肉磨成糊，經過蒸煮，製成彩色的魚板，切片盛裝）、烏龍麵、沙拉、新鮮豆腐、鮮脆醃漬物、味噌湯和新鮮水果。

飯後，我漫步到廚房道謝。途中碰到光頭的墨西哥尼姑維洛妮卡，她說她在寺院住了八年，每晚幫五十人準備餐點。他們吃肉嗎？我問。「不太吃，但是如果有人送肉，我們就得吃。」她說完之後又匆匆送餐去給其他住客。

我們決定飯後出去走走，後來才知道這不是一般的高野山休閒活動。主要街道空蕩蕩，我後來才知道日本人表面摩登，骨子裡很迷信，鮮少在天黑之後踏入奧之院。我們下山，經過早上折返的地點。森林入口有兩位老婦兜售松枝和蜜柑當供品，她們看到我們似乎提高警覺，看到我們微笑甚至別過頭。後來我才知道，之後再也見不到活人。我想參觀弘法大師的陵墓，地點就位於石徑盡頭的森林深處，因此我們向前走。

高聳入雲的雪松森林氣氛靜謐，空氣彷彿凝結不動。據說高野山的千年松林充滿神靈，神道認為自然界萬物都有神明，從動物、樹木到石頭都不例外。一旦夜幕低垂，沿途只有燈籠照明，愈發覺得萬物皆有靈。

我們進入林子之後看到驚人景象，面前是一排又一排的石燈籠、浮屠塔和寶塔，路上有詭異的小人雕像。雕像刻得像孩童，每個頸間都掛著紅色圍兜，有些頭上還有針織帽子。許多小雕像前供著糖果、硬幣；有些是坐像，模樣彷彿是懶洋洋的停車場管理員，只是坐在自己的小木屋中打盹。有些小雕像的五官經過風雨吹刷磨損，有些圍兜被雨水沖刷成粉紅色。這些雕像稱爲地藏，紀念早夭的嬰兒或幼童。理所當然，我們沒把這個典故告訴艾斯格和艾米爾，然而他們已經察覺大人的情緒變化，也停止哼唱他們胡編的猴子僧侶歌。森林更深處有一個巨大高塔，堆疊著更多地藏像，這個約莫五公尺高的小山就在路邊站崗。

千百年來，許多日本權貴葬在高野山墓園。近年來，日本企業也流行在這裡爲過世員工興建紀念碑——許多座都照公司產品設計（一個做成咖啡杯，另一個又像太空梭）——在世的員工來訪，還會留下名片。

我們拍紀念碑上的火箭時，發現艾米爾不在身旁。我們往回走，呼喊他的名字，應該說是用氣聲喊，因爲這裡的氣氛教人不敢放聲大叫。我越來越緊張，艾米爾常迷路，已經是家常便飯，但他從沒在半夜的森林墓園中走丟。

我們終於找到他。感覺恍如隔世，其實可能不到五分鐘。他沒走遠，蹲在地藏旁說話，一手放在雕像頭上。

麗森一把抱起他，輕聲告訴他，如果要離開我們身邊，一定要先交代。

「你對雕像說什麼，艾米爾？」我假裝輕鬆自在。

「我們只是聊天，」他說。「她說她很孤單。」

我們終於跨過一之橋，參拜的人會在這裡舀水潑向某尊雕像，紀念溺水或早夭的嬰兒。接著我們走到燈籠堂，弘法大師就在那裡等待未來佛降世。燈籠堂有一萬盞油燈，據說有兩盞已經從十一世紀持續燃燒至今，其中一盞還是由當年的天皇點燃。唯一的聲音就是外面的溪流，我們快速瞥一眼就匆匆離開，努力克制拔腿就跑的衝動。

回到寺院之後，我約了瑞士僧人柯特見面，據說他是高野山的非官方大使，到世界各地介紹眞言宗和高野山的歷史。

「我來是爲了悟道，」柯特告訴我，我們坐在他的辦公室喝義大利葡萄酒。「我頭一次到日本是二十七年前，當時是爲了研究靈性設計。我本來是藝術家，是表演藝人，也鑽研裝置藝術，我從各個層面探索藝術，務求表達我的想法，無論是透過演說、寫作等等……」

我向他問起精進料理的背後有何涵義。「意思是純粹的食物。佛教僧侶收到什麼就吃什麼，不能自己殺生，但是如果有人供奉肉給他，他也得吃。在寺院裡，我們當然只吃蔬食，也不吃洋蔥、大蒜，因爲這些食材會刺激性慾。有些外國遊客不喜歡豆腐，但我發現他們都神經兮兮。」

葡萄酒就沒問題？「佛教禁止攝取任何藥物，因爲它們會使人失去意識。你必須隨時都要對每一刻有覺知，所以佛陀建議人們冥想，才能了解自己的心。我喝葡萄酒是爲了提高血壓，也是因爲你的緣故。其實我以前是酒商，幸好佛陀不評斷任何人，我們不是傳教士。基督徒會說『這個對，那個錯。』但佛教徒寬宏大量，他們不批評。有情眾生有許多方法可以得到救度，我們尊重所有生靈，知道人非聖賢。」

這種人生哲學聽起來很吸引人，直到他說他每早四點起來誦經、禮佛。我隔天想加入他們嗎？

「也許吧。」我說。

我問到他的信仰。「不，我沒有信仰，我存有懷疑。萬物都有能量，這種哲學能讓人得到解脫，因爲執著導致痛苦，無論你執著的是想法、概念或完美主義。舉例而言，我看到人們爲了與伴侶常相廝守，竟然願意付出那麼多努力。執念帶來痛苦，佛教要求你觀察自己的心。只要你了解自己心思的運作，就能得到解脫，活在當下。當下就是快樂，只要放開自我，你就自由了。」

「那是什麼感覺？就像第一口的烤布蕾？」

「比較像性高潮。」

「原來如此。」我說。

28　牛肉幻覺

在高野山吃過精緻卻少量的蔬食之後，我很想吃肉，越多越好，最好是血淋淋又多油脂的紅肉。如果傳言屬實，日本人對牲口的尊敬遠超過印度人，至少在宰殺之前都悉心照顧。這些牛隻受到的矜貴待遇，恐怕連芭黎絲．希爾頓的吉娃娃狗都覺得離譜，因爲牠們喝啤酒、有人幫忙按摩、塗抹清酒促進血液循環，還有悠揚的管樂可以欣賞。據說，這就是他們的牛肉——西方人稱爲神戶牛或和牛——如此滑嫩，布滿米白色雪花油脂的原因，難怪日本牛肉昂貴又受人追捧。除了獨角獸之外，沒有比日本牛更神乎其神的動物了。

日本人自認是虔誠、自制，飲食適度的素食者，而牛也扮演了未必眞確卻極其重要的角色。據說佛教約西元七三〇年傳到日本，此後法律就不准吃肉，沒有一絲牛肉進了日本人的嘴，直到一八七二年某個早晨，天皇起床之後決定晚上吃點牛肉，便詔告天下結束禁令，日本人一夕之間又開始吃肉。即使在當時，歷史也將日本人放棄吃素傳統的責任，推諉給西方蠻夷。辻靜雄在《日本料理：極簡餐飲藝術》中指出：「日本第一批被宰殺的牛，是送上西方人的餐桌。」

辻靜雄竟然罕見地出錯了。話得說清楚，日本人向來都吃肉。一般人認爲，七三〇年的禁肉令是吃素時代的分水嶺，其實這是實際的解決方案，因爲人民吃了太多負責農耕的動物。禁令的目的是阻止大家吃掉耕田的牛、馬，所以豬不在禁食之列。

我先前提過，因爲日本古人偏好山豬肉，很快就另外改稱牠們爲「山鯨」，規避禁肉令，武士尤其愛吃肉。著名史學家石毛直道在《日料的故事》指出：「禁令的主要目的是阻止人們吃牛、馬，保護牲口數目，也爲了預防旱災、蟲害和飢荒。此外，禁令僅限春夏，因爲那是稻耕季節。」其實，當初之所以採取佛教戒律，避免不必要的殺生，只是爲了取締非法濫捕動物和魚類。

然而日本人依舊繼續吃肉，理由和我奶奶晚上喝蛋酒的藉口一樣：具有「醫療效果」。他們明白肉類的健康價值，用「藥獵」（yakuro，把獸肉當藥食進補而狩獵）掩飾自己嗜食野味。

因爲十六、十七世紀開始接觸西方人，日本人驚覺自己的體型較矮小，認定原因就是西方生意人有吃肉的習慣。史學家卡崔娜．克威卡指出，約莫在這個時期，販售馬肉、山豬肉和鹿肉的「珍獸餐館」越來越風行。

十九世紀下半葉，隨著長崎、函館、橫濱、神戶港開放對外貿易，吃肉的習慣越來越普及，就連天皇也不例外，一八七二年下詔開放（一八七三年一月二十四日鼓勵百姓吃牛肉），大家才能吃肉。五年內，東京每天吃掉二十五頭牛，十年後，提供肉食的食堂猶如雨後春筍般在日本各地爭相開設。

戰後的牛肉消費量大增，理由和十九世紀後葉一樣：日本人發現美國大兵較高壯，認定關鍵在於對方吃肉。一九五五年，日本人每年平均吃三公斤的肉，如今則是超過三十公斤。

港口開放導致西方飲食習慣開始流行，例如餐桌、椅的使用。聽起來也許不可思議，至少當年日本人最愛的洋食就是英式餐點，因爲比法式料理簡單、實惠，所以伍斯特醬和咖哩飯才會莫名其妙地廣爲流傳，至今在日本都很受歡迎。日本人看到英國人如何鎭壓印度，他們可不想步上這種後塵。解決方法是什麼？趕快吃肉增強體魄！

這就是命名不當的「神戶牛」名稱的由來。在十九世紀國際貿易港中，神戶最國際化。直到現在，據說當地居民來自一百多個不同的國家，外國商船知道他們一定能在這裡找到好牛排。日本料理牛肉最普遍的方法就源自神戶，當地也因此在全球餐飲界占有一席之地。那道菜就是在鐵板上加熱切丁牛排的鐵板燒，是一九五〇年代某位什錦燒廚師的發想，因爲他想爲美國顧客提供他們熟悉的菜色。

但不是所有日本牛肉都是神戶牛，因爲狂牛症的緣故，多數國家從二〇〇一年開始禁止日本牛肉進口，直到近年才解禁。紐約或倫敦餐廳的獨特鵝肝醬、松露漢堡中的神戶牛，可能來自美國中西部、澳洲或中國。即使在日本，只有極小的百分比可以稱爲神戶牛。畢竟神戶只是背山面海的窄長土地，不可能有太大的牧場。

「和牛」的名稱也許比較恰當，但同樣太廣泛（畢竟這只代表「日本牛肉」）。日本主要的牧場在前澤、米澤、山形、神戶和松稅。這些地方牧養的牛超過八成都是黑毛、短角的但馬牛，或稱爲黑毛和牛。這種牛多半來自沖繩南部，出生後才送到本州飼養。我訪問過的大廚或饕客都認爲，北至雲津河、南至宮川河之間的松阪牛最美味。據說這裡的牛肉最漂亮、最嫩、最可口。

我們看過這種不凡的肉品，各地超市都有鋪貨，這些肉就像色彩相反的樹莓漩渦冰淇淋，稱爲「霜降」的脂肪紋理密密麻麻地分布在紅肉上。我們第一次有機會嘗試，是在京都著名花街先斗町的涮涮鍋餐廳（shabushabu）。

日式涮涮鍋在我看來半是料理，半是表演藝術，薄如培根的牛肉片就在碳火加熱的小鍋（hokonabe）中涮過，鍋裡正燉煮著清淡昆布高湯。辻靜雄說涮涮鍋的名字由來是牛肉在水裡洗過的聲音，但這不是傳統日式料理，在二十世紀初期才傳進日本，一般咸認來自蒙古。只涮幾秒的牛肉不是沾柚子醋，就是芝麻基底的醬料，有時只沾生雞蛋。艾斯格和艾米爾興致勃勃地吃完珍貴的肉片——這種戲劇化的料理技法可能專爲小男孩設計——接著下鍋的就是磨菇、洋蔥、白菜、豆腐，這時兩個孩子可沒那麼熱切了。如同上次在東京吃相撲火鍋，正當我們以爲已經征服整鍋時，服務生又在已經吸收各種食材風味的湯裡加了麵條。

隔天，我們又試了另一種享用日本牛肉的方法，就是壽喜燒。壽喜燒的牛肉片較厚，直接用牛油脂在熱鍋上炒，再沾甜甜的醬油味醂（日本東西美食大不同第二八六號條：關東用這種醬料煮，關西只拿來當沾醬。）我覺得太甜，但孩子狼吞虎嚥吃光光。但甜滋滋的牛肉和大麥克本來就差不多，不是嗎？

兩家餐館的牛肉都是鮮豔的粉紅色，分布的油花極多，很難判定我們吃的是肥肉或帶著點瘦肉的肥油。口感就像吃牛奶長大的嫩小牛肉或油膩的百利髮乳，會在舌尖停留一會兒，才像熱鍋上的奶油般化開。牛肉本身有種光滑細膩、難以描述的鹹辣味，就像不尋常的美味肥油。

我想細究這種不可思議的肉品。這些牛如何被養得這麼肥滿，又不會因為心臟病發而嗝屁？那些啤酒、音樂和按摩的傳聞眞的屬實嗎？

這些傳聞出自最可靠的消息來源，好比日本美食作家貴美子・巴柏（Kimiko Barber）就說過：「牛肉有大理石油花紋理是因爲農場用啤酒按摩牛隻，讓脂肪均勻分布。」我多次在報章雜誌、書籍看過日本人用這種方法養牛，但我很納悶，按摩眞的能讓脂肪移動嗎？他們所言屬實？啤酒眞能增加油脂？眞有牧農放音樂給牲口聽？

如果這些傳聞不假，我很清楚自己希望這些研究有何目標。自從我開始研讀和牛的資料，就立下丟人又幼稚的志向。我從未對別人提起，甚至沒告訴麗森。我擔心她覺得這次來日本，只是我發神經或童心大作。

我想幫牛按摩。

就是因爲荒謬，我才更想做；但我不否認，能參與生產世上最可口的美食，的確帶給我一種廉價的光環。我不斷幻想自己按摩牛隻的鏡頭，如果松阪牛最頂級，我就要去那裡對牛上下其手。

松阪是三重縣中部的古城，位於大阪東南部，車程大概三小時。查出交通方法是最簡單的一環，找到願意接受訪談的畜牧業者就沒這麼容易了。

起初我詢問相關單位，對方沒搞清楚，「抱歉，我們不出口。」之後就是懷疑、拖延，電子郵件反覆往返。我是哪本雜誌的專欄作家？文章何時登出？我能先寄相關的牛肉報導嗎？請再說說你爲何對和牛感興趣？你先前說你貴姓大名？總之就是諸如此類的問題，來來回回，沒完沒了。我根本不敢提起我想造訪松阪牛牧場的眞正原因。

努力不懈之後，我終於和著名的和田金牧場約好時間，但我只能帶翻譯一同前往。所以這次不能帶上麗森和孩子，我和京都料理課認識的塞爾維亞新朋友沙夏（他會說日文）從大阪車站出發。

三小時車程當中，我們剛好有機會更認識彼此，沙夏也有機會詳細說明塞爾維亞在巴爾幹半島衝突中所扮演的角色，細數塞爾維亞料理的榮耀——他宣稱是歐洲料理之母。

從我這番敘述聽來，別人可能以為沙夏誇大其辭，或精神錯亂，但他其實相當謙虛。他說他的夢想就是回塞爾維亞，開一家真正的日式料理餐廳。「我要在同一棟建築物不同樓層開餐館，」他告訴我。「一樓就是庶民料理，例如拉麵或咖哩飯，越高樓層，餐點越精緻，頂樓就是懷石料理。」這個點子挺不賴。

火車抵達松阪之後，當地的主要產業一目瞭然。放眼所及，看板廣告都是牛肉餐廳、肉店、牧場。到了和田金牧場（猶如井然有序的鄉村俱樂部）時，我已經想好整套戰略。工作人員解釋畜養方法時，我會仔細聆聽、努力做筆記、問些正經八百的問題，對方就會覺得我認真研究畜牧。我絕對不會蠢到直接問他們是否幫牛按摩，也絕對不問我能不能「按摩一下」。我會耐心等候時機，再不經意地提起，能不能因為「學術目的」，看看牧場的牛。在牛棚徘徊時，我希望能看到他們暗中進行的養殖方法，或偷窺他們是否正在讓牛喝啤酒、做按摩。也許我可以請沙夏引開工作人員，我再溜進圍欄，假裝拍拍牛，其實偷偷揉捏，至少以後就能理直氣壯說我幫牛按摩過。

就算我被逮到又如何？沒錯，我可能害我家族、國家蒙上奇恥大辱，但只要我按摩過牛，一切都值得。

結果我們一到牧場，看到四頭戴黃鼻環的黑毛但馬牛自在閒逛，兩個工作人員在一旁好整以暇，地上放著四公升燒酌、一箱啤酒、兩個稻草按摩墊。可想而知，我有多驚訝。

我才剛下車，和主人握過手，其中一個已經含了一口燒酌，噴向牛的身體，用稻草刷子按摩，還慫恿我也試試看。

我甚至不必丟人現眼，就能實現我這趟旅程的最大志向：幫牛按摩。

我舉起超大的燒酌瓶，考慮是否該擦一下瓶口邊緣，又不想侮辱主人的口腔衛生，以致失去千載難逢的好機會。我喝了一大口烈酒，用盡整個肺活量，對準牛身體，結果酒滴出來，流得滿身都是。和田金牧場的工作人員看得笑呵呵，我還以爲有一支躲起來的電視台拍攝團隊會從後面走出來。但牧場人手只是催我趕快拿刷子，教我上下刷，讓燒酌滲透粗糙的黑毛。接著他又遞上棕色大瓶啤酒，黑牛看到便興奮地擺頭。我把瓶子塞進牛嘴，但黑牛咬牙又擺動嘴唇，雖然拚命吸，很多啤酒都流到地上。

工作人員讚許地看著，我覺得人生某個篇章即將結束。我做到了，我幫牛按摩。但此時此刻，我覺得空虛、膚淺，異常愚蠢，卻又有種變態的成就感。

因爲我不常對牛噴酒，多數燒酌都進了我的肚子，所以無法清醒地訪問和田金牧場社長，同時也是日本著名的育牛專家松田和祐。以下是我從筆記勉強解讀的內容。

這些牛在另一個育牛區兵庫縣養到十個月大，才送到和田金牧場。這些牛就是肉牛，不是乳牛，也不會交配繁殖，因此三歲十個月大被宰殺時都是處子之身。松阪牛的飼料多半是稻稈，混合玉米、大豆和穀物，養到重達六至七百公斤。和田金餐廳的一百公克牛肉售價是四千八百日圓，也只能在這裡吃到和田金牛肉。

「爲什麼要餵啤酒？」我問。

「如果牛隻食慾不振，喝啤酒可以開胃，」第四代的傳人松田先生說。「不是天天餵啤酒。」那麼燒酌又是爲什麼？「因爲便宜，酒精含量高，可以有效殺蟲。」眞的放音樂給牛聽嗎？「沒有，胡說八道。」

至於牧場爲何幫牛按摩，松田先生就語焉不詳。「按摩是爲了阻止肥肉堆積，」他說，至少這是沙夏的翻譯。「油脂對牛肉風味很重要，」他補充。「很健康，膽固醇不高，就像橄欖油。」

我們回松杌中部的五層樓餐廳兼飯店品嚐和田金牛肉，餐廳的招牌菜是壽喜燒，但我想吃最純粹的和田金牛肉，也就是刺身。牛肉送上桌時只附了薑和醬油沾醬，肉質香甜、滑潤，沒有英國半熟肉的金屬、血腥味。這種肉比其他和牛更有韌度，我挺喜歡。

總而言之，這天很成功。但回程途中，有件事很困擾我。我總覺得他們的說詞只是迎合我，我其實沒找到眞正的答案。因此兩天後，在電話中經過更謹愼的協商，我再度回到松阪，這次是單槍匹馬。

當地的牛肉研究中心經理出面接待我。他開著味道不太好聞的本田車，載我去拜訪幾個養了幾百頭海福牛和黑毛但馬牛的牛棚。

我沿路不斷發問。日本牛肉爲什麼那麼貴？爲什麼那麼嫩？他們餵牛吃哪種飼料？幫牛按摩、餵啤酒是眞的嗎？和田金牧場的方法是眞的嗎？還是唬弄遊客？

「在這裡養牛是勞力密集產業，」他解釋。「時間非常長。我們養到三十個月才宰殺，這些牛在這段時間都不產牛奶。你看，」我們抵達牛棚時，他指著牛背上的烙印。「我們就是用這個方法判斷何時宰殺，那個凹痕和雞蛋一樣大時，就表示時間到了。」

他繼續說，和田金牧場玩眞的，啤酒的確可以刺激食慾，只是他本人不贊成這種用法。他說，日本牛肉的美味祕訣是品種和飼料，而且多半是雌性，因爲母牛比公牛的肉質更柔嫩。「只有日本黑牛才有這種大理石油花。首先，我們只餵草，」他指指牛欄裡兩頭悠哉吃草的大眼睛黑牛。「接著餵稻草加點綠稻稈或青草，有助於脂肪細胞生長。青草富含維他命A，可以阻止脂肪細胞生成。牛還是需要維他命A，否則會四肢腫脹、失明，所以還是要吃綠色食物。」他宣稱，日本人喜歡特嫩的肉質，因爲他們「下顎肌肉不強壯，原因是日本人已經習慣吃米飯。」儘管這種說法可信度不高。

他牽出一頭牛，遞上一把鋼刷。「你可以試試看。」我已經是照顧牛隻專家，義不容辭開始猛刷。

按摩呢？那對油花又有什麼影響？「對脂肪沒有直接影響。但牛隻喜歡，可以讓牠們心情放鬆，就有可能吃更多。但我們通常只在宰牛前按摩，安撫牠們的心情。」

我停止刷毛。原來如此，按摩只是幫助放鬆，牛快樂，肉就好吃。按摩有助油花形成，純粹是神話傳說。

知道嗎？歸根究柢，偶爾吃吃和牛還不錯，但對我而言還是太嫩、太油。健康疑慮還不是我的考量，我只是喜歡比較堅韌的肉質。牛肉應該入口即化嗎？又不是冰淇淋。

29 海女

我離開松秫踏上歸途，在火車上翻起當地旅遊局的觀光手冊。其中有一頁提到三重縣的歷史，某張泛黃的照片讓人久久無法移開目光，那是兩名女子穿著白色兜帽連身衣，戴著泳鏡。她們活像超級時髦的焊接工，但下方的簡短文字指出她們是傳說中的女性潛水伕，也就是海女，她們在三重縣東岸的太平洋水域已經徜徉將近兩千年。

下一頁介紹第一家養珠公司御木本珍珠，由麵條製造商之子御木本幸吉創立於一八九三年，總部就在鳥羽市。翻到手冊背面的地圖，我看到海女主要的活動區域鳥羽和菅島兩地大概是一小時車程，而且都位於先志摩半島。

憑藉十年的專業經驗，我就像其他記者，看到兩則可能相關的資訊，就自動腦補成戲劇化的動人故事。等到我回到京都住所，已經可以對麗森和兒子描述白衣的女性潛水伕如何嚇跑鯊魚，又是如何連續閉氣半小時捕撈價值一棟房產的珍珠。

隔天，我聯絡三重縣觀光局。當地是否還有打撈珍珠的海女？觀光局的人員說，當然有，只不過她們不再打撈珍珠，因爲當地都是養殖珍珠了。如果我多動動腦，當然會想到現在不必為了養珠潛水，否則何必養殖珍珠。海女下水撈鮑魚、扇貝、海參、海帶或海膽。我問是否有機會拜會她們，她回覆，沒問題，明天好嗎？

因此我們十月一號搭火車到鳥羽，觀光局派兩位代表到車站接我們，他們迅速帶我們搭迷你巴士兜風，繞過風景優美的英虞灣到相差町，也就是多數海女的居住地，她們總共有一千多人。

我們駛過陡峭道路，穿過山林，峭壁底下就是點綴著岩石群島的蔚藍大海。歐美對日本的印象就是極端現代化，眼前景象強烈地提醒我們，只要離開水泥叢林和商場，日本的壯觀美景可以媲美世界各地。

我們終於抵達馬蹄灣邊的簡陋漁村，車就停在沙灘上。狹窄的道路緊貼著懸崖，深谷底就是白花花的海浪，小屋在道路盡頭，幾百公尺外就是灣口，聽說我們會在小屋用餐。我們向海邊走，聽到古怪的口哨聲，走到木屋外時，兩個人從海裡的梯子探出來迎接我們。

泛黃照片裡的女士化為眞人，兩個海女是四十歲出頭的姊妹光佐希多美江（音譯）和光佐希佳世（音譯）。她們拿著木盆，裡面都是神祕的甲殼類水生動物。

她們領我們走進木屋，地板中間的敞口式火爐（爐端）有熊熊燃燒的炭火。我們圍著火爐坐，海女烤著剛撈到的漁貨，例如角蠑螺（海蝸牛）、扇貝或是先買來的烏賊和蛤蜊，聊起她們的故事。

她們說，三十年前，光是相差町就有四百個海女，但是這行的人數越來越少，現在整片地區只剩三千名。海女分兩種，一種是在離岸十公尺外往下潛；另一種游得比較遠，大概游到三十公尺外才潛水，後者通常都是夫妻檔。無論如何，海女在鄰里之間都備受敬重，就像村裡的長老。

海女幾乎每天出海，一次潛水一小時，丈夫就在船上守候。這時我拿夫妻關係講冷笑話，顯然這些地帶的潛水伕向來是女性，因爲當地人深信女性體脂較多，所以更適合潛到更深、更冷的水底，而且她們的肺比較大——這點我持保留看法——所以可以閉氣更久。

「我們帶著十公斤的石碇往下沉，被拉上水面時，就吹口哨控制呼吸。吸氣太快很危險。」多美江說，兩姊妹也示範給我們看，原來就是我們先前聽到的詭異氣音，聽在日本人耳裡，顯然會聯想到美好時光。

「我們通常二十歲入行。最優秀的海女八十一歲了，現在還在工作。我們根據季節，潛到水裡撈甲殼類和海帶。三月撈海帶，現在首要目標是海參。」

最值錢的漁獲是什麼？「鮑魚，但很難，」她的妹妹說。「鮑魚緊緊依附在岩石上，得花點時間挖下來。我們時間不多，因爲我們只靠閉氣潛水。」

「妳可以閉氣多久？」艾斯格問，因爲他搭火車來的途中不斷練習。「我可以這麼久。」他把腮幫子吸得鼓鼓的，十秒之後就滿臉通紅，大口呼氣。

「大概一分鐘半吧，」多美江大笑。「當然，如果保持不動，可以閉氣更久，但我們要花很大的力氣在海床上游動找貝類。」

我明白以前科技不發達，海女不用氧氣筒，但是現在爲何不用呢？

「現在要注意不要濫捕，」佳世說。「不用氧氣筒，我們捕撈的時間就有限，不會撈太多。我們要用這個（她舉高鉗子形狀的丈量儀器）檢查尺寸，才不會撈上太小的的貝類。」

麗森問起她們的白衣，用意眞的是嚇退鯊魚嗎？「不是，是預防水母攻擊和曬傷。我們的確看過一公尺長的鯊魚，但牠們不危險。但我們這行的風險很大，去年有一個海女困在繩子裡面，因此住院治療。我們身上有這個符號，」她比比星型徽章。「這是對抗鯊魚的護身符。」

佳世一邊說一邊幫烤爐上的角蠑螺翻面，汁液噴到小屋另一頭。艾斯格和艾米爾眼神既驚恐又著迷，海女用叉子叉給他們時，兩人睁大眼睛縮起身體。

身爲嘉賓，我可沒有權利拒絕，儘管我吃過的蝸牛通常都很有嚼勁，卻沒什麼味道。我曾經造訪芬蘭島嶼的蝸牛農場，女主人解釋料裡蝸牛前必須先讓牠們挨餓——實在沒有更含蓄的說法了——蝸牛才能排出所有排泄物。這些角蠑螺雖然不是同一個物種，但顯然沒經過這道清除程序，因爲牠們才剛從海裡撈起，難怪那些深綠色的腸子會留下略苦的餘味。我還得吃五個。

我問，這是當地的招牌菜色嗎？「喔，不是，」兩人都搖頭。「海膽飯才是。作法很簡單，飯裡加了很多米醋、昆布、蔬菜，上面鋪著海膽。」

回到鳥羽之後，我們還有一會兒工夫才要搭車回京都。當地是御木本珍珠的發源地，以珍珠聞名。美麗的崎嶇海灣表面蓋著木棚，用來懸吊養殖珍珠的牡蠣。中間就是「御木本珍珠」建立的主題公園「眞珠島」。館內的華麗展示品說明公司如何在阿古屋牡蠣裡養殖珍珠：「用平板針撥開一部分的內臟，再用切口刀在牡蠣身體表面開一個切口。接著在切口處，輕輕撥通一條通往性腺的通道。」下次選兩件式上衣搭配珍珠時，請三思。

因爲度假太開心，我慫恿麗森從海邊的珍珠店選個禮物（我必須補充說明，她的生日也快到了）。但我一看到價錢便開始恐慌，無論她看上哪一串，我都大肆批評貶低。「不要啦，好俗氣，」我反對。「妳戴那條好胖。」可惜麗森是專業珠寶鑑定師，大老遠就能分辨珍珠好壞。她打發我和兒子去超大水族館，因爲她要忙著講價。

30 ─世上最棒的醬油─

隔天，我單獨搭公車跨越明石海峽大橋到內海的某個島嶼。那島嶼風光明媚，我從車窗望外看都覺得心醉神迷。山巒起伏和緩，峽谷上是密密麻麻的墓碑，遠方海面波光粼粼，空中盤旋著巨大的黑鳶，背後襯著晴朗的藍天；稻草屋在日光下曬得暖烘烘；還能看到武士電影中才有的陶瓦木屋。

我去四國找世上最棒的醬油，等級相當於冷壓、頂級初搾、單一莊園橄欖油，或五十年之久的摩德納陳年巴薩米克醋。這種稀有的產品是用傳統方法製成，事實上，廠商還是古代的武士家庭。

不過，我先介紹超市等級。

日式料裡最重要的材料不是白米，而是醬油，白米是一餐中的精神元素，不只是材料。雖然日本人烹飪會用鹽──後來我發現沖繩也生產某些上好的鹽，但他們的調味品多半用這種鹹得可口的深黑色黏稠液體。

他們平均每年用的醬料是八公升：色淡、味鹹的薄口醬油，通常用在關西料理中；味道較淡、顏色較深的濃口醬油，多用在關東，市占率高達八成；另一種則是用同樣比例的小麥和大豆製成；有一種加了甘酒（發酵的米酒）、還有甘露醬油、白醬油，以及味道較濃醇、幾乎不用小麥的溜醬油。

有個品牌在日本國內、國外都獨占鰲頭，那就是「龜甲萬」。從美國的華盛頓到英國的伍爾弗漢普頓，世界各地的中餐、日式料理餐館或民宅廚房，都能看到龜甲萬獨特的矮胖瓶身、易壞的紅色塑膠瓶蓋。該公司在荷蘭、中國、美國都有工廠，每年生產超過四億公升的產品。龜甲萬是醬油界的可口可樂，甚至也可以說是百事可樂。難道你還想得到另一個醬油品牌？

日本醬油一般都在千葉縣生產，不是在銚子就是野田，再沿著河流運到下游的東京。十七世紀以後，醬油開始出口到法國，據說路易十四就非常喜歡。龜甲萬三百年前創立於野田，目前還是該公司的總部。兩個月前，這趟旅程剛開始，我們還住在東京，我就搭無休止境的火車，越過浩瀚無垠的東京郊區到東京以北二十哩的野田。

野田顯然是單一企業城鎮，空氣中飄著濃郁的醬油香，那味道甜醇，帶有牛肉和小麥香。但龜甲萬似乎沒爲野田帶來鉅富，工廠簡陋、低矮，放著生鏽又巨大的小麥儲放槽。

我本來希望造訪御用藏釀造廠，也就是專爲宮內廳釀造醬油，但該廠正在整修。因此公關部門的矢野博之先生熱心地帶我逛遊客中心，就從沉悶的企業影片看起（「自古至今，無論時光流轉、無視國境限制，這就是龜甲萬！」），再從觀賞窗參觀大豆在工廠內製成醬油的過程。

過程其實相當簡單，難怪世界大戰前，日本一般百姓也會自己釀造醬油。主要材料就是蒸大豆和炒熟後碾碎的小麥，龜甲萬用的是美國和加拿大種植的非基因改良大豆（御用醬油則只用國產材料）。接著就用該公司的麴菌發酵，混合食鹽水之後製成泥狀的醬醪（moromi），放置發酵半年。糖加上胺基酸賦予醬油深焦糖色，酵母菌和乳酸則創造出各種香味——醬油有三百種不同的香味，顯然可以比擬葡萄酒。難看的棕橘色醬醪再經過攪拌，並且在二千八百公尺長的尼龍袋中壓榨，之後再加熱殺菌。

我問矢野先生，這種方法和中國的釀造方法有何差異。「發酵過程不一樣。有些中國醬油用化學過程，」他嗤之以鼻地說。「好比說，他們可能用酸水解蛋白質。」有些公司會添加玉米糖漿、人造焦糖，甚至水解植物蛋白和鹽酸。龜甲萬可不會。

龜甲萬三十年前還把醬醪放在木架上發酵，當初的設計用意就是爲了抬高木架控制通風，繼而調節溫度。現在他們改用內側鋪玻璃的巨大恆溫不鏽鋼槽，光是野田的工廠就有兩千個不鏽鋼槽，而且這裡還不是龜甲萬最大的工廠，最大的位於美國威斯康辛州。因爲大量生產，該公司販售的醬油可以壓到比瓶裝水的成本還低。

龜甲萬簡易的「慢食」釀造過程頗讓我印象深刻，但我偶然在京都餐館嚐到另一種更細緻、溫潤的職人醬油，促使我踏上今天的旅程，前往四國的龜菱屋醬油坊。

目前日本只有龜菱屋還用傳統方法釀造醬油，採用草蓆種麴法（mushiro method），也就是將草蓆放在竹架上，再把發酵的豆子鋪在草蓆上。這種方法發酵出來的醬醪至少要放置兩年熟成。

龜菱屋創立於兩百多年前，目前由武士家族岡田家的第十七代經營。釀造工坊位於東香川市，就是當年的武士宅邸。這棟建築只有一層樓，是鮮紅色灰泥古民家，屋頂鋪著厚重的陶瓦。

工坊目前由岡田佳苗經營，這位單親母親原本在東京從事旅遊業極爲成功，幾年前返鄉拯救家族事業。「我從小就不想接家業，父親也不逼我，」岡田小姐說，「我原先在美國上班，後來回東京，生了一個孩子。我曾在日本文化中心上班，許多同事都鑽研某種文化，例如歌舞伎或相撲。我覺得很羞恥，因爲我長久以來都不重視家族傳承。當年在美國也一樣，每個人都對我的家庭感興趣，我卻答不上任何問題。所以我十五年前回來，接下公司。」

岡田小姐明白自家產品的文化、商業重要性，決心挽救瀕臨破產的家業。她辦到了，靠的是她敏銳的商業頭腦、對傳統古法的尊敬，以及開發新產品，包括冷凍乾燥醬油粉、已熟成二十七年的陳年醬油。

「我們和龜甲萬截然不同，」岡田佳苗帶我參觀時表示。「我們在熱沙上烤小麥，用整顆的大豆；他們用脫脂的乾豆子。我們在草蓆上發酵醬醪，底下是竹架，溫度控制在攝氏二十八到三十度之間。我們的醬油在杉木桶中熟成的時間至少三年，這是非常費工又需要經驗的工法。」

岡田佳苗是日本醬油公司第一位女社長。她的十六歲女兒有何想法？我問。她以後要接掌家業嗎？「她和我小時候不一樣，她以我們的事業為榮。她和我一起出差，也幫我和客戶解釋說明。許多日本年輕人都不想當上班族，一心想創業。以前我們很難找到員工，畢竟這裡位置偏僻，現在很多年輕人願意來這裡工作。只有幾個能應付這種辛苦的工作，但我認為他們會願意繼承古法。十年前，我們經歷嚴重危機，銷售停滯不前，現在數字已經加倍。」也許這種革新又有創意的方法也能幫助豆腐和清酒產業。

我們爬到結著蜘蛛網的陰暗閣樓，用數百年的杉木桶盛著慢慢發酵的大豆，這種環境更能控制氣流和溫度。放眼所及，無論是牆壁、地面、舊水管、天花板都結著如同焦油的厚殼。我們輕手輕腳地跨過木桶上方，這些大木桶就嵌在地板下。這讓我聯想到《孤雛淚》那個年代的倫敦，我可能臉色不太好，所以岡田佳苗才說：「這裡並不髒，這是幾十年的真菌，但整個過程都非常衛生。我們從來不打掃。政府的風險分析部門派人來，要我們大掃除，我只能解釋正是這種環境，才能造就風味特別的醬油。這裡的黴菌有兩百多年之久！我們做過檢驗，這裡有兩百三十種細菌、酵母菌、微生物，這些都有助於我們的發酵過程。」

這些微眞菌會生成大量酒精，因此到了夏天，這裡的溫度會上升，也會飄著酒香。」換句話說，這棟建築有許多活生生的微生物，可說是巨大的發酵室。

地板溼滑，木桶又有兩公尺深，我問有沒有人跌進去過。「有，我四歲時掉進去一次。當時裡面都是醬油，幸好有人及時把我撈出來，否則我就沒命了。」

這種工序（發酵的頭兩晚必須有人照顧醬醪，得持續攪拌，保持合宜的溫度）的成果就是他們的醬油比超市鋪售的產品更醇厚、順口。價格大概是一般醬油的兩倍，但在我看來，這種職人手藝便宜得荒謬。

我們到岡田佳苗的辦公室聊醬油業的未來。「我開始爲法國、義大利廚師生產醬油粉末，因爲他們不能用醬油調味，否則會改變料理顏色。現在有許多義大利主廚用這種粉末，因爲充滿鮮味，可以當成天然的味精。帕斯卡勒・巴波（Pascal Barbot）和亞倫・杜卡斯（Alain Ducasse）都很有興趣。」

她接著拿出壓箱寶。「這個，」她自豪地揮著一瓶深黑色的糖漿物，「就是熟成二十七年的醬油，也是世上唯一的陳年醬油。我去摩德納參觀陳年醋廠時，得到這個靈感，我在那邊喝到一百年的巴薩米克醋，香極了。我要等到熟成五十年才賣，但你可以試試看。」味道濃醇、有深度，有強烈的奶味，還有雪莉酒、杉木和烤牛排的味道，就像細緻又多層次的馬麥醬，又少了之後的嗆辣口感。

他們也賣十年的醬油，價格約是一百英鎊，可能是世上最貴的醬油；味道雖然沒有這麼濃醇，淋在薄切生肉上卻很可口，就像巴薩米克醋。岡田佳苗未來的計劃更令人翹首盼望，例如可以淋在冰淇淋上的醬油楓糖漿、醬油巧克力碎片、焦糖醬油和巴薩米克醋醬油粉。「巧克力產品還不完善，鮮味應該更濃。」（但是我離開之後，醬油巧克力已經研發成功，上市販賣了。）

我等公車時到處閒逛，又看到另一家古老的職人工坊，他們生產和三盆糖，也就是所謂的糖王，以前是當成貴重特產來出售。這種豆子大小的糖球用薄紙包裝，兩百多年來都是用蔗糖手工精製。以前只有南九州可以種植甘蔗，傳說有個來自當地的香客偷運竹束甘蔗，一路步行到四國，一抵達就倒地過世。人們種了那根甘蔗，而且四國的水土非常適合耕種。甘蔗生長旺盛，拿去榨汁熬煮，再用石製甘蔗車夾榨去渣，最後得到比九州更小的粉粒狀結晶。如今和三盆糖每公斤三千日圓，是日本最貴的糖。車子入站前，我剛好有時間買這些格外勻細的糖。和三盆糖入口即化，留下淡淡的香甜花香餘味。

31 雙塾記：第二部

我們在大阪住了一個多星期，該去拜會另一個爭取日本料理界王位的競爭者，也就是想取代辻靜雄的後人。諸君應該記得我在東京見過服部幸應，他以打造電視節目《料理鐵人》聞名，也是東京服部營養專門學校的校長。他在日本料理界占有一席之地，因爲他對日式餐點的健康議題有深度研究，又與政府合作食育計劃，何況他還答應帶我上日本最棒的餐廳。

現在我要會會他的頭號對手辻芳樹——辻靜雄的兒子。辻靜雄一九九三過世之後，他便成爲大阪的辻調理師專門學校（Tsuji Culinary Institute，TCI）校長，同時也是關西料理的守護者。

我們來日本之前，我已經先傳電郵給他，辻芳樹竟然親自回信邀請我參觀，所以現在我坐在精緻的會議室等他，周圍是法國古董，面前是巨大的橢圓橡木桌和辻靜雄的半身雕像。

助理先送茶進來，說辻先生馬上過來。不久後，他們的老闆翩翩到來。英俊的臉孔沒有一絲皺紋，身穿灰色西裝、深色長褲，四十三歲的辻芳樹猶如日本版的李察·吉爾。他後來提到自己熱衷鐵人三項，難怪體格結實，還隱約散發出一種蓄勢待發的氣質。他輕聲細語，動作極少，似乎很習慣大家對他豎耳傾聽。

我們到他辦公室的會客區，他簡單介紹學校。目前共有五千個學生分布於大阪不同校區、法國南部的兩間古堡分校——蕾克雷爾堡（由辻靜雄的好朋友保羅．博古斯Paul Bocuse幫忙創校）和艾絲寇菲堡——和東京一間較小的分部。他說學生男女比例幾乎是各半，多數是日本人，但也有南韓和台灣學生，年紀從高中畢業生到六十多歲都有。學校教授日式、法式、義式料理，也教授糕點製作。

我請問辻先生是否自覺是料理界權威。「不會，不覺得，但我覺得任重道遠，」他說。「我們要打造專業職人，但是越來越少人想學日本料理，因爲太辛苦。本校可說是很早就體認到這個危機。」

他本人會下廚嗎？「只做早餐。我十二歲開始受訓，但一滿十八歲就停了。」他父親的著作超過三十本，內容不只是美食，還包括音樂等興趣。辻芳樹目前寫了兩本《美食進化論》和《日本料理，原來如此》，但他在美國的商學院訓練有助於他拓展學校，例如利用日本經濟衰退，買下附近的銀行。如今辻調理師專門學校幾乎是一個迷你城鎭，大阪這一區的許多街廓都是校區。

「你想看嗎？」辻芳樹問。當然想，我以爲公關人員會領路。「我們走。」他說。辻芳樹顯然以自己的學校爲榮，樂於親自帶我參觀。我很快就明白原因，那不僅是我見過最不同凡響的學校——相較之下，我就讀的巴黎藍帶廚藝學校簡直是烏干達的簡陋小學——也是你所能想像最令人歎爲觀止的教育機構。

我們第一間造訪的教室就是設備精良的廚房兼攝影棚，尤其適合拍影片或照相。學生們忙碌地在弧光燈下工作，準備拍照用的餐盤。第二間是主要視聽教室，辻先生指出，教室面積是服部幸應學校的兩倍。桌子是擦得發亮的紅木寫字台，前方是巨大的不鏽鋼工作站，吊著十二只銅鍋，每個鍋子都在鎂光燈下熠熠生輝。這間教室由設計師約翰．莫佛（John Morford）操刀，東京柏悅酒店（《愛情，不用翻譯》裡的飯店）就是他的作品。從其他地方也看得出來，這間學校對建材一點兒也不馬虎。裡裡外外的裝潢都非常雅緻、高級，就像時髦的水療飯店，用了灰色板岩搭配洗練的米色。放眼所及，所有學生都穿著乾淨的白制服、藍圍裙、灰長褲；主廚則穿白色西裝外套、打領帶，戴廚師帽。

辻先生說明，四百九十個教職員都是日本人，多數都是專家中的專家，例如其中一位就花了三十多年鑽研玉子燒，也就是日式煎蛋捲。「我們有最優良的教師陣容，因爲要成爲本校的老師必須通過激烈競爭，許多人來了之後也無法跟上這裡的標準。」我聽過各種日本大廚的可怕故事，他們如何讓學生準備就緒，面對餐館的嚴格懲罰？「老師不准用手或任何器皿體罰，也不能霸凌學生，但是在這些限制之內，他們都很嚴格，非嚴不可。」辻芳樹說。

學生一年的學費是一萬五千英鎊，「我們是世上最貴的料理學校，」他自豪地告訴我。

「雖然桃樂西・坎恩・漢彌爾頓（Dorothy Cann Hamilton）堅持紐約的烹飪中心最貴，我還跟她爭論過！」辻芳樹現在也在紐約插旗，與大衛・布雷（David Bouley）合開日式料理餐廳「筆畫」（Brush Stroke）。

光是法式、義式料理課就有一整棟大樓，糕點課又在另一棟。辻芳樹說行政大樓設有心理諮商師辦公室，目的是爲了幫助學生適應學校生活、解決個人問題，因爲學校非常看重這件事。

我們去亮晶晶的乾淨廚房觀摩老師教學。主廚示範以「太陽」爲主題的菜單，告訴學生如何處理一整袋的鮭魚卵，接著示範料理柚香和風鮭魚。主廚挑出鮭魚的細刺，猶如專業裁縫師般，熟練地在食指和中指之間滑動魚骨。接著用醬油、味醂、洋蔥、醋和一點乾辣椒醃魚片。學生坐著專心聽講，只聽得到冷氣低鳴。

在歐美國家，餐飲業依舊仰賴學徒制度，年輕人在餐館廚房從低階雜役做起，幾乎沒有工資可言。學徒制度遭到嚴重濫用，幾乎相當於奴工，但日本的風氣略有出入。「以前年輕廚師必須坐在餐館門口等上一星期，希望老闆答應他們加入——我說的是那些非常有名的料亭——不過那種習俗已經式微。我們日本沒有**分階段**的文化，但有學徒制度，十六歲就可以開始。他們沒有薪水，但餐廳會提供住宿、伙食、交通費。然而那種作法也不時興了。」

相較之下，辻調理師專門學校的畢業生在日本餐飲界炙手可熱，一萬五千家餐廳請學校推薦畢業生，而該校每年僅有三千名畢業生。

參觀大廚示範之後，辻芳樹邀請我一起用餐。我隨他去某間食堂，廚房工作人員全是學生。以前我們在藍帶廚藝學校，看主廚示範三道菜之後，便到廚房作主菜。這裡的學生卻是一做就做十道，款待的五十多個顧客都非常挑剔。

我們到的比較早，辻邀我參觀廚房。學生的技巧、組織能力和菜色複雜度都讓我驚訝。某個角落有一男一女負責裝飾生魚片，另外一人正在炸素麵當裝飾，也爲天婦羅增添額外的口感。

那一餐很精采，擺盤典雅、色彩繽紛、食材新鮮、菜色別緻。對我而言，這一餐和當地美味餐廳相差無幾。我們和學生同桌，我問其中一位爲何選擇這間學校，辻先生幫我翻譯，「因爲我喜歡日本，想了解日本文化。」猶如參加世界小姐選美的標準答案。「日本料理是世上最酷，最美的餐點。」另一人說。好吧。

午餐時，我提到自己很期待當晚要去大阪頂尖餐廳「華原」[18]（Kahala）。

「對，那裡很棒，」辻芳樹說。「你怎麼知道？你跟誰去？」

「門上先生（門上武司是關西著名美食作家，我前一天才見過）推薦，我自己去，他說

18 位於大阪北新地的米其林二星餐廳，其實餐廳名字沒有漢字，此為音譯。

那裡不適合帶孩子。」

辻芳樹看起來很煩惱。「你自己去啊，可是……不行，不行，這可不成。」他從西裝外套內側拿出記事本。「我看看，呃，你介意我陪你去嗎？」

「那就太好了，當然不介意，但我不知道你現在還能不能訂到位子，有辦法嗎？」（那家餐廳只有八個座位，必須幾週前就預訂。）

「喔，別擔心。」辻先生說，喚來手下，用日語交代。

片刻之後，他的助理回來，點頭表示事情已經辦妥。

當晚，我就和辻先生約在華原碰面。這間餐廳由有名的森義文經營，這位矮小結實的白髮主廚大概六十出頭。

辻先生說，森先生在大阪夜店區的北新地經營這家時髦、昏暗的餐廳三十五年。這位主廚無師自通，充滿想像力的料理混合日本當季食材、法式料理和現代分子料理。有人稱他爲日本的費蘭·阿德利亞，似乎也頗爲合宜，因爲第一道菜就是亮晶晶的山葵清酒。接著是他拿手的牛肉千層酥——森先生親自在我們面前的鐵板嫩煎五片超薄牛肉——膠質豐富的魚翅佐香菇，以及柔軟昆布上的海鰻和超大芥菜籽。

整頓餐超過十道菜，我後來才知道這頓晚餐超過日幣十萬元，因爲辻先生點了厲害的陳年波爾多紅酒。他堅持請客，而且我還不知道帳單上桌前，他已經付掉。他的殷勤好客不僅止於此。

「請問你有時間喝一杯嗎？」他問。

他在同一條街上往前走幾戶，轉身、微笑，領我進地下室，他說那是他的私人會所。某位穿著華麗的濃妝中年婦人出來迎接，帶我們穿過狹長、明亮的酒吧。

坦白說，我第一個念頭就是「啊，這些男人都帶妻子出席還眞體貼。」某個「太太」悄悄走向我們的桌子，坐在我身邊，距離近到大腿貼著我的腿，我才恍然大悟。

我們還沒坐下，辻先生放在酒吧的單一麥芽威士忌已經放在桌上。他幫我和兩位同坐的女子倒酒，他說對方是好朋友。「我自己來大阪時，常來這裡。我的家人住在東京，她們眞的是我的朋友，有時我還會帶其中一位出去吃飯。」

我對兩位女子微笑，彷彿又回到羞怯的少年時期。我向來覺得，花錢請女性陪伴，即使只是柏拉圖式的談天，總讓我覺得氣餒。畢竟這是付錢請對方陪伴，就定義而言，她們對你有興趣不是出自眞心誠意，也沒有任何意義，就像包汪咖啡館的狗狗。但不到幾秒，兩名公關小姐已經把我迷得團團轉，我已經任由她們擺布。

她們精通交際，說得一口迷人的破英文，我一下子就相信她們眞的對我感興趣，我果然有魅力：沒錯，她們就是這麼厲害。一位長得像日本版的艾娃．嘉娜（Ava Gardner），另一位有著芮妮．齊薇格（Renee Zellweger）的酒渦。我眞心認爲兩人都對我有意思。

隨著夜幕低垂，聊天內容也越私密。我問辻芳樹為何講得一口無懈可擊的流利英文，原來他在十二歲就被父親送到英國前首相布萊爾的母校費蒂斯公學，可以想見當年一定很辛苦。「這麼說吧，我是寄宿學校裡唯一的亞洲少年。」我很好奇，對美食如此講究的辻靜雄竟然將兒子送去蘇格蘭。「告訴你。」辻芳樹大笑，「我的味覺在十年後才恢復！」

我提到，在京都時曾和大廚村田吉弘聊到，辻調理師專門學校和服部營養專門學校的競爭。我問起辻芳樹時，村田先生嗤之以鼻。「辻芳樹從日本到歐洲都搭頭等艙，只住麗思卡爾頓飯店。」我向辻先生說到這件事，妙的是他不滿意的是村田吉弘對飯店的描述。「拜託，我才不住麗思卡爾頓，」辻芳樹彷彿遭到侮辱。「我向來只住喬治五世四季酒店！」

32 福岡

布斯家的篷車轟隆隆往前走，隔天早上搭著新幹線往南，前往九州首府福岡。

效率一流的鐵路系統往往是進步社會的象徵，即使是瑞士，和日本相較之下，簡直就像我英國家鄉的老古董。日本鐵路系統是效率典範中的典範，不僅是準時至極，時間差只有幾秒（比預定時間晚一分鐘就算遲到），而且電車抵達時，車廂門和月台的標記完全吻合，買指定座位的乘客就知道要在哪裡候車。月台上甚至畫了「排隊」線，指引尊貴的乘客找到確切車廂。

新幹線列車進站的那刻令人印象深刻，白色的列車頭漸漸減速，在眾人的驚嘆聲中完美剎車。這是麗森、艾斯格和艾米爾初次搭子彈列車。我這幾天都不斷討論這件事，也爲他們感到格外興奮。結果兩個小朋友無動於衷，我拚命要他們留意火車的空氣動力學形狀、注意高速前進導致窗外風景模糊等等，可惜只是對牛彈琴，他們只忙著玩新買的寶可夢玩具。

福岡是新幹線的終點站，離東京一一七五公里。其實停靠車站有兩個，一個是福岡城，另一個是經貿活動更頻繁的博多。兩地在一八八九年合併，如今有一百三十萬個居民。福岡

／博多人自認有文化素養，也夠國際化，因爲當地有快速輪船抵達南韓，飛往上海的時間相當於飛往東京。也許就是因爲這個原因，當地以屋台小吃（路邊攤）發展出獨特的飲食文化，這是我們當晚在城裡閒逛時的偶然發現。

我們一到福岡就覺得很自在。我們去過日本這麼多城市，如果要再回來，福岡絕對是不二選擇。面積夠小，不會無法招架，又不會小到令人無聊。福岡還有一種特別的輕鬆氣氛，友善、活潑、不造作。氣候宜人、商店一流、有博物館、音樂廳，加上熱鬧的夜生活，福岡應有盡有。

屋台也爲當地增添歡樂氣氛。我們在城裡閒逛的第一晚，拐個彎就看到那珂川邊的路邊攤，許多攤子都有車輪，有些還罩著塑膠布，彷彿我們兄弟在森林搭的帳篷，那些攤子掛著燈泡，爐子冒著蒸氣，顧客排隊等待擱板桌的位子。有些是開放攤位，有些有簾子。老闆看到小朋友，馬上拒絕做我們的生意，也許認爲他們的食物不可能合艾斯格和艾米爾的胃口，他們可能沒猜錯。有些攤位比較熱情，我們很快就坐在摺疊椅子上，在這氣溫舒服的夜晚俯瞰河川，與其他顧客共桌，大家各吃一碗拉麵。

博多拉麵用的是豬骨做的白高湯，味道比較辣，但同樣美味。我們隔天還想再吃，也找到著名的「一蘭」。顧客可以在獨立空間吃麵，彷彿置身偷窺秀。這家的拉麵也一級棒，孩子們也很自豪能在各自的隔間中用餐，但小朋友拚命按鈴，服務生疲於奔命。這些空位中間是服務生穿梭的走廊，員工就忙碌地應付顧客的需求。就算沒有四歲、七歲的小朋友測試服務生的耐性，其他顧客也非常挑剔。每個人桌上都有一張類似問卷的點菜單，幾乎可以照個人需求客製每碗麵——麵的硬度（超硬、硬、基本、軟、超軟）、多少蔥、油濃郁度等等。店內掛著「勿用手機」、「勿與鄰座交談」的告示，提醒這家餐廳專門款待重度拉麵迷，我因此想起東京認識的某位不凡男子。

朋友小美帶我去橫濱拉麵博物館，介紹我認識拉麵王小林孝充。我們進入他不尋常的奇幻世界之前，我想先花點時間介紹各種日本麵條。

日本傳統麵條大概就是蕎麥麵和烏龍麵。蕎麥麵是用蕎麥粉（多半還摻雜了小麥）做成的雜色細麵，關東人較喜歡；關西偏好的烏龍麵粗、軟、滑溜，是麵粉製成的白色麵條。起初是因爲東京的貧瘠土壤容易栽種蕎麥，如今日本各地都吃得到各種麵條，但關東和關西的老饕依然珍惜兩者之間的差異。阿利直截了當地告訴我，用竹盤盛裝並且沾醬吃的冷蕎麥麵（zaru-soba），向來給人感覺較有氣質。大碗的蕎麥湯麵（kake-soba）則有庶民感（但他承認自己在家裡也會這麼料理。）蕎麥有種樸實、接近金屬的穀物味，頗類似法國的鹹薄餅，兩者都用蕎麥製成。如果能找到百分之百用蕎麥製作的食品，肯定對你的身體有莫大助益，因爲蕎麥富含維他命B1和B2，而且蛋白質含量高於米飯。蕎麥也有豐富的生物類黃酮，有助防止高血壓，還有解毒功效，據說有助抗癌。因爲蕎麥是緩釋型碳水化合物，不像吃完義大利麵食半小時後就覺得疲倦。烏龍麵則多半是沒有營養的卡路里，最大的優點可能就是提供飽足感和滑潤結實的口感。多數烏龍麵都是用柴魚高湯烹煮的湯麵，但也能料理成沾冷醬的釜揚烏龍麵（kama-age-udon）。

烏龍麵和蕎麥都是日式食物，拉麵則是中國的舶來品（名字的由來則是因為廣東話的**老麵**或**柳麵**）。儘管如此，日本人吃的拉麵遠多於蕎麥麵和烏龍兩者的總和，理由可能與速食麵有關。拉麵在二十世紀初才傳到日本，但因爲油脂含量高，飽足感類似牛肉，正好迎合想滿足口腹之慾的戰後世代；當時稻米短缺，拉麵正好成爲替代品。辻靜雄摒棄這種中國食物，所以書中完全不提，儘管他不得不提起日式炒麵（其實就是炒拉麵），說「每個日本節慶場合都少不了這種食物（就像棉花糖）。」

素麵則是上等細麵，原料是小麥粉和芝麻油，基本上就是比較細的烏龍麵，而較粗一點的則稱爲冷麥麵（hiyamugi）。春雨（harusame）由馬鈴薯粉製成，類似鬼芋根製成的透明蒟蒻麵（shirataki，這種麵條丟進天婦羅麵糊，就能增添討喜的焦脆口感）。此外還有碗子蕎麥麵（wanko-soba），也就是岩手縣的一口麵——顧客一吃完，碗子服務生就會添麵，一般大概會吃上五十碗。這是大胃王比賽常出現的麵條（當時最高紀錄是一次連吃三百五十碗）。

日本最受歡迎的餐點是拉麵。不是生魚片或天婦羅，因爲這只能算點心。無論是時間緊迫、或是需要吃一碗就飽、或想嚐點鮮味、想吃碳水化合物和豬肉的蛋白質、想吃熱食填飽肚子、或是想唏哩呼嚕喝一大碗湯，日本人都會選擇拉麵，至於是保麗龍碗裡的泡麵，或等火車時站著吃的拉麵，或由認眞的拉麵師傅端上，他們都能接受。

如今拉麵衍生出一整個產物鏈，包括拉麵雜誌、鉅細靡遺討論拉麵店的網站、部落格。至於拉麵師傅，則有正宗派或急於創造新風格的創新派。日本的拉麵餐館超過二十萬家，餐飲業分析師都在熱烈討論「拉麵旋風」。

歸根究柢，拉麵就是一碗黃色有嚼勁的中國麥粉麵條搭配一大碗湯，上面還要有些配料，通常包括一片叉燒肉。只要看過日本電影《蒲公英》的觀眾都知道，拉麵不僅止於此；該片描述年輕老闆娘在神祕外來客指導下，學習終極的拉麵做法。拉麵王小林孝充說明，拉麵可以有千百種變化，無論是麵條的食譜、湯頭和配料的種類都沒有限制。

「基本上，拉麵有四種：東京的醬油拉麵；札幌的鹽味拉麵和味噌拉麵，以及源自博多或九州的豬骨白湯拉麵。其實我就是在這間博物館愛上拉麵，」他懷念地補充。「我那時吃的是豬骨湯拉麵，我從沒想過食物可以這麼好吃。」

我本以爲三十二歲的小林先生是**料理**拉麵冠軍，或是吃拉麵的大胃王（在一九九一年泡沫經濟結束前，這類競賽節目非常受歡迎，後來大家漸漸覺得暴飲暴食非常不合宜），結果他是因爲非常了解作法、廚師、餐館、地方種類等相關資訊才得獎。參賽者還有另外二十四位拉麵達人，冠軍獎金是五十萬日幣，他們必須辨別拉麵種類，從照片、甚至環境音就認出餐館。

我很好奇他如何處置獎金，「全拿去吃掉了。我因爲迷戀拉麵，一年就花三倍多的經費，我一年造訪一千多家拉麵餐館。」他曾經吃膩嗎？「從來沒有，因爲每碗拉麵都不一樣，湯頭有很大的差異，可能用豬骨、雞骨、柴魚、昆布或其他魚乾等，種類繁多。我曾經一天吃十一碗拉麵，走，我帶你去看。」

我們在橫濱的拉麵博物館大廳碰面，橫濱是最多中國人居住的日本城市。入口有一小區介紹拉麵歷史，展示三百種不同拉麵，還有商店販賣各種紀念品。另外一區展示十二種不同麵條，但在我看來都一模一樣。拉麵博物館創於一九九四年（每年有一百五十萬人次的遊客），在全日本引發一片模仿潮；但對我而言，眞正的吸引力在樓下。

樓下逼眞地重現一九五〇年代的橫濱，老街燈的光線永遠是薄暮時分，還布置出陰暗的巷弄，十幾家拉麵店有濃厚時代感的老舊海報、生鏽的水管和古早的店舖擺設，每家主廚都一副硬漢模樣，料理的是各自不同的地方風格拉麵。

我們吃的第一碗是東京拉麵，湯頭是柴魚風味的高湯。那碗美味的拉麵有濃郁的鮮味和鮮明的柴魚餘韻。我原本只想淺嚐幾口，但這已經成了熟悉的行爲模式，我只要一吃就停不下來，非得把整碗吃進肚子。相較之下，「阿福」（Fukuchan）的博多拉麵比較稀，顏色較淡，但叉燒味道較重。我們接著又吃札幌的味噌拉麵，我們走進店裡時，主廚正在用顯微鏡檢查他的拉麵湯頭。

「他在做什麼啊？」我問。

「很正常，他正在評估湯頭的密度，很多師傅都會這麼做。」

對我而言，札幌的拉麵頗讓我飄飄然，因爲那些麵經過發酵，而且格外有嚼勁，但太鹹。小林先生也同意，我因此稍稍感到自豪。也許我有成爲拉麵王的潛質？但我馬上知道不可能，畢竟才吃三碗，我就覺得全身裝滿拉麵。

但小林依舊稀哩呼嚕地努力吃。他解釋日本人吃麵爲何要大聲吸食，因爲這可以幫助麵條冷卻，讓味道和香氣更能擴散。他果然吃得很響亮，彷彿正在品嚐上等勃艮地紅酒。

小林先生如何分辨拉麵的好壞？「麵條彈牙的口感是重要的判斷關鍵。日本人很注重食物的質地，中國人沒那麼在乎。我們會添加鈉和山泉水增加嚼勁和黏度。此外，日本人喜歡鮮味，所以我們會用柴魚做高湯，中國人不會。當然，我們的醬油也不一樣。」

我納悶日本是否有時髦的高級拉麵館，「沒有，拉麵是庶民美食，頂多一碗一千日圓。但是拉麵師傅的高明之處，就在於他能在有限的空間中拿出最棒的手藝，我稱爲『拉麵道』。這種食物很實在，所以我才這麼喜歡拉麵！」這個國家寸土寸金，從車子到手機都務求迷你，我可以看出一碗就能容納整份餐點的吸引力。「沒錯，你說對了！」小林說。

我問到，吃那麼多拉麵對他的身體有何影響。從日本人的標準而言，他頗高大，但看起來又不太臃腫。致力於研究拉麵是否帶來任何後果？「我沒事，拉麵沒有麥當勞可怕，畢竟麵裡有蔬菜。」他的妻子呢？他爲了完美拉麵到處奔波（那天晚上的交通就花上兩小時），每週至少到博物館一次或到日本各地。「她能理解，我們在拉麵網站認識，她也在拉麵店工作。」

我們離開前交換名片，小林先生的名片自豪地寫著「拉麵王」。

「很高興你要向全世界介紹拉麵！」他在橫濱博物館門口向我揮手道別。

33 —很久很久以前的下關—

老實說，當天早上離開福岡時，我的確有點緊張。儘管坊間有許多亂七八糟的錯誤資訊，至今的確有人因爲吃河豚而喪命，現在我也去吃這道世界有名的魚肉，同樣可能再也回不來（其實我看不懂日本的公車時刻表才是最大的阻礙）。

河豚是某種魨科，其實日本的河豚有幾種長相類似的魨，卻都含有不同程度的毒素。河豚的卵巢和肝臟（kimo）有致命神經毒素河豚毒素，毒性是砒霜的十三倍。每條河豚的毒素足以殺死三十個人，尤其是夏季最強。如果吃了太多河豚肝，第一個症狀就是口乾舌燥，接著則是呼吸困難，然後是視線模糊。世上沒有河豚毒素解藥，但有人能逃過一劫。其他人則痛苦癱瘓，窒息喪命，死狀恐怖。發現澳洲的詹姆斯．庫克（James Cook）船長吃了河豚，但幸運死裡逃生。然而著名的歌舞伎演員秭東三津五郎可沒那麼走運，他在一九七五年吃了好幾份河豚肝，一命嗚呼，廚師因此坐牢八年。日本天皇終生都不能吃河豚。

雖然近年來開始飼育無毒河豚，市面上多數還是有毒，我從報章雜誌得知，日本每年還是有人因爲吃下料理不當的河豚喪命。但更多人幸運活下來，離開加護病房（如果頭二十四小時就能靠生命維持系統維生，應該就能安全脫身），而且政府還嚴格管理料理河豚的師傅。眾所皆知，餐廳要提供河豚，大廚必須有特別的處理執照，而且費時兩、三年才能拿到。近年因爲有人偷盜餐廳垃圾桶，現在大廚必須把有毒器官放在上鎖的盒子裡。河豚的危險部位被妥善切除之後，一般人才能買回家烹調。多數死亡事件都是因爲捕捉到河豚的人自己在家料理，或是有人爲了追求刺激，想體驗舌頭麻木或暫時昏厥。有些意外還是發生在餐廳，經手的人也都是專業人員。最近的一起意外發生在二〇〇九年一月，山形縣餐廳有一位沒有執照的廚師料理河豚生魚片和睪丸，導致七名顧客發生意外。其中一位六十八歲的老先生幾乎是當場喪命，其他人則在後來幾天發現手、腿麻痺、刺痛。

（寫到這裡，我可以先暫停，再回去看《辛普森家庭》某一集。荷馬去附近新開的日本料理「快樂力士」用餐，吃了學徒料理的河豚。希伯特醫生說他只剩二十四小時可活，結果他後來活下來。美枝隔天早上發現丈夫沒死，是因爲他的口水還溫著。荷馬發誓，以後要愛惜生命，只吃減肥用的豬肉皮，別吃肥肉。然後就開始看電視上的保齡球比賽。）

日本著名的河豚漁港就是下關，離福岡兩小時車程，就在北方的關門海峽邊。那個波濤洶湧的狹長水域隔開九州和北邊的本州。其實我大可以在日本任何地方吃河豚，多數日本大城的餐館水族箱都養著活河豚。但我聽說，下關才有頂尖的河豚師傅和最新鮮的河豚。這個小鎮捕獲、加工的河豚遠勝過日本任何城市，每年產量是三千噸，超過全國河豚漁獲量的一半。有些來自河豚養殖場，有些則是野生。如果有人可以幫我妥善地料理河豚生魚片，肯定就是下關。令我失望的是，麗森和孩子一點兒也不擔心我當天的任務，我當天清晨離開，他們馬上又睡著。

福岡的公車站位於超大購物商場的三樓，搞得我很狼狽。最後我得跑上好長一段路，我已經多年沒跑過，而且還得跑兩層上樓。不可思議的是我竟然還算輕鬆，不像以往肺部灼痛，或頭暈腦脹，雖然我跑步的機會少之又少。往後幾小時，我比較疲憊，但至少和幾個月前不同，我沒因爲狂奔而被送進醫院。難道在日本吃了兩個月，我的健康眞的因此有改善？

公車站乾淨、安靜、井然有序。每個站牌都有身穿灰色尼龍制服的車掌，努力指引四處亂竄的遊客，以免他們錯過公車。幾位車掌禮貌地制止我上錯車，原本我就像不斷飛撲玻璃的蒼蠅，最後終於放棄，靜靜等死。幾分鐘後，有位車掌找到我，引導我搭上通往下關的車。雖然我們沒有任何接觸，在他白色手套帶領下，我上了車。

我才剛到下關，立刻看出河豚並未爲當地帶來繁榮。市容老舊，建築物是組合式房屋、水泥牆斑駁、植物未經修剪，在在散發遭到冷落的氛圍。但下關以出名的原因爲榮，也就是當地的河豚。我發現，人孔蓋的浮雕是卡通河豚圖案，當地公車的椅套上也是河豚的花紋。商店都是河豚的絨毛娃娃、鑰匙環、馬克杯和手機吊飾。我從公車站走到港邊的漁市，以爲途中會看到當地名人或偉大作家的雕像，卻只看到超大的河豚雕像，噘起的嘴唇和鼓脹的體型，讓人一眼就認出。我看到前方有人潮，走近之後才知道他們都圍著巨大的河豚氣球。在因緣際會之下，我竟然在一年一度的河豚節慶來到下關。

孩子們在市場外開心地蹦蹦跳跳，市場內有許多人圍著某個魚缸。我擠到前面，發現有幾個孩子試著釣魚，魚缸中大概有二十幾條河豚悶悶不樂地繞著水缸游動，任何人只要付日幣二千圓就能試試看。這些不幸的魚兒大概和磚頭差不多大，而小朋友在家長慫恿之下，不擇手段，務求成功，因此河豚被釣出水面，可能是魚鉤穿過皮膚、眼睛或尾鰭。

我發現河豚一被釣起，就有員工立刻將活跳跳的魚帶到後面。我環顧四週，趁大家不注意的時候跟上去。這裡的景象可能連「瘋狂理髮師」也看不下去，魚販處理完河豚，才用塑膠袋裝給顧客。我入迷地看著他們宰魚，金屬工作臺邊站著四個男人，他們身穿沾滿血和內臟的圍裙、戴著白手套。我一直好奇河豚是否和其他魨科親屬一樣有鰭棘，而且在這種狀況下，大可立起棘刺——畢竟牠們的臉被砍掉、內臟被挖出——因爲我沒看到，所以我的結論是河豚沒有棘刺。

處理魚、肉，我還算有膽量：畢竟我曾經把活生生的淡水鼇蝦、螃蟹和龍蝦丟進熱油或沸水中，即使是還有餘溫的野鴨，我也曾剁掉牠們的頭、拔毛、清除內臟。但老實說，我看了都覺得不太舒服。魚販抓住砧板上扭動的河豚，用刀柄迅速敲魚頭後方。接著切掉魚臉和魚鰭，魚鰭放在旁邊等著煎過放入溫熱清酒中當點心，然後一口氣扯開魚皮——同樣有毒素。此時魚還在呼吸，舌頭從剛被劃開的刀口中突出，魚鰓鼓脹。魚販將手指戳進魚體內，扯出有毒的內臟，丟到地上水桶中時，河豚還扭動著。所謂上鎖盒子一事，應該是我想太多了。最後，河豚眼睛被挖掉，所剩無幾的魚骨和切成大片的魚肉就裝在塑膠袋裡，還給顧客。我默默計時，整個過程只花了三十秒，雖然魚販處理這種致命魚類的態度不如我想像的嚴謹，但我相信他們自有定見。

我湊過去對他們微笑，他們也笑，顯然不在意別人看到。我指著桶子，想確定那些內臟有毒。我有個點子，這個蠢主意突然靈光一現，罔顧所有理性和常識：我打算試試河豚肝。畢竟以前人們眞的吃過小量的河豚肝，後來政府才下令禁止。據說河豚肝會導致舌頭感到舒服的酥麻。

我指向桶子，兩手握著脖子假裝噎死的模樣，還伸長舌頭、翻白眼，最後疑惑地攤出手心向上的動作。他們點頭。桶子裡果然有河豚毒素。

我又逗留了一下，等魚販回去工作，然後蹲在桶子邊綁鞋帶。我不會吃一大口，只是用指尖碰一下再舔，這麼微量絕對不會要我的命。當我往桶子方向時，某個魚販看到我，揮揮手指。我收手，怯生生地笑一下，他又埋頭工作。我趁機伸手碰一片肝臟，迅速舔手指。

我起身，裝作若無其事。但我一站起來，屋子似乎天旋地轉，視線變得模糊、斑駁。

我慌了。我做了什麼？一個人到底可以蠢到什麼地步？剛剛我有這麼渴嗎？來了，接著我會抽筋，馬上就要躺在地上抽動、口吐白沫，因爲河豚喪命的人又多了一個。但那種感覺來得快，去得也快。我平安無事，也不再慌張。應該是太快站起來才頭昏，問題不在河豚肝。我的舌頭沒有任何感覺，也許我碰到的根本不是肝臟，我永遠也不會知道答案。

我在市場內找早餐。外面有鼓隊遊行，人群中只有我是西方人。攤販兜售一盤盤的河豚生魚片，每片都切得超薄，晶瑩透亮的魚肉排得像是盤子上的一朵花，這就稱爲河豚刺身（fugusashi），依照魚肉尺寸，每盤從一千日圓到兩萬日圓不等。我買了一小盤，端到人行道品嚐。越來越多人聚到外面享用露天早餐，欣賞港灣的翻騰海浪以及頭頂的壯觀吊橋。

河豚實在是名過其實，我不得不說，吃了之後很掃興。魚肉有嚼勁，但味道很淡，有點像烏賊和鯛魚。難怪有人拚命塗抹辣椒醬和柚子醋。

但炸河豚可不一樣，酥脆、肥美、軟嫩、可口。我以前認爲大口鰜或大比目魚最適合裹粉油炸，但相較之下，河豚更棒。Q嫩的肉質和肥美的肉脂味與麵糊相得益彰，魚肉不會散掉，在熱油高溫下還更嫩。眞希望英國南方的布萊頓海濱有這道餐點。

依舊飢腸轆轆的我開始逛攤販，大概有十幾家賣生魚片，每家的魚肉都非常新鮮、經過專業料理，有些海鮮更是我前所未見。多數都是一塊一百日圓，而且是我在日本吃過最棒的生魚片，干貝肥美、鮮甜，握壽司上的紅色鮪魚超大片。我吃了好多壽司，以致開始胃痛。到頭來，害我不舒服的不是致命河豚，而是自己的貪食啊。

34 沖繩

日本都市有各種稀奇古怪的娛樂，可以滿足挑剔的遊客。但是旅遊兩個多月，只能從高速火車、飛機窗外瞥見鄉野風景，我們極度想念沙灘和亞熱帶海洋。

我們從福岡搭飛機抵達沖繩本島時是半夜，摸黑開著租來的小車前往幾週前在網路上訂的飯店。網站的風景照是開窗就是大海、沙灘，因此我們隔天早上醒來滿懷期待。可惜拉開窗簾，發現外面只有水泥建築，蔚藍海洋是撩撥人心的遠方幻影。

沖繩是群島，包括一五九個小島，曾是琉球王國。位置介於日本和六八五公里以南的台灣之間。群島有三十七個都有人煙，但一百三十一萬居民多數住在沖繩本島。這裡也是美國在西太平洋最大的空軍基地，共有兩萬民軍人駐紮。這是第二次世界大戰殺傷力最大的戰役所致的後果，近年來也相當不受當地人歡迎。當年戰役造成三分之一生性和平的居民死傷，沖繩的死亡人數多過長崎加廣島的總和，而且本島多數地方都遭到轟炸。

所以第一家飯店不如我們想像中的美麗，我們不想多加抱怨，只是默默辦理退房，轉往本島東北邊，希望能離海灘更近。

我們姍姍抵達布森納陽台酒店，但衣衫不整，也沒有相搭的行李箱。那間飯店正符合我們的需求，可惜我們不符合他們的標準。櫃檯人員看到我們的表情，彷彿看到鄉巴佬進城，告訴我們飯店已經沒有空房。事實上，他們的樣子頗爲驚恐。

因此我們另外找了一家看得到布森納陽台酒店的旅館，但是一晚便宜太多。我們暗自決定，之後再溜進酒店沙灘。儘管這時已經是十月，海水溫度合宜，適合游泳，但沙灘上有許多標語，警告下水可能遭到各式各樣的生物傷害，多少減低了我們的遊興。我們只好在沙灘上玩埋人、蓋城堡。

一如往常，我大概十五分鐘就開始蠢蠢欲動，努力說服大家去沖繩首府那霸玩一天。聽說平和通有個很厲害的市場，我想去逛逛。

隔天，我們中途先去泡盛商店。泡盛（awamori）是當地的蒸餾酒，有點類似稻米製的燒酎。然而這家店的酒加了不尋常的材料，就是蛇。沖繩的波布蛇（habu）氾濫，當地人發現可以拿來做酒，先用酒溺死蛇，然後讓蛇屍泡在酒裡，九十五度的酒精可以中和毒液。其實喝不出蛇的味道，只喝得出酒味。

平和通的市場比東京其他地方小，但同樣有意思，農產品和九州以北的日本大不相同。就像築地市場，平和通的漁市也在正中央，但一路進去有各式各樣的商品轉移我們的注意力。首先，商店街有更多蛇，有些長達兩公尺，這些盤繞的蛇乾從天花板往下垂，就像哥德風格十足的輪幅窗；此外還有售價十三萬五千日圓的醃鯊魚頭、看起來很紮實的沖繩甜甜圈、真空包裝的豬頭（豬肉在沖繩群島非常受歡迎，因爲自古以來就與中國有密切的貿易往來），我還看到超大的昆布和柴魚商店，顯然日式高湯在沖繩食物中扮演重要角色（當地每人攝取的昆布量是日本之冠）；另外，商店街還有迷人的紫薯蛋糕。魚販的攤子有各式各樣熱帶海產，有些是橘黃條紋相間，有些藍的像霍克尼（David Hockney）筆下的泳池。他們不只賣魚，還賣甲殼類，例如大的像怪物的螃蟹、沒有螯的怪龍蝦、紫色的小螃蟹、巨大的海螺等。

有個攤販老闆解釋，我們可以買海產，請樓上餐廳幫我們料理。麗森得拉住我，我才沒點一個巨大海螺，但我點了許多魚和一份海蛇湯（irabu-jiru）。

樓上就像略微失序的公車站，但氣氛頗爲歡樂。我們找了一家簡陋的餐館（小吃部有好幾家），坐在不成套的椅子上等蛇湯，桌上還有餐巾紙。餐點端上來時，我們有點驚訝還看得出黑色的蛇身。値得讚賞的是艾斯格和艾米爾都乖乖避開小刺，努力挑出蛇肉。我自己都不太想吃，但也只能深呼吸，小口小口吃起來。口感就像小火慢燉的牛尾，肉質頗嫩，有野味，但有許多小刺，而且我無法忘記自己正在吃蛇。我悄悄把碗挪到旁邊，開心地吃起烤魚和無敵美味的海膽。海膽是當地的漁獲，貴的離譜，但也是我嚐過數一數二的銷魂食材。如果有美人魚要開職人冰淇淋店，而且只賣一種口味，就該賣海膽冰淇淋。

當晚，我們這趟旅程頭一次有人掛病號。艾米爾開始發牢騷，說他覺得「怪怪的」。他說胳膊痛，我們捲起他的袖子，或者應該說我們試圖這麼做卻沒辦法，因為他的胳膊腫脹。我們給他吃一錠抗組織胺，但無效，我必須帶他上醫院。

最近的醫院在濱海小鎮名護。醫院在山丘上俯瞰海灣，我找了好久才找到。我在夜色中亂繞，而且越開越慌張，覺得自己在奇怪異域迷路，車上有個生病的孩子（可能中了蛇毒？）我卻摸不清楚東南西北。艾米爾的呼吸開始發出怪聲音，我很擔心他是嚴重過敏，呼吸道可能會縮窄。

最後找到醫院純粹是走運。那棟建築頗髒亂，一點也不像世上最富裕的國家的醫院。候診室半滿，幾乎都是老人家。他們看著我和艾米爾的眼裡充滿恐懼，躲在我背後的艾米爾也一樣害怕。我對櫃檯人員勉強擠出笑容，用非常慢的英文指著艾米爾的胳膊，一手掐住自己的喉嚨。艾米爾的臉色異常蒼白，眼睛下方有黑線，他到底怎麼了？

我們很不好意思地插隊，先接受治療。等了幾分鐘後，有人帶我們進診間。醫生是個害羞的年輕人，看到病患是我們彷彿很驚訝。有那麼一會兒，他眼神中的驚慌頗令我擔心，納悶他是否會逃出去，丟下我們。

為了引起他的注意，我迅速捲起艾米爾的袖子。艾米爾痛苦地縮了一下。

醫生檢查胳膊的模樣似乎若有所思，又用聽診器檢查艾米爾的呼吸。「放心，我還能吹口哨。」艾米爾告訴他（他最近才學會，還沒學會的哥哥聽得很火大）。他想示範給醫生看，卻吹不出聲音。

這時醫師走出去，這種情況令人擔憂，但他很快就帶回較年長的女醫生，對方可以說流利英文。她說他們要幫他打針，至於要注射什麼，她沒說，只問他是否對任何藥物過敏。我想說：「顯然有」，但這個回答可能會招致更多我無法解答的問題。因此我說沒有，至少我不知道。

直到今天，我依舊不知道什麼東西咬了他。也許艾米爾對蛇過敏（因爲我們居住的地緣關係，不容易做這種測試），也許是我們吃的熱帶魚，更有可能是蟲咬。總之醫生幫他打針，他的胳膊當晚就消腫。那天睡前，艾米爾已經可以吹出響亮的口哨。

35 誰想長生不死？

有些人對生死抱持獨特的態度。他們接受凡人終有一死，淡然接受，繼續過日子。有些人甚至置生死於度外，自在地接受他們終會消失，心臟會停止，從此進入永恆的虛無——我就碰過這種人。

當然，有些人知道自己即將衰竭，無論是生理或心理，他們就想結束自己的生命。有些人完全可以接受安樂死的概念，一旦忘記自己爲何走進廚房，就想自我了斷。就拿我的父親當例子吧，他堅持——但只是半開玩笑——如果他失智，我們一定要把他帶到田裡，一槍斃了他（幸好他死前都神智清楚，不過我們家沒有槍也沒有田就是了。）我倒是時時想著死亡，也就是兩眼放空，出神地想著自己有限的生命，而且一天會想上好幾回。如果每次有人對我說「開心點，也許不會發生！」我就有一英鎊可拿，該有多好……但是這一天終究會來到！所以我才會長了一張苦瓜臉。

我可以清楚說明這一切從哪一刻說起：某個晴朗的午後，我望著教室窗外，突然想到自己難逃一死，**世界依舊繼續運轉**！如果我從二樓跳出去，落在一樓的籃球場，車子仍然川流不息，人們照樣看電視，工友一鋪上鋸木屑，韋老師就會喝令大家安靜，繼續解釋澳洲的水流爲何從另一個方向流入排水孔。

其實幾個月前，我就認定上帝並不存在，否則偉大的博格就不會在溫布頓錦標賽輸給脾氣火爆的馬克安諾。當時我大概只有九歲，但我必須先說明，我絕對不是早慧的孩子，無論就學業、社交或體格都不是。我只是比較好運，比同齡孩子唯一更早理解的事實，就是人生苦短，來去一場空。所以隨著年紀老大，身心漸漸殘破老朽到越來越不像話，我更矢志要盡可能地苟延殘喘。無論我是否大小便失禁、口齒不清，或是大家一看到我就反胃，我一定會用布滿老人斑的雙手緊抓著床邊幫忙調整生命維持器的護士。我要成爲孩子的負擔，而且能撐多久就撐多久。這麼說吧，「幸福長壽」還不夠，我不只想活到七十歲，一百多歲才是我的目標。

老年學專家深信，理論上，人體應該可以健康運作到一百二十歲；世上最老的人瑞是一位一百二十二歲半的法國老太太。專家認爲，只有百分之二十五的人的死因和老化與基因有關，其餘都能靠自己控制。我很愛看報章雜誌登載的恐怖健康報導，都當《聖經》拜讀，也因此擔心自己的飲食、缺乏運動和壓力。我之所以沒成爲素食者，大概只能怪我有個無底胃、容易上癮、天生怠惰，個性又軟弱。是的，我沒徹底改變生活習慣，反而尋尋覓覓，就是想找到祕密食材或訣竅等靈藥仙丹，對抗常識，幫助我這具老舊皮囊再活七十年。

儘管麗森和孩子想的是沖繩如詩如畫的沙灘和熱帶海洋，而我之所以來日本南方這片美麗群島，是因爲我這個不信鬼神的人太害怕死亡。

沖繩人深知長生祕密，至少了解如何健康、活躍地活到一百歲以上。他們是全世界最長壽的人，而且不像其他地方——例如巴基斯坦罕薩河谷、厄瓜多安地斯山脈——沖繩人眞的有文獻證明，因爲他們從一八七九年就一絲不苟地保存出生證明。而且他們不是靠昂貴的藥物或精良的儀器，當地的長者生氣勃勃，獨自生活，對社會仍然有貢獻，健康活躍，即使超過一百歲仍能活動自如，悠悠然地成爲「超級人瑞」。就算在沖繩碰到八十多歲的人，他們的父母可能還在世。

歐美前三大死因是心臟病、中風和癌症，但沖繩人鮮少罹患這些病症。十萬人當中，一年只有十八人死於心臟病，美國則是超過一百人。當然，日本人大多超過平均壽命：女性平均壽命是八十五點九九，是全球第一名；男性的七十九點一九則排名第二，僅次於冰島的七十九點四歲。在一〇五歲以上的超級人瑞當中，日本就超過四成，包括我寫作本書時最年長的男子田鍋友時（一百一十一歲）。（最年長的女子也是日本人，她在我們啓程到東京前幾個月過世。）光是這個原因，就很值得研究日本人的飲食和生活習慣——例如只有百分之三的人口過胖，美國是百分之三十——然而沖繩人的長壽是特例。這裡超過一百歲的平均人口是本土的兩倍半以上，沖繩女性的平均壽命是八十六點八八。我寫這本書時，沖繩總人口是一百三十一萬，一百歲以上的人超過八百個，比例是全球第一（日本總人口超過一億二千七百萬，一百歲以上的人有三萬個。）

沖繩人顯然做對了哪件事情，而且還不只一件。對異常害怕死亡的人（有人不怕嗎？）而言，這裡最適合探索內幕。

日本本土居民是近代才長壽，在一九七〇年代之前，瑞士人都是紀錄保持者。但沖繩人的健康卻可以追溯到幾百年前，恐怕幾千年。自從西元前三世紀，中國就與琉球王國有貿易往來，當時他們就稱這裡爲「永生之地」。有些人甚至說中國神話裡的香格里拉正是沖繩。

其實這裡有最長壽的人瑞相當匪夷所思。首先，沖繩是日本最貧困的地區，完全推翻大眾認爲健康與收入成正比的認知。沖繩常有颱風、飢荒，當地人一次次遭到打擊，一次次重新振作，又得再次挨餓受苦。當地不時有外敵入侵，殘暴征服這個公開宣稱非軍事化的和平國度，琉球王國有段時期禁止私人擁有兵器，三味線取代了刀劍。一六〇九年，薩摩藩人入侵，實施嚴苛賦稅制度，在鎖國時期，利用這些群島繼續對中國朝貢貿易。一八五〇年代中期，美國海軍准將培里（Matthew Calbraith Perry）——雖然不算野蠻人，依舊是強勁的外敵——將艦隊停靠沖繩，打算硬撬開日本這個死不開口的蛤貝。後來第二次世界大戰，美國人再度到來。死亡人數超過四分之一，有些人甚至說多達三分之一，其中有許多人是遭到日軍說服，不選擇投降，反而自殺。（可悲的是，這些事情發生後幾週，昭和天皇就不甘願地承認，「戰局必不好轉，世界大勢亦不利我。」）最後同樣重要的一點就是沖繩盛產毒蛇，我們住在那裡時，看到許多居民身上都有蛇咬傷口。

日本本土居民長壽的原因顯而易見。大戰結束後，經濟迅速成長大幅改善醫療水準，徹底消滅致命疾病如肺結核。他們開始攝取更多的蛋白質和動物脂肪，逐漸增重，平均身高增加七點六公分。但是健康改善的最大主因，可能是一九七〇年代初期開始少用鹽。日本人的心臟病死亡率向來很低，但中風死亡率卻很高，因爲食物含鹽量高。他們攝取鹽的份量依舊高過我們西方人（日本政府建議每天攝取十二克，歐美國家多半只建議六克），一九七〇年，政府規定醬油含鹽量必須降低。接著，日本人越來越長壽。中風機率大幅降低，近年因爲西方速食風潮，日本才開始有肥胖和膽固醇的問題。然而沖繩人爲何不在此列？

我聯絡上研究沖繩長壽現象的專家，就是住在沖繩的加拿大老年學家克雷格·威爾卡克斯（Craig Willcox）。他和雙胞胎兄弟布萊德利——目前在哈佛研究——和當地的鈴木信博士一起研究沖繩的長壽之道超過十年。鈴木信博士是第一位發現沖繩長壽現象的學者，一九七〇年代得到政府補助，開始研究沖繩的人瑞。

幾年前，三人合撰的《琉球人的長壽祕訣》登上《紐約時報》暢銷書，雙胞胎兄弟甚至上了《歐普拉脫口秀》。

我們到沖繩一週後的某個早上，我請麗淼帶孩子去海邊玩（招惹螃蟹、在沙灘上毫無意義地亂戳一通），我自己則開車往南，前往首府那霸的沖繩國際大學的沖繩長壽科學研究中心，拜會威爾卡克斯博士。

博士穿著夏威夷衫，留著一頭及肩的茂密長髮，皮膚黝黑。他本人對自己主持的研究計劃非常有說服力，我問他幾歲，他瞄向我們背後正在工作的學生，假裝偷偷摸摸地壓低聲音，「四十六歲，不要說出去。」如果我說他看起來只有三十六歲就是扯謊，但他至少是體態維持得宜的四十六歲中年。坦白說，這對我而言就夠了。

我們寒暄幾句之後，決定邊吃中餐邊討論。威爾卡克斯知道，學校外面幾百公尺有間木屋餐館。我們點了傳統沖繩菜，開始談正事。

沖繩人究竟有多健康？「他們的膽固醇數值低，心臟病發率比任何人都低，不是老菸槍，酒喝得不多；同半胱胺酸（homocystein）在全球最低，至少有一成的心臟病歸咎於同半胱胺酸，」威爾卡克斯說，一邊吃著沖繩雜炒；這道菜是當地的特色餐點，炒苦瓜可以降低糖尿病的血糖，也用來治療愛滋病。「他們罹患動脈血管硬化的機率很低，得胃癌的機率也低於其他日本人。日本人的中風機率一直很高，但沖繩人攝取的鹽份向來不多。當地人得到荷爾蒙相關癌症如乳癌、前列腺癌的風險也很低。他們一週平均吃三份魚，多半用比橄欖油健康的芥花籽油料理。他們吃許多全麥食物、蔬菜和大豆產品。他們攝食的豆腐、昆布比任何人都多。沖繩人也吃很多烏賊和章魚，這些食材富含可降低膽固醇和血壓的牛磺酸。」

看到我拚命抄，威爾卡克斯暫停，免得我來不及，也趁機吃幾口雜炒。我去京都時吃過苦瓜，我在超市的蔬果區挑了這些有瘤狀凸起的粗糙黃瓜，帶回家當下午的蔬果零食。艾斯格咬了一口，就把整嘴吐在我手上。我也吃了，發現苦得要命，決定歸類爲「他們在想什麼啊？」的難吃食材。但是這裡的苦瓜與蛋、豬肉拌炒，苦味沒那麼重，又能解油膩。

威爾卡克斯博士繼續說：「他們骨骼強健，當然是因爲攝食大量漁貨，而且也常曬太陽，又從大豆產品中攝取維他命D。這裡的老年痴呆症比例極低，可能與他們吃銀杏或地瓜有關。」

是啊，沖繩的地瓜，我前一晚才在飯店對面的餐廳吃過。沖繩番薯的外表類似我們英國的柑橘，裡面卻是深紫色，猶如人工色素，不像大自然的農產品。那顏色就像主教的高帽子、一九七六年的莫里斯瑪麗娜（Morris Marina）骨董車、或歌手王子的褲子，就是這麼豔紫。對我而言，那是顏色最美的蔬菜。做成天婦羅——這就是我吃到的料理方式——的味道也非常好，不會過甜，有種芬芳的花香餘味，口感綿密，近乎奶油。我也吃了沖繩另一種特產，甜薯冰淇淋。我第一次見小美時，她在東京就介紹我吃，當時我便認爲那是世上最好吃的冰淇淋，現在依然秉持同樣的看法。做成冰淇淋的紫色甜薯少了地瓜味，凸顯花香的甜味。（麗森也吃過，結果我們爭論不休，搶著把這道甜點列入「希望從日本出口，讓世界更美好的十大名物」名單。）

沖繩番薯，名為「紅芋」（beniimo）是一六〇五年由野國總管引進。野國至今都被當地人奉為英雄「芋大王」，因為將這種神奇的蔬食引進群島。「自從番薯從中國經過南美洲再進口，沖繩人除了魚之外，大概只吃這種甜薯。有段時期，當地人攝取的熱量有六成都來自番薯。」威爾卡克斯津津樂道。複合碳水化合物是沖繩人的主食，這點恰巧與歐美食潮相反。我問到阿金飲食法，博士大笑說：「起初用阿金的方法當然會瘦，但水份和肌肉也會流失，體脂百分比反而會提高。」

番薯富含類黃酮，有解毒、阻斷荷爾蒙的功效。沖繩人攝取的類黃酮是全球第一高，多達西方人的五十倍。番薯也含有豐富的類胡蘿蔔素、維他命E、纖維和茄紅素；而茄紅素也是類胡蘿蔔素，已經證實有助預防前列腺癌。」事實上，一個紅芋就有成人所需的維他命A的四倍以及一半的維他命C。近來的研究指出，番薯可以穩定血糖、降低胰島素抗性。

然而沖繩人的飲食只是當地人壽命較長的部分原因，對威爾卡克斯而言，他們不放進嘴裡的食物也很重要。在他看來，限制熱量——也就是少吃——就是長壽的關鍵。「限制熱量對其他動物都很有效，包括靈長類。如果對人類無效，我才要吃驚，」他說。「很多健康問題都歸咎於肥胖和衛生。」

「什麼樣的限制？」我問，音調洩露出一絲的緊張。「一九六〇年代，有研究指出沖繩兒童攝取的熱量比日本其他兒童少將近四成，你就能想像，這和歐美有多大的差距。當時沖繩成人攝取的熱量比國際標準少一成多。」平均而言，沖繩人每天攝取二七六一卡，英國是三四一二卡，美國是三七七四卡。雖然他們比我們矮小，但我們也該少吃點吧？

無論是沖繩人的心理，甚至基因裡，都烙印著少吃的概念。颱風、疾病、貧困和孤立無援的地理位置，都指出沖繩人多次面臨饑饉。因此他們順應環境，光吃歐美認定的隔離時期緊急配糧，而且還是天天吃。他們甚至還有一句俗語描述這種概念，亦即「八分飽」（腹八分目），吃到八分飽就停。

美容業有三個字勝過所有促銷、廣告方案，就是洗髮精瓶子上的「再重複[19]」。但是上面那三個字，更能在一瞬間橫掃整個健康、美體、餐飲、運動業。只要我們有自制力，「八分飽」可以改善全世界的健康。這個概念的基礎就是最簡單的生理學原則——胃部的牽張接受器需要二十分鐘才能告訴大腦，已經飽了，如果吃八分飽，再等二十分鐘，就會覺得有飽足感。請試試看，眞的有效。（難怪我每次去吃到飽自助餐，總是不舒服。）在人類演化史上，一直到二十世紀左右，多數人才攝食過量，其實我們身體需要的食物少多了。

我甚至想說，「八分飽」的哲學爲我的人生帶來突破性變革，也幫我減掉二十五公斤。可惜事實不然，因爲我貪吃的本性凌駕胃容量，而且對街就有一家超棒的糕點鋪，但是多數人應該有一點自制力，可以執行這個方法。

我又因此想起其他減重風潮。這十年來，歐美國家受到徹底洗腦，認爲地中海飲食最棒。「那也不錯，」威爾卡克斯說。「薩丁尼亞人也挺長壽，但還是吃太多奶製品。」

通常兩個以上的人聚在一起，如果說到日本人有多健康，一定有人跳出來說，他們的骨質疏鬆機率遠高於西方人，「因爲他們不吃乳製品，沒攝取足夠的鈣質。」（這就像出門散步，若看到天鵝，絕對有人說，「牠們可以折斷你的手。」）這其實只是迷思。「日本的骨質疏鬆率頗低，」威爾卡克斯告訴我。「他們更常運動，也攝取較多維他命D。但是抽菸是大問題，罹患肺癌的機率也持續增加。這是目前的麻煩，因爲癌症要等二十、三十年才會顯現。研究一九八〇年代的資料，日本男性有八成都抽菸。」

威爾卡克斯兄弟和鈴木信的書中對油脂有大篇幅的著墨，多半都是負面的觀點。「說眞的，飲食中來自油脂的熱量應該少於一成，吃點少量豬肉倒可以攝取蛋白質。」猜猜沖繩人自古以來吃最多的肉是什麼？沒錯，就是豬肉。事實上，沖繩的豬肉料理非常有名，俗話說得好：「豬身上的每個部位都能吃，只有豬叫聲除外。」

即使沖繩人吃了不該吃的食材，也對他們的健康有好處。同樣的道理也適用於沖繩名產黑糖，這種看起來很可怕的蔗糖名爲「kokuto」，口感特別濃郁，像糖蜜、粗糖。「的確，

19 Rinse and repeat，可用來幽默地指在成功達成目標前，必須不斷重複某一段程序。也可用來諷刺人一味遵從字面意思，不求甚解。

沖繩的糖比較好，因爲沒經過加工或漂白，含鐵量也較高。但鹽不能多吃，糖也一樣，盡量少吃爲妙。」他說。

沖繩人長壽並非歸功於飲食和醫學因素，戰後醫療保健服務改善，終於普及到沖繩，當時捱過戰爭的那代——這群人的適應力也最強——剛進入中年。他們維持傳統沖繩飲食，再加上現代的醫護條件，正好是長壽的要件，這群人不是即將滿百，就是已經超過一百歲。

根據威爾卡克斯的說法，他們承受的壓力最小也是重要因素。沖繩人的時間概念不理會時鐘數字，所以很難遲到。博士也相信，地區互助系統「uimaru」，也是長壽的重要因素。其中一個就是「模合」（moai），也就是地方性的「人民銀行」，十幾個人個別拿出少許資金共同儲蓄，每個月投票決定由誰取走那筆錢。此外沖繩的醫療體系兼容傳統醫療與靈媒（yuta），太極也相當普及。有一點倒是頗耐人尋味，沖繩人特別長壽的原因是他們有宗教信仰，尤其是女性；他們相信神的存在，因此比我這個不信神的人來得更安心、踏實。

還有一點，沖繩方言裡沒有「退休」這個字眼。威爾卡克斯的團隊研究的人瑞當中，就算沒有全職工作，至少也都忙著打理花園、種蔬菜，甚至還打工。雖然歐美國家越來越擔心，甚至懊惱人們壽命增長，成爲公共醫護系統的負擔，沖繩的人瑞卻被當成寶。

年長者——一〇三歲，甚至更年長的人——通常都住在自己家裡。威爾卡克斯在書中描述他研究的人瑞「散發年輕人的光輝」，且「眼神銳利、清澈，腦筋動得快，有熱衷的嗜好。」還寫，他們沒有「壽命將盡的焦慮」，極有自信、自給自足、樂觀、隨和卻也很固執。

至於……那方面呢？我睜大眼睛。「什麼？性生活嗎？」他大笑。「那方面的研究也會很有意思。我們知道沖繩人瑞的性荷爾蒙較高，也知道某些研究對象還有性生活，但我們恐怕無法直截了當地提出這個問題。」

威爾卡克斯指出，可惜沖繩人即將失去長壽特徵。下一代不太可能超過八十歲，因爲他們熱愛美式速食、含糖量極高的食物——當地年輕人攝食的肉量是他們父母的兩倍——結果就是日本過胖比例最高的人就是五十歲以下的沖繩人，他們的心臟病死亡率和英年早逝的比例當然也最高。這幾十年來，沖繩人從最精瘦的日本人，成爲身體質量指數最高的日本人，肺癌比例也增加。長野縣顯然即將成爲最長壽的地區。

這時餐廳已經要休息準備晚餐，我還沒提出自己最想問的事情。

「我有個朋友，不是我啦，總之是我朋友，他有輕微的落髮問題，」我說。「我發現日本男人似乎髮量茂密，祕訣是什麼？關鍵是海帶嗎？」

威爾卡克斯大笑，而我早就發現他幸運地擁有一頭茂密的棕色捲髮。「他們的確說昆布、紫蘇有益落髮，但你恐怕得告訴你的『朋友』，那可能是民間偏方，沒有科學根據。」我能得到長壽祕訣，就該心滿意足了。

沿著海濱，駛過圍著鐵絲網的遼闊美軍基地時，我沉思這天的對話。威爾卡克斯描述，沖繩年長者之所以健康，基本上要歸功於四個因素——飲食、運動、精神有寄託和心理因素如友誼、社會互助機制。我不喜交際，又沒有宗教信仰，只能放棄精神和心理因素，但我發誓開始喝茉莉茶（我在東京信夫太太的茶會之後才開始喝茶，所以這可是人生大轉彎），因爲威爾卡克斯宣稱這種茶比綠茶更能降低膽固醇，而且我也會多吃蔬菜和魚。威爾卡克斯每天都吃薑黃錠，沖繩人也是，因爲這種保健品可能有助預防癌症和膽結石。

近年，沖繩當地產的黑糖、扁實檸檬（據說有抗癌特性）、海鹽都成爲日本本州大都市的「長壽農產品」。倫敦、紐約的時尚健康食品店遲早會引進這些產品。

「吃食物鏈越底層的食物越好。」威爾卡克斯在《琉球人的長壽祕訣》中寫著。他還提到，將人類當成狩獵、採集者，實在是錯誤的觀念。自古以來，採集的農產品在我們食物中占的比例，遠遠超過狩獵的野味。威爾卡克斯說，西方人攝食的蛋白質超過一般所需，每天只要吃兩副撲克牌的量就足夠，也就是一百公克左右。也許我可以開始加點味精，哄騙我的身體相信自己已經吃了夠多的蛋白質，當然還要開始吃豆腐。海帶顯然也很重要，沖繩人吃的昆布多過其他日本人。總之，要吃眞正的食物，乾燥的食物也可以，保健產品顯然沒那麼好。

那趟旅程就是親眼見證沖繩健康生活的好處，我應該打包一個人瑞回家。

36 —世上最長壽的村落—

要在沖繩或全世界找人瑞，最合適的地方就是島上西北方的大宜味村。當地三千五百個村民中，有三分之一以上都超過六十五歲，有十幾人超過一百歲，這個比例稱霸日本，甚至全世界。

我開車載著麗森、艾斯格、艾米爾，沿著絕美的海濱公路駕駛，中國東海在陽光下閃爍著。我們剛好趕上週日預約的午餐，地點就在村裡唯一的餐廳，店裡專賣長壽食物。

我們開過大宜味村外的石碑，碑上刻：「八十（歲）還年輕，九十（歲）閻王來接時，對閻王說：『回去吧，等我一百歲再來。』」

村子只有一條鋪得不太平整的街道，兩旁多半是木造的低矮房舍，而且每一幢都有照顧得無微不至又生機盎然的院子。有些老先生、老太太正在整理花圃、菜園。只有一隊送殯行列的出現，稍稍使這片如詩如畫的風景增添幾分緊張感。

食堂的正面與戶外相通，布置簡樸，屋頂鋪著塑膠瓦浪板，用的是原木桌椅。門口上方的藤蔓結著鮮豔繽紛的粉紅色火龍果。餐前我問店主金城笑子女士，能不能介紹一位百歲人瑞給我認識。

幾分鐘後，她招呼我們跟著她往外走。我們進了一間陰暗的沖繩傳統木造民宅，這種開放性的居住空間有偌大的起居室兼臥室，周圍是井然有序的小院子。

一位年邁的女士緩緩走出來，衝著艾斯格與艾米爾微笑。眼前這位長者可是比有聲電影時代更早，還經歷過兩次世界大戰，我們不知道除了微笑之外，哪種行爲才夠禮貌。這位婆婆名叫松平良，舉止優雅從容，臉上散發柔和的光輝。她再度微笑，跪坐在家裡木製緣廊上（必須補充一句，她的膝蓋完全沒發出喀喀聲），招呼我們坐她身邊。老婆婆很瘦，茂密的白髮往後梳，髮型頗像拳擊經紀人唐．金恩（Don King）。臉上有許多皺紋，表情安詳。她說她獨居，但家人天天過來。她依舊照顧種了苦瓜和馬鈴薯的菜圃。她吃得很少，多數是自己或朋友菜園摘取的新鮮蔬食，唯一的壞習慣就是偶爾吃塊沖繩黑糖。她請艾斯格和艾米爾吃糖，兩兄弟本來在遠處小心翼翼打量老婆婆，這時才怯生生地靠近。

我問起大戰時期的事情。她說打仗時，她和母親、姊姊在山裡躲了好幾個星期，父親卻沒活下來。我突然想到，也許這一代逃過二戰的沖繩人本來就與眾不同。我想起威爾卡克斯說，他見過的沖繩人瑞中有許多人的堅強、固執，都令他印象深刻。大戰奪走當地三分之一人口的性命，倖存者絕對有驚人的臨機應變能力。後來他們能長壽健康，當年想要活下來的意志力肯定也扮演關鍵的角色。

金城女士說明沖繩人和我們西方人不同，不認爲一百歲是重要里程碑，反而以風車祭盛大慶祝九十七歲生日。松平婆婆笑著回憶起她的大壽，全家人都回來，她說慶生會一定要用玩具風車裝飾，因爲沖繩人認爲風車代表長者重拾童心。政府也會包大紅包慶生。

松平婆婆看來恬適自得，但慢慢浮現倦容，金城女士含蓄建議我們告辭。

我們回到食堂，點了白飯、豆腐、竹筍、海藻、炸蝦、醃漬小菜、日式滷豬肉，還點了小蛋糕和冰淇淋當甜點。海藻尤其美味，當地人稱爲「umi-budo」，也就是海葡萄，另外又稱爲海洋魚子醬，因爲可食的莖部周圍有小顆粒，模樣類似DNA雙螺旋。那些顆粒會在嘴中迸裂，就像釋放海洋鮮味的魚子醬。

笑子告訴我，沖繩人把可當作藥材的食物稱爲「kusui-mun」，有營養價值的食物稱爲「shinjimun」。她說她努力結合兩者，端上傳統沖繩家常菜豆腐糕，也就是發酵的豆腐（類似中國的豆腐乳，可能也是這道菜的靈感來源。）這些難吃的暗紅色豆腐糕做成小方塊，和木籤一起送上桌。原本應該小口小口吃，因爲沒有人告訴我，我用木籤叉了一塊，一口吃下，結果就是不由自主，立刻吐到盤子上。

艾米爾一臉「你看吧」的表情，清楚想起他當初吃干貝的經驗。「天啊，噁心死了，呸呸，好噁心！」我拚命灌水，覺得嘴裡有火在燒。那味道就像洛克福乾酪混合了核廢料，但顯然對身體有益。日本藥學會研究豆腐糕之後得到以下結論：

八週大的自發性高血壓公鼠攝取包含冷凍乾燥豆腐糕的飼料六週，等到十三週大時，豆腐糕組的收縮壓明顯低於對照組。實驗終了之後，腎臟血管收縮素轉化携活性也顯著低於對照組。此外，豆腐糕組的血清膽固醇更低，總膽固醇中的高密度脂蛋白（HDL）則較高。

如果可以選擇，我願意承擔膽固醇過高的風險。

37 ─健康的鹽─

要說我神經質地拚命翻閱女性雜誌健康報導學到了什麼，那就是傳統的飲食和健康的建議就是妖魔化三樣東西：鹽、糖和動物脂肪。鹽導致高血壓和中風；糖使人發胖，害你得糖尿病；至於動物脂肪——請見上述所有病症，還有地緣政治農業大戰來搗亂。

沖繩的情況卻大相逕庭。我們聽過他們的黑糖（Kokuto）——未經提煉、深棕色到近乎黑色，全由甘蔗製成。這種糖含有大量礦物質，尤其是鉀，幾乎完全未加工。在動物脂肪方面，沖繩傳統鮮少吃肉，豬肉例外，當地的豬肉食用量向來比日本本土多。豬肉是一種相對較瘦的蛋白質來源，還含有豐富的其他有益物質，如鐵、鋅、維生素B6、核黃素和菸酸。

接著是鹽。這些年來，風味鹽是食物櫃的時尚配備；廚房裡沒有一盒馬爾頓天然鹽（Maldon）或一小桶葛宏德鹽之花（Selde Guerande）就不完整。日本也生產某些著名海鹽，最有名的是伊豆大島的「海之精」和「海之晶」——然而無論包裝多精美，價格多昂貴，鹽就是鹽，而且據稱鹽可會要人命。

如果生命之鹽（Nuchi Masu）株式會社的高安正勝的話屬實，那麼沖繩可不信這套。沖繩以鹽的品質聞名全日本，我採訪過的幾位頂級名廚都使用沖繩鹽。我從小美那邊得知高安的事情。聽說他最近創辦先進的海鹽加工廠，採用新的採集方法所生產的鹽還有助於降低血壓，並提供比世上其他海鹽更多的礦物質，主要就是鎂和鉀。健康的鹽？有可能嗎？會是高血壓的救星嗎？

「生命之鹽」的工廠散發龐德電影反派賊窩的氣息。工廠位於平安座島的宇流麻市，對外連接道路是跨海大橋，大橋兩側是壯觀的岩岸海景。有條公路通往島嶼東側，再駛上樹林茂盛的懸崖，底下就是太平洋。懸崖上矗立著現代化的白色製鹽廠和觀光設施。

我們坐在高安先生亂糟糟的辦公室裡，他自述畢業於物理系，也是進化論專家。穿著格子襯衫、腰帶上方的褲頭往下捲的他，在我眼中更像紅芋農夫，然而他對鹽有精闢見解。

「這樣想吧，」坐在椅子上的他往前傾，兩肘支在桌上說。「生命在四十億年前從海洋中誕生。我們只在陸地上待了四億年，所以我們三十六億年都在海鹽中進化，靠海鹽礦物質維生。第一道羊水是海水，如今羊水仍是鹹的。繼續攝取這些礦物質怎麼可能對你沒好處？」

好吧，到目前為止我都能理解。我也知道吊點滴用的林格氏注射液的成份類似海水。但是根據這個理論，就算在陸上開採，所有鹽不都對人有益？「不對，因為你必須加熱才能提煉鹽，加熱過的礦物質只會讓身體更難吸收，因為礦物質都黏在一起。但我們這裡設計的系統，只用常溫和瞬間霧化技術製鹽。礦物質各自獨立，在腸道中溶解爲離子，因此身體很容易吸收。事實上，因爲我們的特殊製造方法可以保留大量的鉀，所以敝公司的鹽可以**降低**血壓，因爲更能幫助我們透過尿液排出體內的鈉。我們的鹽具有海水中所有礦物質——鋅、鐵、銅和錳，非常純淨。」

高安先生花了近十年開發這個他口中的「常溫瞬間空中結晶制鹽法」，也就是透過極細的網狀物「逆滲透膜」將海水轉化爲極小的噴霧，提取鹽份。高安先生以前養殖蘭花，觀察霧化水氣澆花的過程中得到這個靈感。他帶我去看製鹽過程，我們透過舷窗望進噴灑室，看到驚人的海水從四面八方傾瀉而下。空中都是海水，就像北極暴風雪，再用暖風扇將海水變成超細霧氣，水份蒸發之後就留下礦物質，堆積在房裡。

高安先生解釋，世上還有其他霧化鹽的系統，但他們用高溫乾燥。「生命之鹽」採用低溫，所以產品含有二十一種礦物質，包括有利降低血壓的鉀，而且導致動脈硬化的硝酸鈉顯然更低。但也要攝取極大量才有效——我們每天多半也只吃十克吧？

「聽我說，」他規避問題的口氣就像老練的政客家。「你以爲沖繩人爲什麼這麼長壽？」

「飲食吧，」我回答。「加上氣候、運動、良好的保健習慣……拜託，你不會說是鹽吧？」

「就是鹽啊！你知道沖繩是颱風最多的地方嗎？因爲颱風的緣故，沖繩的土壤常泡在海水裡。海水充滿礦物質，這些礦物質進入土壤，再轉到沖繩種植的水果、蔬菜、青草和飼養的動物。大家都說沖繩人長壽是因爲他們吃的海帶或天氣，其實不是。這些因素只扮演小角色，不過這裡的豬肉之所以優質，是因爲飼料富含礦物質。沖繩所有土壤都有各式各樣的礦物質。」

聽起來有道理。也許這就是送往松阪或神戶的沖繩乳牛品質一流的原因。但是，慢著，其他地方不也常有颱風？佛羅里達呢？他有個簡單答案。「佛羅里達又不種任何東西。聽我說，長年以來，沖繩別無選擇，只能自給自足。居民說颱風是我們的敵人，我倒要說颱風是好事！如果沒有颱風，我可能五十歲就掛了（他已經六十歲），所以我對大家說，你想怎樣，沒有颱風，早早翹辮子，還是享受颱風帶給土壤的好處，活到一百歲。」

雖然他巧妙迴避攝取少量鹽份到底能得到多少好處的問題，但他那番道理還是很有意思。沖繩鹽水飽和度極高的土壤會不會是居民長壽的原因？這些島嶼周圍盛產珊瑚，珊瑚中本來就含有重要礦物質，有些在颱風過後滲入土壤。我又回想起神奇的沖繩紅薯——這是沖繩幾世紀以來唯一盛產的農作物；紅薯肯定像海綿般吸飽沖刷過土地的所有海洋礦物。正如威爾卡克斯的研究詳述，這顯然不是沖繩人長壽的唯一原因，但高安的論點有道理，也有大量科學研究支持他的說法。

他告訴我，「生命之鹽」甚至計劃去除氯化鈉，只留下海水中的礦物質。「我打算把這些鹽當成健康食品行銷——就是『海洋維他命』。」

我說，聽起來很奇妙。放諸四海皆準嗎？「每個人都該吃用這種生產方法製造的鹽，但大家還沒有認識這種製鹽方法的價值。只要在海洋不受汙染的地方，就能用這種方法，只要海水夠純淨，就能提煉潔淨的鹽。當然啦，這套系統的專利歸我。」

但是風味如何呢？是不是也強過其他食鹽？（我才問出口，就知道答案了。）「是啊，當然。」他邊說邊領我前往工廠的商店和餐廳，這些地方的裝潢都是品味卓群的現代北歐風，窗外是蔚藍汪洋。店裡放著爵士樂，可愛的年輕服務生引導客人入座或參觀商店。「我已經委託相關人員研究鮮味，結果證明它比普通鹽有更多鮮味。這是頂極鮮味鹽。」

高安先生給我看他最近出版的書，書名是《**鹽：拯救現代人的健康革命**》，副標題是〈**不會導致血壓升高的奇蹟之鹽，告別糖尿病和乾燥皮膚**〉。書籍附近放著各種用海鹽製成的沐浴和按摩商品；還有海鹽牛奶糖、以及特價一百日圓、包裝典雅的兩百五十克入塑袋鹽，換算不到五十便士。我買一包回家試試。這種鹽非常細軟，就像糖粉，就我而言，味道確實比較溫醇，甚至比我試過的其他沖繩食鹽如粟國鹽和石垣島鹽更淡。生命海鹽沒有法國沼澤鹽或馬爾頓鹽的特殊質地，卻適合當成天婦羅的蘸鹽，或在上桌前添加肉類風味，因爲它能迅速、均勻融解。

目前「生命之鹽」每月生產約八噸的鹽，但產能可以提高到三十噸。高安先生一個月前開始將這種「生命海鹽」（Life Salt）出口到德國，而且該產品在二〇〇七年在布魯塞爾大型農產品展「世界品質評鑑大賞」上奪得最佳金獎。四國的極品醬油「Kamebishi屋」也使用了「生命海鹽」，日本各地名廚也紛紛跟進。

如果有人能夠開發出脫脂鵝肝醬和炸薯條，那麼我在世時就不必再買女性雜誌——還能健健康康活到三位數字。

38 我的宇宙盡頭的餐廳

第二天，我們從沖繩飛回東京，正好趕上我和命運在「壬生」的晚餐約會，服部幸應說那是日本最好的餐廳。

各位應該記得，「壬生」讓侯布雄流淚，讓費蘭．阿德利亞甘拜下風。這家餐廳就是日本人口中的「謝絕生客」，意思是「僅憑邀請入內」。服部每個月可以與另外七位客人共進晚餐一次，這個月我就是其中一人。

我在飛機上再次凝視著下方緩緩通過的覆雪富士山，內心百感交集，一點也不覺得平靜。我焦慮不堪。麗森會告訴你，這就是我的原廠設定，其實我只是先落入即將到來的煩躁漩渦。他們對我有何期望？爲什麼這個有錢、有勢、舉足輕重的人物會邀請我？更令人我煩心的是菜餚與帳單金額相符嗎？就算是，我吃得出來嗎？壬生沒有網站，事實上，網路上根本查不到。我完全不知所措，也不知道該穿什麼、該怎麼做才好。我是否該付錢，或者至少主動表示要付錢？會不會不禮貌？我們和誰一起吃飯？我根本不懂禮數，丟人現眼的方法有多少種？

當晚我們約在極東京奢華、高消費之餐飲、夜生活大成的銀座見面時，同樣受邀的小美試圖減輕我的恐懼。世上最昂貴的餐廳就位於銀座，在日本經濟飛速成長的一九八〇年代，如果你想吃放在裸女肚子的金箔壽司——也就是所謂的「女體盛」——或者花平均年薪的數字喝罕見的單一麥芽威士忌，就會來這裡。二十世紀初，英國人將銀座打造成鑄造銀幣的區域，如今當地擁有紅磚建築、寬敞大道和綠樹成蔭的小街，現在銀座的營業額仍然超過許多小國，而且自稱是世上零售商店旗艦區也當之無愧。

小美打了電話給服部的秘書，得知他將支付費用，其他人還包括兩個美食記者和服部烹飪學校的三名主廚。

我們傍晚六點半抵達銀座最著名的地標索尼大廈時，服部先生已經在等我們，同樣穿著他的招牌深黑色絲綢中山裝，戴著無框眼鏡，旁邊站著三位身穿深色西裝和繫著領帶的男子——廚師，以及兩位穿窄裙和白襯衫的上班族打扮的女子——美食記者。我們簡單寒暄，自我介紹。

服部領我們穿過小路，拐彎來到一棟不知名建築，敞開的大門裡是一道掛著日光燈的階梯，看起來更像通往停車塔，而不是餐館，總之我們跟著他往上兩樓。

廚師的妻子在入口處迎接我們，對方是年屆七旬的端莊婦女，身穿華麗的深色和服，小小的臉蛋上是一頭光亮的黑色髮髻。壬生只有一間小室、光線不足、沒有窗戶，每晚只招待會員和他的客人。我們穿過入口，我低頭看看地板，石板路剛被打溼——這是日本表達好客精神的習俗。餐廳裡的蒼白粘土牆上鋪著檜木，這是日本最豪華、昂貴的鑲板，也用於天皇的棺材。但壬生一點也不華麗、鋪張，裝潢純樸，走禪風，只有一卷掛畫和一個花瓶——原來兩者都是無價珍寶。

我們坐在覆著榻榻米的桌邊，而不是坐在地上，頗讓我如釋重負。我坐在服部先生對面，小美在他的左側，記者坐在我的右邊，我的左邊則是廚師，他們整晚不發一語，認眞做筆記、拍照。

主廚石田廣義經營壬生超過三十年，他的妻子一邊解釋，一邊用壺嘴極長的酒壺爲我們斟清酒。她從高處倒酒，就像倒茴香酒。「這是古時候的方法，」她解釋。「以前可能有人下毒，用這種方法倒酒，有泡泡就表示酒的酸度低，危險也比較少。」這把酒壺顯然價值一百萬日元。她請我們看牆上的畫，畫的是一位舞者。「這幅畫已經有七十年，你們看看畫家如何用一筆劃就把她畫出來。」我想像藝術家得經過幾十年的琢磨，才能創造出如此純淨的作品。「我們從藝術中得到力量。」主廚的妻子離開房間時低聲說，彷彿說給她自己聽。

她端第一道菜回來時，介紹房裡唯一的鮮花裝飾品，就是濱菊，也就是白色的海灘菊；這種花象徵秋季節慶，謳歌鄉村風情——也是當晚的主題。

第一道是清澈高湯，湯上漂著一片扇形銀杏葉。底下是有嚼勁、富堅果味和帶點苦味的炸銀杏和一片蝦虎魚。這道開胃菜優雅、爽口。「也要吃銀杏葉，」石田的妻子建議。「有助防止老年癡呆。」

「主廚非常重視四季變化，」服部說。「十六年來，我每年來十二次，每一次的菜餚都呼應月份。你必須吃當季食材，那是你唯一能享受當下的時間。每天都得用新鮮食材。」

石田的妻子端上當時盛產的淡水魚，也就是烤香魚。「這道菜和清酒很配。注意內臟的苦味。」服部說。

這條魚是漁民用訓練有素的鸕鶿捕到，連內臟整條一起燒烤，裝在普通的紙筒內。石田太太向我示範捏尾鰭的魚肉，讓骨肉分離，然後順著脊柱吃。

「現在是肥美香魚為了產卵順流而下的時期。香魚的生命已經結束，漁民整日祈禱，祈求香魚成爲藥膳，我們心存感激。」她說。

魚的鹹油香恰好搭配冰鎮清酒，但魚內臟的苦味挑戰味覺，剛好刺激味蕾跳脫舒適圈。辻靜雄提到香魚是「日本鹽烤美食中的**佼佼者**，也是少數把苦味當成樂事的日式菜餚。」雖然苦味在西方是五種味覺中最少見的一種，卻是日本料理的有趣元素。銀杏果也有一種苦澀的餘味，有助於對抗其耐嚼、甜膩的口感。

「我看到你越來越熱。」石田夫人端著一盤生魚片回來。是紫、紅相間的鰹魚，下面鋪的碎冰之下是蝦虎的生魚片。這是我嚐過最棒的生魚片嗎？毫無疑問。與我以前吃過變色又軟爛的鰹魚或金槍魚不同，這是未經冷凍、新鮮得恰到好處的鰹魚，口感好，富風味。

下一道菜是茄子。石田太太說，廚師不用當季尾聲的蔬果，認爲這些食材已經過了最佳狀態，她的丈夫反而認爲這些作物富含風味，他也的確樂於使用其他名廚可能丟棄的蔬菜。例如，我們即將品嚐的茄子，正處於「惜別」（Nagori）階段，也就是末期（另外兩階段是剛開始的「爭鮮」（Hashiri），和盛產的「當令」（Sakari）。

「我們非常享受蔬菜生命的尾聲，也會好好料裡，這是我們烹飪的原則。這些蔬菜一年中只出現三、四個月，之後就吃不到，所以我們會珍惜愛護，直到產季結束。」

茄子滑溜，入口即化，我以前從沒吃過香氣如此濃郁的茄子。茄子可能富含水份，或在烹調時吸飽油或其他味道。但我猜這盤茄子經過小火蒸煮，不僅保留還強化原來的風味。旁邊還搭配彈珠大小的細嫩山藥。

截至目前爲止，這頓飯都很棒，具有啓發性又可口，但下一道菜更令我驚豔，就是盛在高湯中又撒了黃菊花瓣的海鰻。

我喝了一口冒煙的魚湯──加了葛粉（或稱葛鬱金）增加濃度，卻又不會影響味道，不像傳統西方增稠劑（如麵粉、奶油或玉米粉）──樂得我眞的抽搐了一下。服部看到我的反應，微笑點頭。

「你看，我很想讓你喝喝眞正的高湯，」他說。「現在你知道我說什麼了。這是日本第一的高湯。一般餐館一早就烹煮高湯，這裡卻是上桌前才準備，等到最後一刻才刨柴魚片。柴魚的氣味很快就揮發，只會留下一丁點味道，但這裡可以嚐到完整的柴魚風味。」

那陣尷尬地歡快顫抖是不由自主，就像一陣迷你高潮，我身上每根汗毛都豎起來。主廚彷彿找到了我都不曉得味覺G點，徹底解放了我的味覺。描述味道向來很困難，用文字喚醒味覺不太見效——就像談論建築——總之這碗湯有種濃郁的肉香，除了味道令人上癮之外還有大海的豐富層次。這種味道和香氣難以切割，這大概就是好高湯的威力。如果能再次體驗，我在所不惜。

「你知道，」服部說，「石田今天下午才想出這道菜。這十年來，我從未吃過重複的菜色，幾乎是一千五百道不同的菜餚。」

「但是，但是……」我結結巴巴，難以置信。「我不相信。餐廳彷彿早就有這道菜，他們以前一定做過，也太美味了。」

「這正是費蘭．阿德利亞來用餐說過的話，」服部得意地說。「他說石田先生的菜色彷彿已經流傳久遠。如果你真想體驗日本料理的精髓和基礎，來這裡就對了。很多烹調方法都會破壞食材的基本味道，但他卻發揮得淋漓盡致。」

就像所有日式料理，米飯上桌標示鹹味菜肴的尾聲，但這不是填飽肚子的普通米飯。相反地，我們吃的是精緻、柔軟、溫暖、黏稠的白飯，還摻了丹波的栗子。

甜品是來自群馬縣的紅玉蘋果，蘋果被切成薄片，就像聖餐裡的聖體。石田太太解釋，這道菜用罕見的銀器盛放，只有這種容器盛蘋果汁液才不會到處流淌。盤子看起來似乎鑲了施華洛世奇水晶。「這就是最棒的甜點！」服部說。

石田先生親自端來。他身材矮小、挺直腰板、身形壯碩，穿著單排扣的白色外套和深色長褲，理著平頭，面容和藹慈祥——就像溫和的老爺爺。

我想起身和他握手，但他微笑示意我坐下。我問他從何得到靈感。「很難，但我希望一個月做得比一個月好。」他說。

「他和自己比！」服部說。「沒有人像他一樣會做飯。」

他又從哪裡取得食材，築地嗎？「當然，我有時會去築地，但我多半直接聯繫供應商和漁民。」

如果你去歐美名廚如艾倫·杜卡斯或湯瑪斯·凱勒的餐廳吃飯，食物通常反映廚師的個性或自我；其他頂級餐廳如Nobu或Ivy，顧客光顧是爲了環境、裝潢、服務生的逢迎奉承，或是爲了看到名人。其他還有名人名廚開設的連鎖店，例如安東尼·波登在紐約的Les Halles或戈登·拉姆齊的餐廳——老實說，我不知道爲什麼有人會去這些餐廳，因爲要看到這些主廚親自下廚的可能性，就像期待福特家族成員親自打造你的嘉年華汽車一樣渺茫。

但壬生不一樣。就西方定義而言，它不是傳統餐廳。你不是爲了裝潢，不是爲了去出風頭，也不是因爲它有名望，或有許多名流聚集。你是爲了去聽故事，聽聽食物如何敘述大自然、味道、質地，甚至是你自己。用餐彷彿是種精神體驗，是憶起歷史，是一種哲學，是理解生命、創造、死亡和自然的深層奧祕。這是一種重要體驗——基礎又重要，而且與大自然相關。我相信我錯過了大約八成的意義和指涉。

「對我們而言，顧客就像藝術家的贊助人，」石田太太告訴我。「這不是你花錢就能買到的食物。上帝給你時間享受這一刻，但你需要有能力享受這一刻，這是無價珍寶。」

這是我作爲吃貨以來最震撼的一刻。食材一定出自當季——這是石田先生恪守的原則。風味純淨，彰顯食材特色，如果有必要，那味道細膩又濃郁。石田就是有辦法在同一道菜中疊加不同味道，而且強度各自相異，每種味道卻又清晰可辨。我們多常聽到倫敦、巴黎或紐約的最新熱門主廚自稱餐廳食材「當令、新鮮、當地又簡單」？接著上桌的就是一盤泡沫、明膠、舒肥的甲乙丙丁或是搗成泥的戊己庚辛；食物可能堆成塔，可能壓縮在中空環狀模具裡；至於醬汁，就像某位美食評論家所說：「就像有人穿著細跟高跟鞋在鵝屎中滑倒」。我承認，我花了一年受訓烹調這種食物，然後去兩個米其林星級的巴黎廚房工作，就是爲了端出這種菜餚，還搭配精準配置的芹菜葉、收乾的粘稠湯汁和荒謬的轉削蔬果，但我不會再搞那套了。壬生餐廳的擺盤優雅，但不矯揉造作或過度裝飾。菜餚看來「恰如其位」。

這和我前兩晚在文華東方酒店三十八樓那頓飯形成強烈對比。分子料理酒吧是東京的熱門餐廳，櫃檯只能容納六人。日裔美籍廚師傑夫．拉姆齊（Jeff Ramsay）準備的菜餚又是食物，又是魔術：橄欖油倒進乾冰的橄欖油冰沙；解構味噌湯；以及胡蘿蔔魚子醬，這是經典的「鬥牛犬」菜肴，就是將胡蘿蔔汁滴入氯化鈣溶液（製作豆腐的原料），形成柔軟小圓球。這和「壬生」是南轅北轍——食材遭到徹底改造，無法辨識。有人嗤之以鼻，認爲這是「惡搞」食材，也很容易認爲拉姆齊的烹飪風格是沉淪墮落。但我認爲，兩種烹飪方法都有發揮空間，至少我偶爾也覺得分子料理的創意和戲劇性令人激賞。這種烹飪風格並不強調「質樸」和「純粹」。而且我永遠不會忘記「奇蹟果實」（synepalum dulcificum）的神效，這種非洲野生橄欖狀莓果略經咀嚼，就能讓檸檬變甜。

要不是壬生這頓飯是歡樂的感官饗宴，其實有種悲愴感，猶如一曲輓歌，幾乎要令人悲從中來。這些食物滿足了許多層面：視覺、大腦、味覺和情感。石田先生將全副心神都灌注在烹飪中，他和他的餐點密不可分。他當晚爲我們特製且永遠不會再重複的菜肴源於他的人生體驗，以及他對日本文化的深刻理解，少有日本廚師能匹敵，將來能達到這個成就的人也屈指可數。當晚約有十道菜，但我吃完之後既不覺得脹，也不覺得餓，而是感到完美、幸福的滿足。服部附議地說：「其他頂尖餐廳可能做得出幾道這種水準的菜，但不可能做這麼多道都能維持一貫品質。」

我們離開時，每人都拿了一個塑膠袋，裡面裝著蘋果甜點、鋁箔紙包裹的生魚片，和一個密封袋，裡面裝著石田先生親自刨的柴魚——他爲我們這頓飯準備的剩餘柴魚，只是現在已經不夠新鮮，無法滿足他嚴格的要求。

我在門口詢問石田太太主廚多大年紀。

「六十五歲。」她說。

「喔，他還能做個好幾年。」我說。

「不，」她輕聲說，免得他聽見。「他下廚會縮短壽命。」

我不斷回想到那一晚，卻是過去一個多月以來，我去壬生學到的根本經驗才顯而易見：要成爲眞正偉大的名廚，要在自己從事的行業出類拔萃，要超越同行，要創造出超越一餐的作品，你一定要虛懷若谷。對自己的手藝要謙虛，才會持續努力學習、接受新方法、新食材；對同行要謙虛，才不會自滿於現在的成就；最重要的是對食材要謙虛，因爲沒有農產品、水果、魚、肉和蔬菜，廚師什麼都不是。石田對食材懷抱恭敬之心，容許它們的味道反映出純粹和質樸；我可以努力多年達到這個目標，但恐怕永遠不敢嘗試；因爲除了謙遜之外，廚師要採用這種簡單的做法必須鼓足勇氣。每天伊拉克或非洲礦坑都有人面對死亡，我知道在廚房提到「勇氣」可能很誇張，但是把不加佐料的蒸茄子當成最佳作品端上桌，可是需要膽識。

幾週後，米其林出版第一本東京指南，在日本和法國首都掀起軒然大波和憤慨，東京餐廳得到的星星幾乎是巴黎的兩倍，卻不見壬生的蹤影，甚至不在拒絕參予評比的餐廳名單之中。

有時我都懷疑是否眞有這家餐廳。

──後記──

日本料理看似簡單，主要成份只有兩種：用昆布和乾鰹魚片熬煮的精緻高湯（柴魚湯），以及日本醬油。

《日本料理：極簡餐飲藝術》，辻靜雄著

關鍵字就是「看似」，因爲日本料理絕對不簡單。我從不認爲光靠一次旅行就能發掘所有知識，無論行程多緊湊或用餐次數多精實；但是我同樣沒料到，日本料理多樣化地令人眼花撩亂，地域食材又如此多元，偶爾還令我困惑不已。

在東京的最後一天，爲了吃遍行前所有目標，我們的確嚐到魚白──鱈魚的精子，或稱爲魚膘──我大力推薦，以及雞肉刺身──一旦我克服心理障礙，這道菜也相當可口。此外，艾米爾希望告訴大家，他當天稍晚吃了一整個魚眼珠，而且吃得很開心。但是還有很多道我想吃的菜沒吃到，有很多我想去的城市沒空去，最重要的是，我還想體驗許多當季的食物。我可以窮盡畢生之力只研究日本料理的某一面──事實上，我的拉麵冠軍朋友小林先生就這麼做，而村田也竭力鑽研昆布柴魚湯——仍舊無法找到明確的食譜或完善我的手藝。想掌握日本料理的每一個層面只是癡心妄想。

回到巴黎之後，我和阿利第一次碰面就坦承這層體悟。我大概以爲放下身段，表明自己臣服日本料理，應該會讓他稍微收斂暴戾性情。結果他只是不高興地聳聳肩，彷彿說：「這才不算新聞，笨蛋。」

「所以，你現在不會煮魚煮那麼久了吧？」

「對，阿利，我不會。」

「蔬菜不加奶油更好吃。」

「是的，阿利。」

「你還有一件事要學。說『gochisōsama deshita』（ご馳走様でした／多謝款待）。」

我重複：「gochisōsama deshita。是什麼意思？白人不懂做菜？」

「是佛陀說的，謝謝採集和製作食物的廚師。現在你每餐都要說。」

現在我每天早上都喝茉莉花茶，並按照威爾卡克斯博士的建議，服用薑黃維他命。我用里卷迷住一票客人——如今熟練多了——其他技倆還包括在所有食物上撒柚子醋和味噌。我吃豆腐、喝味噌湯，多吃魚，少吃肉，多吃蔬菜，少吃乳製品，我感覺神清氣爽，還減掉五公斤。因爲缺乏正確的工具，放在冰箱深處的幾塊乾鰹魚片還沒被刨完，只有幾次誤判，留下美工刀亂刺的痕跡。

閱讀筆記時，我突然想到了應該澄清某些事情。我有點焦慮，擔心讀者以爲我多半把孩子交給麗森，四處尋找美味的食物，這只是部分事實。至少在旅程結束前，我可以高興地說麗森和我一樣迷上日本。我們常聊到要再回去，最好下週就出發。

孩子們呢？他們仍然每週吵著吃天婦羅和壽司。最近艾斯格的班級午餐是壽司，他的朋友都不肯吃，但他顯然到處巡視餐桌，清光所有剩菜。沖繩的蛇湯則是艾米爾這趟旅行最愛的插曲，他吃了整顆魚眼那次也是。他仍然興高采烈地聊起日本的醫療衛生服務，以及他在沖繩海灘發現的死海龜。他記得蜻蜓的日語「tombo」，這是他第一次在札幌吃拉麵時學到的字。艾斯格依然會提起他打敗一位相撲選手，並且稍稍誇大他看到的帝王蟹尺寸。

我們經常翻看那些照片，遺憾的是他們會漸漸淡忘日本的回憶。我希望至少在他們潛意識中已經打開眼界，看到家鄉日常生活之外的世界存有各種可能，他們親身經歷大千世界某個鮮活片段。我絕對無法想像這趟旅程少了兩個兒子，當然也少不了麗森。透過她的眼睛看世界，向來讓我覺得心曠神迷。有了孩子的陪伴，我們的世界更寬廣，認識了更多人，也享有更大的自由，否則我們的所作所爲可能太驚世駭俗。

日本永遠都在，我們一定會回去，當地料理也會再次令我們驚嘆。也許最令人欣慰的是辻靜雄憂心烹飪傳統式微似乎沒有根據。日本菜當然正在改變，我覺得辻先生也樂觀其成。雖然飲食西風東漸持續令人擔憂，我們西方人所面臨的健康問題也隨之而來，但有了龜菱屋醬油坊的岡田佳苗、服部先生、或東尼·傅藍利和他的濃郁味噌、高安正勝和他的健康鹽，當然還有辻靜雄的兒子芳樹，我認爲日本料理的傳統和未來安全無虞，而且受到熱情與妥善的照顧。

謝辭

我對研究員土井惠美子的感謝值得一說再說——不僅要謝謝她竟然能帶領我前往根本不知道的地方，還要感謝她在我們一家待在日本時的熱情和殷勤招待。艾斯格和艾米爾非常幸運，有這樣一位特別的日本阿姨，麗森和我有小美這樣的朋友也非常有福氣。

很多人都花時間幫我進行本書的研究，面對我獨創一格、亂槍打鳥的採訪風格，他們也表現出極大的耐心。許多人的名字都在書中提過，但我想再次對他們付出時間、大方幫忙表示眞誠的謝意：當然要感謝阿利，不過我懷疑書裡的內容對他而言都不是新鮮事；感謝服部幸應，後來我參加他的「東京味」活動，也玩得很開心；謝謝辻芳樹，謝謝他在我前往大阪期間殷勤招待；謝謝味噌專家東尼·傅藍利，他說工廠排水管氣味已經大大改善；謝謝東京家庭主婦信夫悅子，我借來的紅色塑膠拖鞋弄髒了她的榻榻米；謝謝山葵專家安藤善夫；謝謝昆布專家佐佐木孝比古；謝謝清酒專家菲利浦·哈潑和都甲亮分享知識和熱情；謝謝傑出的大豆復興師岡田佳苗；謝謝麩專家小堀周一郎；謝謝山葵料理大師宇田倭玖子；謝謝食鹽革命家高安正勝。謝謝石田廣義、村田吉弘、森義文、粟飯原崇光、林英二和傑夫·拉姆齊等大師級名廚；謝謝壽司廚師阿治善心帶我們參觀築地，並且以無以倫比的耐心包容我們；謝謝京都的淳子和沙夏；謝謝大阪的千秋和阿寬的熱情款待；謝謝百歲人瑞松平良；謝謝拉麵世界冠軍小林孝充；謝謝尾上部屋的朋友（恭喜相撲怪獸和巴瑠都，艾米爾告訴我們，他們後來非常成功）；謝謝海女光佐希多美江和光佐希佳世；謝謝我的高野山大師柯特；謝謝老年學家克雷格．威爾卡克斯博士；謝謝富士電視台、和田金牧場、燒津漁業中心、味之素和龜甲萬的各位，他們都非常慷慨、友好。

有些人的名字在書中並未明確提到，卻給我極大的幫助和啓發，例如倫敦的日本國內旅遊局的凱莉．克拉克（眞正的日本美食愛好者，也與我志趣相投——請上www.seejapan.co.uk，所有訪日問題都會得到回答）；謝謝知名大阪美食作家門上武司，他大方撥冗幫助我瞭解大阪美食；日本各地旅遊局的助理幫助良多，尤其謝謝三重縣和大阪的工作人員。

我在銀座的十字路口通電話時，有位女士客氣地拍拍我的肩膀，還道歉她打斷我說話，她問我是否知道我掉了一張大鈔？我們在這片美的驚人、樂趣無窮、極致文明的土地上旅遊，幾乎每個日本人的得體和樂於助人都在她身上再次體現（我也一廂情願地認爲自己把愛傳出去，因爲後來去京都的某個晚上，我在計程車後座發現塞滿大鈔的皮夾——我將皮夾交給計程車司機，確定他一定會轉交給警察，也許在其他國家，我不會覺得這是明智之舉。）

英國航空公司（www.ba.com）和日本航空公司（www.jal.com）、日本國家旅遊局（見上文）、文華東方酒店（www.mandarinoriental.com/tokyo——天啊，那裡棒透了！）和奧克伍德服務式公寓（www.oakwood.com，這是全家旅行的好選擇）慷慨提供實用的旅遊協助。

在倫敦方面，我衷心感謝我在柯蒂斯布朗經紀公司的經紀人卡蜜拉．宏比的持續支持和明智建議，以及艾拉．奧佛瑞嫺熟、謹慎的編輯作業，謝謝本書出版商丹．佛蘭克林對我的作品的信心和熱情。

最後，尤其要對麗森表達我無限的感激，感謝妳在這趟旅程的大力支持和耐心。我知道，有時我的瘋狂行爲似乎沒什麼條理，希望妳讀過這本書之後會發現，獨自在陌生國度長時間照顧兩個不安分的小男孩，起碼還有一些意義。（好比妳現在知道我參觀兩個牧場絕對有必要。）

我們一定會再一起回菊乃井吃飯，我保證。

愛視界 029

食在日本：從高檔料理到街邊小吃，深入日本的廚藝殿堂

Sushi and Beyond: One Family's Remarkable Journey Through the Greatest Food Nation on Earth

作　　者／麥克・布斯（Michael Booth）
譯　　者／林師祺
繪　　者／ Souart
總 編 輯／陳品蓉
封面設計／陳碧雲
美術設計／莊芯媚

出 版 者／愛米粒出版有限公司
負 責 人／陳銘民
總 經 銷／知己圖書股份有限公司　郵政劃撥：15060393
（台北公司）台北市 106 辛亥路一段 30 號 9 樓
電話：（02）23672044、23672047　傳真：（02）23635741
（台中公司）台中市 407 工業 30 路 1 號
電話：（04）23595819　傳真：（04）23595493
讀者專線／ TEL：（02）23672044、（04）23595819#230
FAX：（02）23635741、（04）23595493
E-mail：service@morningstar.com.tw
法律顧問／陳思成
國際書碼／ 978-626-97942-8-7
初版日期／ 2024 年 4 月 20 日

食在日本 / 麥克．布斯（Michael Booth）作；林師祺譯；Souart 繪．– 初版．-- 臺北市：愛米粒出版有限公司，2024.04
304 面；14.8×21 公分
譯自：Sushi and beyond : one family's remarkable journey through the greatest food nation on earth.
ISBN 978-626-97942-8-7（平裝）
1. CST：飲食風俗　2. CST：文化　3. CST：日本
538.7831　113000729